心一堂彭措佛緣叢書·索達吉堪布仁波切譯著文集

大圓滿前行備忘錄

附　堪布阿瓊（阿格旺波）仁波切密傳

堪布阿瓊（阿格旺波）仁波切　著

索達吉堪布仁波切　譯

書名：大圓滿前行備忘錄　附　堪布阿瓊（阿格旺波）仁波切密傳
系列：心一堂彭措佛緣叢書・索達吉堪布仁波切譯著文集
原著：堪布阿瓊（阿格旺波）仁波切
漢譯：索達吉堪布仁波切
責任編輯：陳劍聰

出版：心一堂有限公司
地址/門市：香港九龍尖沙咀東麼地道六十三號好時中心LG六十一室
電話號碼：+852-6715-0840　+852-3466-1112
網址：www.sunyata.cc　publish.sunyata.cc
電郵：sunyatabook@gmail.com
心一堂 彭措佛緣叢書論壇：　http://bbs.sunyata.cc
心一堂 彭措佛緣閣：　　　　http://buddhism.sunyata.cc
網上書店：　　　　　　　　http://book.sunyata.cc

香港及海外發行：香港聯合書刊物流有限公司
地址：香港新界大埔汀麗路三十六號中華商務印刷大廈三樓
電話號碼：+852-2150-2100
傳真號碼：+852-2407-3062
電郵：info@suplogistics.com.hk

台灣發行：秀威資訊科技股份有限公司
地址：台灣台北市內湖區瑞光路七十六巷六十五號一樓
電話號碼：+886-2-2796-3638
傳真號碼：+886-2-2796-1377
網絡書店：www.govbooks.com.tw　www.bodbooks.com.tw
經銷：易可數位行銷股份有限公司
地址：台灣新北市新店區寶橋路二三五巷六弄三號五樓
電話號碼：+886-2-8911-0825
傳真號碼：+886-2-8911-0801
網址：http://ecorebooks.pixnet.net/blog

中國大陸發行・零售：心一堂・彭措佛緣閣
深圳地址：中國深圳羅湖立新路六號東門博雅負一層零零八號
電話號碼：+86-755-8222-4934
北京流通處：中國北京東城區雍和宮大街四十號
心一店淘寶網：http://sunyatacc.taobao.com/

版次：二零一四年六月初版，平裝

　　　　港幣　　　一百四十八元正
定價：　新台幣　　五百五十元正

國際書號 ISBN 978-988-8266-87-6

目錄

大圓滿前行備忘錄

堪布阿瓊仁波切密傳

堪布阿瓊仁波切　著

丹增嘉措活佛　譯

　　自從佛法在雪域高原扎下根之後，一個又一個彪炳千古的高僧大德，便開始在這片觀世音菩薩所化之大地上不斷涌現。在代不乏人的大成就者行列中，堪布阿瓊仁波切是前譯寧瑪派自宗一位傑出的典範與代表人物。

　　阿瓊仁波切對無上密法中的內三續，特別是對位列九乘極頂的光明大圓滿的甚深修法，不僅完全通達無礙，更以自身完美的修證境界在世人面前樹立起大圓滿行者的光輝形象。他那令人矚目的成就以及由他親傳下來的耳傳口訣，在整個藏地都極具影響力與聲譽。如今，仍有許多大圓滿的導師經常引用他所開示的殊勝口訣，來爲弟子們直指心性本面；而無量有緣眾生也因依照他的教言，直取了本初普賢王如來之果位。他的傳承體系過去如是，現在及未來仍將不間斷地把具信、具緣者度往究竟解脫的自在彼岸。

　　面對這樣的一位成就者，尋求內在真實修證的人們想必會極欲瞭解他的生平傳記。不過正像雍敦巴大師說的那樣：「弟子所作上師諸傳記，虛誇反致事迹不真實。」一般說來，弟子們撰著的師傳，普遍不如其師本

人的自傳來得真實可信。而現在呈現在讀者眼前的，恰恰就是堪布本人的自傳，全書內容完全真實無謬、誠實可信。

尤其難得一見的是，本傳記中包含了不少常見經論及引導文中根本未曾論述過的口耳相傳之竅訣，比如華智仁波切與其大弟子紐西龍多（妙喜龍得）以及眾多藏密碩德的珍貴、獨到之教言，其內涵涉及到：前行引導、生起次第、修持本尊的體會以及大圓滿直斷（立斷）和頓超中的理解、覺受、證悟等方面。

這一部凝聚著如此眾多無上竅訣的傳記，原來一直屬常人難以窺其堂奧的秘籍。老輩人都說：「要想翻閱此傳記，必得先行放生等眾多善事，否則就別想拜讀此書。」但為了利益末法時期的芸芸眾生，特別是那些真想趨入實修的正士們，我還是決定將之翻譯成漢文以利廣弘堪布之甘露妙法，也期盼更多的人們都能同沾法益。

需要說明的是：由於原自傳篇幅較廣，所以此次翻譯時，就重點選擇了原文中有關實修方面的內容摘要譯出，且因此名之為「密傳」。除了為使前後文語句連貫而稍加個別連接詞以外，此譯本再未對原文作任何改動。

最後還想表達一點個人的殷切希望，即願一切從內心渴求聞思修行的人們，都能同趨無上密乘，并終淩佛法之巔！

堪布阿瓊仁波切密傳

2

藏曆十五丁卯土兔年（公元1879年）十月初十的上午，我降生在綽達尼雅夏地區的紐西部落裏，父名南嘉，母名班瑪措。當我剛滿八個月大的時候，未經爬行就已經會走路了。家鄉的老人們見此情形都議論紛紛，他們認爲這是不吉祥的徵兆（短命）。

那年的某一個冬日，我緊緊依偎在母親的懷抱裏。凌晨時分却突然從睡眠中驚醒過來，當時瞧見了一個滿臉怒容、獠牙畢露的黑色女人，她近前來用一大片紅黃色的頭髮將我包住。我非常害怕，連忙張嘴呼喊：「阿媽！」這時却聽見母親說：「喊啥呀？我不是在這兒嗎？」我定睛一瞅，眼前（的景象）已變換成母親的面容。打那以後，我就會開口說話了……

大約過了一年以後，有位慈祥的老婦來做我的養母，從此我便時常躺在她的懷抱裏入睡。而每當入睡的那一刻，耳邊總會感到像是響起了雷聲般「轟隆隆」的巨大聲響，眼前則突然現出如同太陽照射在雪山上的那種反光，晶亮耀眼。過了一會兒，白光變成渾然一體的紅光，恰似一片紅得似火的雲霞，我心裏感到一陣憋悶。忽然，藍光滾裹著白光，紅光又被強光吸卷到裏面，瞬間我就從中悶絕了過去……片刻之後，我處於一種無有中邊的明空境界中，接著，四下裏到處都遍滿艷麗繽紛的白、紅、黃、藍、綠五種色光，其中間部分像是簇簇灌木叢的光團，周圍則有大大小小、晶瑩剔透的

大圓滿前行備忘錄

3

顆顆明點，散射著無量的光焰。與此同時，許多狀如兵器般的束束光芒又刺入我的眼簾，心中不免感到萬分恐懼……我一邊喊著養母，一邊叫嚷著：「怕、怕……」養母趕緊點起酥油燈照著我說：「不用怕！你看看，這不什麼都沒有嘛！」……

在我年僅3歲的那年春天，有一次，看到一頭母牐牛的一隻小牛犢在泥潭中掙扎、哀號，即將面臨死亡。當時我心裏就想：「它因前世所造惡業的果報，今世才會轉生爲如此惡劣的身相，經受了無量的痛苦，而且往後還要繼續承受痛苦，該到哪裏去尋找拯救它的怙主呢？……解除它痛苦的責任應該由我來承當！」想到這裏，我就毫不猶豫地伸手把它從泥潭裏拽出，并牽著它來到了一處潔淨的地方，此刻它已是奄奄一息。雖然當時自己對於正統頗瓦法的觀想還不懂，但仍將其神識觀想成一粒豆子許的白色明點，并射向上方的虛空。同時嘴裏不斷念著：「供養上師三寶，啪的啪的……」如此反復地念了多次。結果牛犢斷氣時，頭頂上如溫泉般冒出縷縷熱氣，梵穴處的頂毛脫落了一大片，頭頂正中破了一個拇指大小的洞。這個消息傳出之後，有一位老喇嘛稱讚說：「這不是普通人的行爲，但暫時需保密！」

自此以後，凡見聞接觸正遭受痛苦的衆生，我都會情不自禁地生起大悲心。我覺得在整個輪迴中，無論痛苦安樂、地位高低、貧窮富貴，都極不可靠，絕非永恒

堪布阿瓊仁波切密傳

不變，因此一定要找出一條解脫的途徑！那段時間，我時常處在厭世的心態中，若遇乞討者，我都會公開或暗地裏想盡辦法對他們布施，甚至還和他們一同前往牧場四周挨家挨戶地乞討。父母親屬得知我和乞丐們呆在一起後，都認爲這種行爲是不祥之兆。然我自己在心裏却常常想：「何時我才能真正擁有饒益下等衆生的能力呀！」

如此清淨的意樂是與生俱來的，這是否說明自己具備了少許大乘種性的器量？這就是我最主要的傳記。

後來，我就一直堅持念誦六字真言，前後共計大約有一千萬遍。

我出生的家庭在牧民中算是比較富裕的，擁有成群的家畜，由此每年都會宰殺不少綿羊。每當我看見那些無辜遭殺之牲畜的痛苦，就會掉頭跑開，奔至山上，一整天都不回家，內心數數生起難忍的悲心。由於自己沒有能力救度它們，因而懷有一種強烈的失望感，以致眼淚止不住地如雨水般掉落……

8歲時的一個夏日，我和父親一起（幹活），當時爲了捆住負重的牦牛，我便去牽引它們。但由於未能抓牢拽拉牦牛鼻子的繩索（牛跑了或東西摔了下來），父親大發雷霆，不停地責罵我。爲此我十分傷心，心裏產生了強烈的厭世心。我感覺到在輪迴中，不論地位高低、身處何地均充滿著苦痛，因此必須修持正法！而修持正

大圓滿前行備忘錄

法之前，首先就需要斷除貪戀親人的情執，否則就難以從輪迴中解脫出來。以後，自己當遠離家鄉，風餐露宿地四處參學，依止善知識，刻苦修行……我下定了如此的決心。可是，母親能否同意呢？一旦她應允，我立刻就啟程。

隨後，我詳細地向母親坦白了自己的想法，母親聽後吃驚地望著我說：「你是不是著魔了？我的孩子，你這麼小，別說克服生活中的種種困難了，就是遇到一隻狗都無法應付！只能是被狗咬死或者餓死。還是先別著急，等你長大後，若仍有修法的願望，在附近也有好的上師，那時我會幫你找到的。」母親不厭其煩地用各種理由勸阻我，這樣，我便不得不暫時滯留家中了。

有一天，一位施主迎請僧眾到他家中做法事祈福，（他請僧眾們）念誦《心經》和《度母經》，我也在他家幫忙給僧人們倒茶遞水。其中有一位老喇嘛叫桑吉俄賽，我在為他倒茶時未能倒好，（結果竟）使得他異常憤怒地訓斥我道：「眼睛看著倒！」我辯解說：「怎樣用眼睛去看呢？我們整天在念的《心經》裏不是說『無眼耳鼻舌身意』嗎？」他聽後氣急敗壞地沖我嚷道：「那你倒是給我講一講這如何沒有的道理！」我幽默地回應道：「好哇，不過請你首先給我講講如何有的道理。」他（頓時瞪大眼睛）說：「哎喲，好大的口氣呀，哼哼！」老喇嘛最終也沒能講出如何有的道理，我

堪布阿瓊仁波切密傳

呢，也沒講出爲什麼沒有的道理。

打那以後，我就時常默默地思考這個問題。一日，牧場遷移到一處叫齊郭的地方。當晚，在放牧回來的路上，途經木切拉卡山口時，我發現那裏有許多茅屋，還有不少比丘。我走到其中的一位比丘跟前，問道：「您是誰？」他回答說：「我是月稱。」在向他求得加持後，我接著問道：「想請教您一個問題。不久前，我去了一戶諷誦《心經》的施主家，當時和一位老喇嘛辯論起有無眼、耳、鼻、舌、身、意的問題。結果他未能給我講出眼、耳、鼻、舌、身、意存在的道理，我也無法講出它們不存在的理由。您認爲這個問題該怎麼理解呢？」

聽完我的問話，他告訴我說：「若能了知緣起二諦的道理，對有無眼、耳、鼻、舌、身、意的問題就會豁然開朗。」這時他對我念誦了一首佛經中的偈子：「眼耳鼻非量，色聲意亦非，若此爲正量，聖道復益誰？」我忙向他請教：「經中講的是什麼意思？」他微笑著說：「目前你的智慧尚未成熟，僅僅是個孩子，以後要經常琢磨這幾句話，慢慢就會明白的。」我又請求說：「您給我傳一個法吧！」這時他便將一本經函放在我頭頂，并說道：「這是《入中論》的講義。」隨後他又念了許多似梵語般的經咒，還將一頂古舊的班智達黃帽及剛才放在我頭頂上加持的經函送給了我。我本想把這兩

大圓滿前行備忘錄

件物品帶回家，轉念一想，又擔心家人會因過於迷信而阻止我在夜晚將陌生之物帶回屋內。於是便將東西放在一處從那裏就能够望見自家（黑色牛毛）帳篷的一塊石頭上，然後才回到家裏。

家人問我：「爲什麽這麽晚才回來？」我毫無隱瞞地把詳細情況全部告訴了他們。但他們對我所講的一切仍然表示懷疑，并質問說：「你不要撒謊，木切拉卡山口根本就沒有你所說的那些茅屋。如果有的話，那肯定是仙人居住的地方，（既如此，）你爲何不留在那裏呢？能在荒野中找到帽子和經函是多麽令人欣喜啊！……」

次日早晨，我叔叔在得知了這個消息後顯得比較重視，他對我說：「你快去把帽子和經函拿回來。」我於是立刻趕到昨晚放帽子和經函的地方，結果却發現那塊石頭上的帽子和經函已了無蹤影……

以上是我回顧童年生活（所能想起的）若干經歷，下面講一講我自己是如何依止善知識的：

我的（根本）上師龍多丹畢寧瑪紐西龍多，在華智仁波切群星般的弟子中就如同明月一樣卓爾不群。無論智慧、大悲心、加持力及至證悟的體驗，任何人都無法與他相比。在匝多巴地區的傳說裏有種說法：「假如沒有紐西龍多，華智仁波切的法脈將不復存在！」他在

堪布阿瓊仁波切密傳

8

二十八年的歲月裏一直作爲華智仁波切的侍者，於仁波切面前廣泛聞思顯密經論，從而獲得了深廣殊勝的法要。尤其是大圓滿秘密心滴竅訣的究竟法要：現量直指超越所知、自然安住的智慧——本淨直斷和直指三身道顯的法門——光明頓超，華智仁波切以似瓶而泄的方式使他圓滿獲取。

得到教法後，他并未僅僅停留在徒托空言的層次上，而是迪過教證和理證，依聞所生慧將文詞徹底辨清；又依思所生慧對內義如理加以抉擇；之後便依聞思所得之定解前往寂靜山林中真修實證，從而斷除了所有的疑惑，達到了能以自相續與續部金剛語校對（融會相應）的水平。文波·丹增諾若、滾碴俄賽及美囊根索，還有那塔活佛等人，他們幾位原本都曾於華智仁波切座前發願要傾其一生在囊親熱沃切地方過苦修生涯，然而仁波切非但沒有開許，還向他們人人都交代了一個任務：滾碴俄賽被安排去佐欽寺當堪布；文波·丹增諾若被派遣到格芒寺；其他三位（包括龍多上師）則需回到各自家鄉，分別建立一所修行的道場。從那以後，我的恩師就依照華智仁波切的要求來到了這裏，常住炯巴溝。他用了整整十年的時光講述《入菩薩行論》，接著又花了三年時間講解《三大休息》，前後總共享了十三年的時間講經說法。他偶爾會以開玩笑的方式說：「十三年中，我因講經說法而令分別念起伏不斷，致使

修行無有大的進展。假如我從一開始就專修大圓滿法，可能現在已有一定的見修成就了吧！」

上師在幾年內未曾接受過一丁點兒供養，在竹慶寺他一共住了九年，其間所收到的信財，前後七次全部盡數贈給了寺院。他完全遵循了噶當派大德的清淨軌範，實與仲敦巴尊者無二無別。有一次他告訴我：「我曾在佐欽雪山中閉關三年，當時的生活條件極為艱苦。那時的佐欽拉丈也不像現在，（收入）十分拮据，修行所需的資具非常乏少，恩師阿哦（華智仁波切）也沒賜予我什麼。就這樣度過了三年的歲月。當時，自己穿的是破舊的坎肩和三法衣，除此以外，再無其他衣物；而坐墊也就是一塊石頭。三年閉關結束以後，我去拜見阿哦仁波切，他關心地詢問我：『生活是否很艱難？』我回答說：『生活是有點兒苦，但因這是對您的供養以及（祈請）門傑南克多傑上師長久住世的緣起，因此我的內心充滿喜悅！』阿哦仁波切聽後就說：『「修士若未毀誓言，鬼神前來奉物資。」這兩句話是不是專為你這樣的修行者而說的？』不過對鬼神如何供養的情況却未詳加講述。之後，他繼續講道：『如今有許多人雖然聽聞了一些佛法，然而（他們）却不注重真正地實修。倘若能切實修持，那麼肯定會有所證量。上等修行者天天都在進步；中等修行者則月月進步；下等修行者也會年年進步。如果要修行就一定得掌握重點，修行若無進展，則

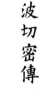

堪布阿瓊仁波切密傳

跟沒掌握要點脫不了關係。仲敦巴尊者曾經說過：「輪番地行持聞思修，乃修行之關要。」』

　　爲此，阿哦仁波切每次在講完若干修法課程後，都會命令弟子們去長時修持實踐。有一段時間，我們住在過窩爾瑪，母親每逢打酥油時總會單獨留出一小塊，待到積攢了一大塊後就托人捎給我。我便將其供養給上師阿哦仁波切以供他吃糌粑時食用，當他發現這整塊酥油是由（很多）小塊合成時，思考了片刻後就突然問我：『你供養的酥油像大黃的莖秆①，這是怎麼一回事？』我把實際情況稟告了上師，於是他就說：『這是你母親的心血，我怎麼敢消受呢？』

　　有一天，阿哦仁波切問我：『你想念母親嗎？』我回答道：『不怎麼想。』上師這時就教誨我說：『這是因你慈悲心沒修好的緣故，（從現在起，）你去前面那片楊樹林中專心修持七天知母、念恩等七種菩提心的修法。』

　　依照上師的教言，我用了七天時間專心修持知母、念恩等七種菩提心的修法。結果在心相續中，自然就生起了真實無偽的慈悲心和菩提心。回到上師座前，我彙報了七天修法的經歷上師聽後高興地說：『是啊，倘若真正修行的話，應該會有收穫，那是自然的事情。以前我經常告誡你不要接受信眾的財物，但這一次你大可放

————————————
①意即每次一點點疊加上的。

11

心地接受供養，然後回家去探望你的母親。』

　　阿哦仁波切的母親去世時，我參加了超度儀式，從而得到了一匹馬和十兩銀子的報酬。加上從扎其卡到德格銀龍一路募化到的若干條磚茶和幾頭牦牛，耗盡精力僅得到這麼一點財物，我全都孝敬了母親。世間的財物，當你專門去尋求時，（可能）怎麼找都找不到；而當你不要它們的時候，它們偏偏（自動）尋上門來……

　　有一次，我到一處名為葉烈的道場去觀看新取伏藏——寶瓶修法的法會。當時看到許多喇嘛身上都有智慧神降臨，（他們）跳來跳去的。晚上回到住所後，上師招呼我過去并問道：『講一講今日的見聞吧，他們在那邊幹什麼？』我就把當天的所見所聞敘述了一遍，上師隨即說道：『嗯，你看到的是有心識的東西在跳，這并不奇怪，沒有心識的東西有時也會跳。』我就此問題又詢問上師：『那是怎麼一回事？』他告訴我說：『我曾修持過十三尊壇城，在誦修「若派金剛橛」時，壇城上面就有一尊紅銅金剛橛在跳來跳去。』

　　我感到好奇，就問上師：『這意味著什麼？』他說：『不知道。』我繼續問他：『那麼這尊金剛橛如今還在您這裏嗎？』他回答說：『我早就把它供養給伏藏大師索甲（仁波切）了。他開取伏藏時揮舞金剛橛，戳擊岩石就像扎入泥土裏一般。聽說他後來將這把金剛橛送給了貢覺地方康薩家的人。』」

以上所述，爲上師龍多丹畢寧瑪仁波切口述給我的有關他本人的一些回憶。

記得在我5歲時，父親帶我到上師（龍多仁波切）那裏求加持。他見到我後很高興，當即就贈給我一個塗漆的小木碗，碗裏裝滿了黑白葡萄和糖果，又賜予了長壽丸和金剛結，還回贈了哈達。之後又給我摸頂加持，末了則親自交代我父親說：「這孩子長大後，要讓他到我這裏來求法。」臨走時又對我說了些祝福的吉祥話語。

我有一個叔叔叫香切，上師當時在道場裏私下對他說：「我今天見到的這個孩子非同尋常。」叔叔香切（回來後）就將上師仁波切的話轉達給我父親，他還說：「你要精心照料他長大，務必格外關注孩子的衛生狀況。以前無論在什麼時候，上師對任何身份的人都不做任何評價，但對這個小孩却顯得非常特殊，因此值得我們注意。」

我17歲時就念誦了一遍《大般若經》，并因而對空性之義生起了極大的歡喜心。當讀到經典裏面「以幻對幻起執著」等文句時，感覺一切顯現均無實有，皆如夢似幻。那年的前半個冬天，內心生起了遠離一多邊執的境界，從而更加使我堅固了無論何時何地「人我」與「法我」都根本無存的定解，對兒時月稱菩薩所說的「眼耳鼻非量，色聲意亦非……」等緣起無自性的道理，也有了穩固的定解。每當自己安住於此種境界時，

大圓滿前行備忘錄

能執之心首先中斷，面前僅剩淡淡的顯現。不久後，那淡淡的顯現也自然消失，在自性空明的境界中，有一種空蕩蕩的感覺。接下來，連空蕩蕩的感覺也消失殆盡，心與空二者融合一味，如水溶於水般無二無別。處於此種境界中，不再生起任何分別念。如果從中回到世俗粗大的心態時，則覺得一切顯現都變得如夢幻般無有實體，除了偶爾會產生少許執著心之外，幾乎已沒有了分別執著的念頭。

　　我以此推斷，在那些得地聖者菩薩們的心相續中，不會存在持續不斷的執著心，但也并非根本不生執著心，這是我個人（對此問題）的看法。這種空性的無分別心現量，與後來27歲時獲得「覺性如量相」時顯發出的能所實相覺性智慧和妙理智慧的現量有很大差別。通過自己的親身體驗，就能很清楚地了知這一點。因爲（入定時）有不同的現量（空性的現量和智慧的現量），所以（在出定時），消除煩惱障的力量和擇法覺支的智慧力量就有明顯的差別。

　　這是針對當前有些人所持有的顯密見道和證悟之智慧完全一致的說法，而特意做的簡略開示。

　　9月初，上師準備在班瑪日托地方傳講《普賢上師言教》。由於我家住在綽瑪地區，距離上師的道場非常遙遠，因而消息傳來得比較晚。有一天突然接到上師的來

堪布阿瓊仁波切密傳

14

信，（看完後）我立即趕赴上師傳法的地方。等我趕到時，上師已講完前一部分，正準備傳講《行菩提心》這一章節。我請求上師能允許自己參加聞法，他說：「我給你寫了好幾封信，但你似乎并未收到，不過我還是開許你可以聽講。」

第二天早上，我供養了上師三枚銀元，還有一盤酥油和奶渣，然後就來到傳法處等候聞法。在當天的傳法快要接近尾聲時，上師講到了一句頌詞：「發心非要生心乃關要。」他把這句話反復念誦了好幾遍，接著說道：「阿茲（稀奇）！今天傳講到這裏下課，緣起非常好。」他當時顯得十分歡喜（，講完這句話後，就結束了當天的授課）。

剩餘的內容，上師在一個月內傳講完畢。這期間，他每天上課時都要補講一下前面我未曾聽到的內容，《發菩提心》以下的章節內容，我都作了筆錄。《普賢上師言教》傳完以後，我去請教上師，下一步該如何修持。上師說：「你以前既然沒有得到前行教法，那麼我現在就開始給你傳授，下一步你必須修一次五十萬加行。本來按次第進行修法會比較好，但現在根據你的情況，這個冬天你就先念金剛薩埵百字明。至於如何誦修，我會一點一點地教給你。」

此後，上師開始教我念誦金剛薩埵。他先爲我傳講四對治力的所緣相，在講述依止對治力的修法時，他說

大圓滿前行備忘錄

道：依照生起次第的修法串習觀想時，從顯現的角度而言，（不僅大的部位，）甚至細微的地方，如眼瞳的黑白、汗毛的孔竅，（這些）都要觀想得一清二楚；從空性的角度來說，實有的東西，乃至微塵許都不存在，應當完全將之觀爲水月一樣。

我按照上師的教言去修了一段時間。每逢結行處的「金剛薩埵化光融入自身」時，總感覺觀想化光有一定的難度，就此問題我請教了上師。他說：「噢，這跟過於執著有關。面、臂合和的金剛薩埵是分別心假立的，其實毫許實有之處都不存在，你現在去觀察在各個面、臂上是否存在金剛薩埵。」

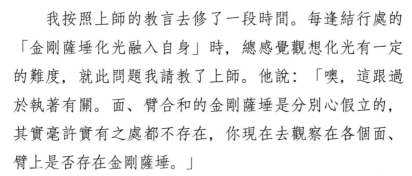

我依上師的教言去觀察，從而對顯而無自性的道理進一步加深了定解。五十天之後，我已將百字明念誦了十多萬遍。當時在夜夢中出現了清淨業障的各種征相；而白天也覺得身體特別輕鬆；禪修時則（感覺）十分明清。修法儀軌中所提到的征相，自己基本上都體驗到了。於是我又去請教上師，接下來該怎麼修持。上師回答說：「你暫時可以休息了，什麼也不用修，這就是《入菩薩行論》裏講到的四種助緣之一的放捨助緣。」

我聽從上師的勸告，安心地休息了十天，然後再次來到上師面前。這次他教我供修曼扎羅②，并諄諄曉諭

②曼扎羅分兩種：供奉曼扎羅，是以手執持用來供養物品的曼扎羅；另外一種爲修持曼扎羅，即陳列在供桌上面，作爲供奉對象的曼扎羅。

道：「這一修法的功效，（曼達拉）能代替顯宗資糧道和加行道需用一大阿僧祇劫才能積累起來的資糧。接下來才可以指示正行引導，它相當於見道之智慧，因此你得先修一次曼扎羅。曼扎羅的修法是資糧道菩薩積累資糧之首要法門，這些供修曼扎羅時所需的替代品你都拿去吧。身所依處是一尊釋迦佛像；語所依處是一本《般若攝頌》及一本《大幻化網頌詞》；意所依處則是一尊噶當塔。」

上師將這三種具有加持力的物品借給了我，然後又接著說道：「噶當塔的象徵意義，可以結合三士道次第予以說明。」接下來他便從噶當塔的蓮聚開始，與戒、定、慧相結合，將其意義詳細地講解給我聽。講完以後，他稍許沉默了片刻，然後拿起一尊大全知的身像對我說：「這裏裝有大全知的些許腦肉與智悲光尊者的頭髮，是蔣揚親哲旺波特意贈與我的，現在你拿去吧！大全知是前譯寧瑪派最爲重要的傳承上師之一，如果向他虔誠祈禱，說不定能親睹其尊容。這是當前你積累資糧的首要法門，因而務必儘量配齊五種供品。你可稱得上是富裕人家的子弟，當然還需準備大量的酥油燈供，我可以幫你提供（燈芯用的）棉花。」上師說完就將一些棉花、明朗白香、百把香、香料及牛淨物③交給了我。

---

③牛淨物：是古印度的五種衛生物。夏季時將特殊的黃牛趕至寂靜地，讓其自由地食用花草。若干天后，牛所出未落地之前的糞和尿，還有牛奶及其做成的酥油、奶酪，這五物的總名即牛淨物。

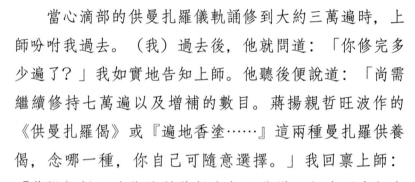

　　從那天起，我便將自己的房間打掃得干干淨淨，把上師賜予的所依聖物全都供置在石板臺上，再於前方的一塊小木板上，每天不間斷地擺放食子和酥油燈等日常五供。供曼扎羅的糧食也預備了四馱之多，我一一挑揀出混雜在其中的小石子及燕麥、鳥糞、碎食渣等雜物，然後再將其清洗乾淨。每天需用的糧食，事先都會以香料水蘸染一下，而供修過的糧食則不再重複使用。

　　當心滴部的供曼扎羅儀軌誦修到大約三萬遍時，上師吩咐我過去。（我）過去後，他就問道：「你修完多少遍了？」我如實地告知上師。他聽後便說道：「尚需繼續修持七萬遍以及增補的數目。蔣揚親哲旺波作的《供曼扎羅偈》或『遍地香塗……』這兩種曼扎羅供養偈，念哪一種，你自己可隨意選擇。」我回稟上師：「蔣揚親哲旺波作的供養偈也無可非議，但我現在想念誦的是法王（赤松德讚）作的供養文。」上師點頭稱許，并說道：「可以。阿底峽尊者說過：如今不論積累資糧或發願，恒常念誦往昔佛陀金口所宣的如《普賢行願品》那樣的願文是十分殊勝的。其次，獲證十地聖者菩薩果位的一生補處者——彌勒菩薩所造的願文，或者像獲得初地菩薩果位的龍樹菩薩那樣的聖者所作的《二十頌發願文》等（也不錯）。成就諦實語的聖者們著作的發願文和其他凡夫俗子編撰的願文實有天壤之別，凡夫人寫的誦文無論文詞及聲律多麼華麗優美，也

堪布阿瓊仁波切密傳

18

無任何實義。而蔣揚親哲旺波則爲大法王的無誤化身，因此他所造的（願文）和法王（本人）作的無有任何差別。不過，你既然已做出了如此之選擇，我也就尊重你的決定。『遍地香塗……』供養偈，爲法王當年向蓮花生大士供養王位和臣民時所持的偈語。今後，你不論修學顯宗或是密法，首先都應當觀察，這一點很重要。不可盲目求法，像餓狗乍見牛肺般饑不擇食（的所謂求法），定會埋下極大的禍根。」

過了不久，我又下行回到自己的住所。在幾天的時間裏，我始終不厭其煩地反復念誦《呼喚上師祈請文》，皈依、發心與金剛薩埵之修法均嚴格結合觀想進行。修了數百遍後，又將《普賢行願品》中的七支供頌詞與禮拜相結合而修，一座當中修十遍，并於最後一座中拿起曼扎盤供修曼扎羅，因此這一座修法就要花費較長的時間。而且在每座之間，我也儘量誦修如此之修法。

其間的一次夢境中，我依稀見到了一位女子，當時感覺她就像依卓瑪護法神。她對我說：「我現在帶你去見大全知。」言畢，就帶我去了一個有點像賽兄（地區）賽地山那樣的地方。山的東邊有一個山洞，進去後發現整個山洞裏面就像海螺的內壁。（我們）順著右旋的空間往裏一直走到山頂，眼前立刻呈現出一片黃綠色的草坪，有一間房子大小，而大全知正端坐在草坪中央

大圓滿前行備忘錄

19

面朝東方。我走到他座前，尊者的眼睛當時正直視著虛空，口中念著：「阿、阿。」他手執一顆像綿羊心臟一般的水晶，并將之放置在我的頭頂，同時唱言道：

「阿，心性自然菩提心，阿——

阿，廣大空性普賢界，阿——

阿，通徹覺性之法身，阿——

阿，五大妙光皆顯現，阿——

阿，超越見修本覺性，阿——

阿，願能安住於心中，阿——」

尊者念完以後，我內心深處頓時生起了無可比擬的敬信心，（自己馬上）就處於無分別念的境況中，所有的念頭當即全部中斷……當自己從這個狀態中出來時，即從夢中醒來。此後，我在大全知的佛像上找到了幾顆舍利。

修完曼扎羅後，我將上師借予的物品還給了他，他則問我：「你是否見到了大全知？」我當時已忘失了夢中的經歷，心想自己并未現量見到，於是就稟告上師說：「我沒有見到。」然後，我便將在龍欽巴身像上拾到的幾顆舍利交給了他。

過了一段時間以後，上師又問道：「前次供修曼扎羅期間，到底有沒有見到大全知？」我仍舊如前回答說：「沒有見到。」「那你做沒做過相關的夢？」上師繼續追問。「這倒是有。」我回答道，緊接著就將夢境

堪布阿瓊仁波切密傳

的詳細經過告訴了他。他聽完後喜悅地說：「這麼說來，大全知豈不是已把三部大圓滿的句義灌頂全部賜予你了嗎？」「我不知道，上師。」我老實回答說。他聽後就沉默了一會兒，然後也沒再說什麼。

後來聽說上師私下裏曾給一些弟子講：阿樂（對阿瓊的親切稱呼）見到了大全知。他對此稱讚有加。

又過了少許時日，上師教導我說：「『當知勝義俱生智，唯依積資淨障力，具證上師之加持，依止他法誠愚痴。』如其所說，在積累順緣資糧方面，供修曼扎羅確實相當重要。雖然常規儀軌中僅劃分了共同與不共兩種方法，但阿哦仁波切將其劃分為顯現化身曼扎羅、實相報身曼扎羅、周遍法身曼扎羅這三種方式實具有甚深意義。」

他將有關問題詳細地講了一遍，接著又說：「此外，在自身上積累資糧的修法是革薩里（斷法），此法簡單易行且成效顯著。大全知在《心性休息》中把它跟上師瑜伽結合在一起，但晋美郎巴尊者（智悲光尊者）是把這種修法與曼扎羅以及外、內積累資糧的方法合在一起。不管怎樣，總之，斷法的修持都是非常重要的。」

接下來，上師詳細講述了四大齋食的觀修次第，并強調早晨要進行素齋，中午實行雜齋，晚上則為葷齋。而黑齋則暫時不用修持，因它只適合個別人。且修持時需要到鬼神盤踞的地方，而動量有時長時間都不出現。

大圓滿前行備忘錄

即便動量出現了，結量又有可能不到位。等結量到位了，斷量又沒有實現。遭遇到這種境況的人才應該修黑齋，不過這些細微的差別如今已很少有人能夠掌握了。」上師言畢又將《斷法空性笑聲講義·六度青春》和阿哦仁波切對其所作的講義結合起來予以傳講。

按照上師的教言，我將曼扎羅和捨身斷法相結合而修持，結果於每晚的夢境中都見到了充滿新舊尸體與各種飛禽猛獸的大尸陀林。我感覺自己的神識發射出去後化作忿怒母，將自身的肉體布施給尸陀林中的飛禽猛獸和尸陀林主。我將這些夢境情況告訴給上師，他便問我：「你是否感到恐懼？」我回答說：「沒什麼可害怕的。」這時上師開起了玩笑：「你見到的尸陀林是俄匝拉德尸陀林，若見到這個尸陀林，忿怒金剛手也會嚇得握不住手中的金剛杵，你又怎可能不害怕呢？」「我的心已經飛射到了虛空當中，變成了萬佛之母，我想再不會有比她更厲害的鬼神了吧。再說心本來就是空性的，也感覺不出有什麼可怕的。」我直言道。「不要說大話了，難道你比金剛手菩薩還厲害？夢裏出現的一切景象，都與修捨身斷法有關，（只是）不知是好是壞。」上師邊開玩笑邊教導我說。

到了第二年春天，上師吩咐我：「把你現在正修的上師瑜伽暫停一下，先依次第修一次四加行。若想做一名真正的修行人，就一定要修好前行法門。倘若能在良

堪布阿瓊仁波切密傳

好的前行基礎上進而正行也步入正軌，就能實現寂天菩薩所說的『利自平息世間八法，利他無勤生起慈悲』的目標。真正了悟空性時，會對空性顯現爲緣起、緣起了知爲空性這一義理獲得深刻的定解。與此同時，也會對因果不虛的真理堅信不疑。龍樹菩薩說：『諸法了知皆空性，仍然不離業和果，稀有又此極稀有，稀奇又此極稀奇。』仲敦巴尊者也曾說過：『證悟空性和生起悲心是同時的，生起悲心和斷除惡業也是同時的。』」

大圓滿前行備忘錄

我不解地問上師：「那麼當今有些所謂證悟空性的人，看上去其煩惱并未減少，這是爲什麼？」

這時上師略顯不悅地說：「他們證悟的只是口頭上的空性而已，現在的這個末法時期，那些所謂證悟空性和覺性之人，自稱見解高超，而他們造惡業的膽量同時也大得出奇。行爲越來越粗暴，煩惱越來越重，這些人把全部精力都投入於口頭的見解上，遇到生死中陰的關鍵時刻，其表現連一個善良的老太婆都不如。因此說，身爲一名寧瑪派弟子，首先應依靠寧瑪派道次第如《大圓滿心性休息》等法門，努力清淨自相續，在了悟大圓滿的甚深見解後，再持之以恒地不懈修行。而修行時，見解應當廣大無礙，行爲却應小心謹慎、取捨細微。

嘎丹赤巴仁波切、夏則法王、香則法王、薩迦法王都不約而同地以晋美郎巴尊者爲師，其原因主要即在於寧瑪派的理論和實修次第緊密相連！現在，我倆就以足

够的時間來修習四加行。

依照阿哦仁波切制定的常規修法，《心性休息》的前行部分，從『人生難得』開始到『行菩提心』的學處——六度之間，至少需要用146天的時間來修習。修完以後，上等修行者即能够成就四禪定；中等修行者可修成初禪；下等修行者也能達到欲心一境。在此基礎上，進而爲其直指大圓滿覺性，如此才能實現標準的止觀雙運。寂天菩薩也說過：『有止諸勝觀，能滅諸煩惱，知已先求止，止由離貪成。』如其所說，如果想要了證自性解脫勝觀道，則無論顯宗、密宗，首先都應把修好寂止作爲基礎，（其作用可使勝觀）就像不被風吹動的酥油燈那樣穩固而住，因此務必要先修一個標準的寂止，而其首要條件就是必須嚴謹守持以遠離世間貪欲的出離心所攝持的清淨戒律。如果未能真正理解戒、定、慧的開遮之處，僅於口頭上誇誇其談，自詡所修爲大圓滿和大手印之引導，所謂的有相寂止和無相寂止已久修多年，此等狂妄之徒不用說真實的禪定，就連欲心一境都不可能修成，只能枉自虛度一生，真是可惜！」

我又問上師：「有相寂止和無相寂止的修法，在大圓滿與大手印當中沒有宣講過嗎？」

上師回答說：「大全知在大圓滿竅訣中根本就沒有講過有相寂止的修法，大手印裏雖然提到了有相寂止的修法，但現在已不大適用了。雖然過去有許多掌握竅訣

堪布阿瓊仁波切密傳

24

的具相上師可以將小木塊或小石塊當作對境，通過斷除五過、依靠八種對治行及九住心的修法，修成標準的寂止，然而當前有些人在不具任何竅訣的情況下，一味地對小木塊或小石塊等所緣境強行專注而修，這種人別說真正的寂止，連寂止的氣味都聞不到。

宗喀巴大師說過：『有些人不懂得禪定的安住分應當建立在意識上，（他們）反而將安住分建立在眼識上，智者對此深感叫笑。』大圓滿這一無上法門的引導方式主要有兩種：一種是針對所緣外境根基者，從修行上尋找見解；另一種是針對覺性自現根基者，從見解上尋找修行。大全知的大圓滿引導方式之整體風格，雖然傾向於第二種，但在實修的時候，若依循第一種方式來修會有諸多益處。因此應當從前行開始修持。雖然僅依前行修法欲成就標準的寂止會有一定的難度，然而却完全可以修成欲心一境。」

那一年，上師給索甲喇嘛師徒及阿旺丹增師徒詳細講述前行，我也趁此良機聽聞了一次前行并作了筆錄。此後的修行過程中，自覺內心隨外境而轉的狀況有了（一定程度的）緩解，無論觀察修還是安住修，都變得輕鬆自然。沒過多久，自心即完全專注於禪定狀態，觀和住都蕩然無存。於自性明空境界之中，自然放鬆，接著一切顯現都變成了明點。再後來，明點也消失於禪定之中，任運現出無任何顯法之境。

我把這個情況告訴了上師，他聽後就說：「我不清楚，也許是阿賴耶識。」我自己也覺得應該慎重一點，於是就把修前行時觀修的所緣相一一敏銳地觀想出來。結果觀想越是緊密，反而越能坦然進入無念無顯之境界。我又將這種情形告訴給上師，他依舊說：「我不清楚。」

　　後來上師在傳授正行引導中「分辨心與覺性」時才解釋說：「這個覺性呀，在你修前行時就向我問及的像無現定般的境界，其實就是！當時沒給你加以指明，是因爲擔心如此行事會對你不利。俗話說：『非時泄密修法，連狗都不如。』」

　　那個時候，上師根本不給我看有關直指心性方面的法本……他不斷讓我繼續修前行。有一次，上師特意問我：「皈依、發心修完多少遍了？」「皈依已經念誦了三十萬遍，發心念滿了十萬遍。我把每坐中三分之二的時間用於修共同前行，餘下的時間用來修皈依。」我如實回答著上師的提問。

　　他聽後便向我開示道：「發心其實只要念够三萬遍就可以了④，最重要的還是要修好共同前行。除了平時必須念誦、修持的四皈依以外，專門誦修的假許承諾皈依⑤到此就可以了。（爲何要皈依呢？因爲）能够解除

---

④這是對上根利智者的方便開許，絕非針對一般修行者而言。
⑤假許承諾皈依：指平時口頭上念誦的皈依偈，有僅於口頭上承諾皈依的意思。

生死輪迴與寂靜涅槃（小乘有餘涅槃）之畏懼的救助者唯有三寶。若欲解除他眾墮於輪涅邊際之痛苦，必須自己先已解脫此苦，否則將無法救度他眾。而佛陀恰是無住涅槃的示現者，堪能救度眾生。因此，我等理當以佛陀為導師；法乃成佛之正因，它涵蓋了滅道二諦，《釋量論》中說「以體證四諦取捨之理，足以印證導師為量士夫」，以此滅道之法為道，并如理修行，即能獲得解脫；至於僧寶則指的是登地以上的聖者⑥，他們按照大悲佛陀的教導切實修行，并已獲得了某種程度的斷證功德，我們應該以這些聖僧為解脫道上的楷模。總而言之，修行人應以佛為導師、法為道路、僧為道友，以此方式來進行真正意義上的皈依。如同有一富裕之商人欲走一條危險道路，但若缺乏熟悉路況之護送者，則此商人將很難順利抵達目的地。

　　另外，《般若攝頌》中云：『誰人得慧度，魔障親臨彼。』如其所說，菩薩們在修行之旅中會碰到一些障礙，（具體來講，）有些會遇到，而有些却不會。若修行者既缺乏智慧又不精進，則其本身即是魔業；若只具備精進而缺乏智慧，就會遭受魔障侵害；若一個修行人既有智慧又具精進力，則任何魔障都無法作害。不過，行持大乘道的菩薩們不論在菩提道上遭遇到多麼大的艱難險阻，諸佛菩薩都能給予慈悲垂憐與加持，在佛力庇

⑥此處專以大乘觀點而言，小乘觀點與此不同。

27

大圓滿前行備忘錄

護下，他們面對的困難往往會迎刃而解。《般若攝頌》云：『多子之母患病時，諸子牽心悉顧彼，如是十方諸佛尊，關注慧母亦如是。』所以說，即便已具足了圓滿的智慧與精進，然爲清除修行之路上的違緣，隨時勿忘皈依三寶依然是非常必要的。

說到隨修道皈依，即是指在修任何法時都必須把它納入皈依的範疇。正因爲如此，剛剛起步的初修者絕不能好高騖遠，而應以前行爲修行之道來奠定穩固的基礎。布多巴格西曾經說過：『麵糊羹的口味鮮美雖然很重要，但調羹頸部的堅韌程度更重要。』如其所說，初入門者正應該以前行修法將自心調順。」

上師接著又問我：「你修持前行的進度如何？」

我回答說：「上師，我不敢說自己已如理如法地圓滿修完了四加行，但較有把握的是，從很小的時候起，我就對世間的榮華富貴看的比較淡。特別是現在，上師您的加持讓我從道理上明白了世間（幻象的不實）本質，因而我不用刻意去修持什麼出離心，它自然而然就能生起。

其次再說對三寶的信心，我認爲自己已基本做到了心口不異。我已明白了菩提心是大乘道基礎的道理，因而平日裏無論碰到怨親近疏，我都能把他們視爲自己生生世世的母親，且內心深處希望他們離苦得樂的願望也日漸強烈。在這種願心的驅動下，如果有饒益他們的機

堪布阿瓊仁波切密傳

28

會，我即便犧牲自己的生命也無所顧惜。爲利益眾生，我自幼就無勤具足了追求佛果的願心。說這樣的話，我自覺當屬問心無愧吧！」

上師聽後就說道：「噢！能這樣當然再好不過。但有一點還是要提醒你，依修持前行之力而生起的少許善心，若不經過反復串修，很容易就退化了。暇滿難得等每種前行的體相、定數（條目）、次第，你都應該把它們全部諳熟於心且牢牢印持不忘。如此說來，你最好把《普賢上師言教》完整背誦下來吧！」

恩師這時又送給我前行引導文的法本，我依教奉行將之全部背誦了下來。

他得知後顯得特別高興，并勉勵我說：「理應如此！如果只是一味注重冥頑不靈的盲目安住，（而忽視聞思教理，）這是行不通的。上等修行者能成爲上等的說法者；中等修行者能成爲中等的說法者；下等修行者只能成爲下等的說法者，此種說法是有一定道理的。我所說的這一切，你應該毫無缺損地完整銘記於心并再三深思。《修心七法》中曾說過：宣聞三世諸佛一切金剛語之功德，不及銘記上師一句教言之功德。而今，正是因爲有許多人對上師的金剛語不加審慎觀察就隨意自言，才使得寧瑪巴自宗的耳傳竅訣喪失了不少。欲使佛法久住，唯有不間斷地設法延續清淨傳承與竅訣精粹，這一點至關重要！」

大圓滿前行備忘錄

上師的教言我一一銘刻在心，爲永誌不忘，我還將其全部記錄下來。因此，在大恩上師的所有親傳弟子中，無論是講授前行抑或正行，我的傳講都可稱是比較殊勝的。

後來，阿多喇嘛在我面前讚嘆道：「恩師在其前半生的弘法生涯中幾乎未曾廣講過阿哦仁波切的教言，但對你却格外特殊。我的耳朵缺少福報，耳傳竅訣方面的教言聽聞得極少。雖然有不少人在我耳邊說過以其之證悟作爲法供養的話語，幷各自都說了一些有關本心方面的話，但却沒有一個人能確切地把心與覺性區分開來，更沒有真正的體證覺性者。而我自己所體證的境界又無法直接演示給他們看，儘管也使用了很多言語，但因爲沒有得到上師耳傳教言的緣故，所以很難表達清楚。至此，我才算是知曉了耳傳竅訣的重要性。」阿多喇嘛因而專門到我面前諦聽我宣講此記錄。

過了一段時間，上師讓我開始修上師瑜伽。他對我說：「按照常規，外祈禱只需念誦一千萬遍心咒，不過你這次却必須念滿三千萬遍。」依此教言，我開始修持上師瑜伽。在修行過程中，我把七支供和大禮拜合在一起修，大頭磕了有十萬個。在每一座的修法中，前半段時間我用來念誦修持悉地的祈禱文，後半段時間則念誦能賜予悉地的祈禱文。念誦前一千萬遍蓮花生大士心咒時，每隔一百遍，我都會輪番念誦這兩個祈禱文各一

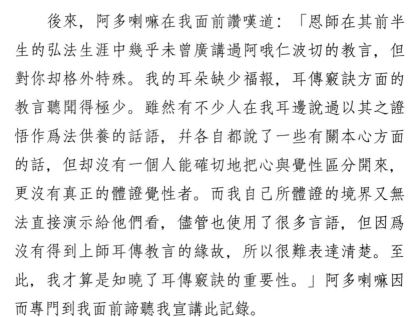

堪布阿瓊仁波切密傳

30

遍；在念誦後面的兩千萬遍蓮師心咒時，我則每隔一千遍輪番念誦這兩個祈禱文各一遍。

　　自從見到上師并與其結下法緣後，我便從未將他老人家當成普通凡夫看待過，基本上都是以恭敬心恒時對之進行祈禱。在修上師瑜伽中的持誦心咒這一部分時，有次我去上師處，恰巧碰到他在進行他那習慣性的午飯後二十五圈轉繞，我就尾隨其後轉繞他的閉關房。上師平時一直繫著一條狼皮的裏腰，而繫帶則總是像藏靴的鞋帶一樣奔拉著。以往每當他方便時總會說一句「拉一下我的尾巴」，而那天卻沒這麼說。於是我便問道：「要不要拉一下您的尾巴？」他怔了一下，然後說道：「噢，我都忘了，那就拉一下、拉一下吧……」接著他又像想起了什麼似的說道：「兒啊，這是我的一句壞口頭禪，你學我說也不能怪你。不過，一般說來，弟子應將上師觀爲法身佛，而不能將其視爲普通色身。從這個角度來說，你就不能也跟我一樣戲稱『尾巴』。《金剛經》云：『若以色見我，以音聲求我，是人行邪道，不能見如來。』這個教證就說明了，如不能把上師視爲法身佛，僅僅把他當作具有色聲香味觸等特徵的常人，如此惡劣的心念必將遮蔽修行者的自相續，導致其在能獲致殊勝成就的道路上碰到難以逾越的障礙。所以《金剛經》中說『應觀佛法性，即導師法身……』，以法爾道理⑦，就應將上師觀成法身佛。」

大圓滿前行備忘錄

聽了上師的開示，我心裏油然而生出一種定解：所謂的金剛持其實就是上師！從此之後，無論距離上師是近是遠，也不論處於白晝或黑夜，冥冥之中總能感覺到上師的清淨智慧無時無刻不在觀照著我，我也恒時處於上師眼前。正因爲如此，我連細微的惡念也絕不敢生起，時時刻刻都能以正知正念護持自心。我自己覺得只有這樣才堪稱爲隨念上師、隨念佛陀。

在此後的日子裏，凡是與我結過傳法、灌頂之緣的具足無量大悲以及甚深恩德的上師，我都會盡一切可能令其生起歡喜心，從未讓上師生過哪怕是一刹那的厭煩心。

佐欽堪布索秋表揚我說：「在善加依止善知識這方面，你完全可與善財童子相媲美。」在我的記憶中，不用說對上師，就連對金剛道友的誹謗，乃至僅一句背後非議之類的惡語，似乎也未曾說過，我一直確信自己守持誓言極爲清淨。

修完上師瑜伽後，恩師讓我繼續修一個生起次第，幷給我詳細傳授了《執命四釘⑧之竅訣·三界妙用梵天音》，同時還傳講了《通向密嚴刹土階梯之釋難》。他特別強調說：「五種次第在瑪哈約嘎與阿努約嘎的修煉中是必不可少的要訣，《嘿嚕嘎嘎兒布續》中云：『金

---

⑦法爾道理：四種道理之一。世出世間的一切萬法皆不離四種道理：觀待道理、作用道理、證成道理、法爾道理。
⑧執命四釘：三摩地本尊釘、心咒真言釘、意不變異釘、集散事業釘。

剛誦和專注心，加持自我及光明，以及雙運之修法，稱
爲五種之次第。』對這方面的講解，恩師阿哦仁波切的
詮釋是最爲透徹的，我也將其作了簡略記錄。」通過反
復多次的解惑與問答，自己終於對金剛二次第有了真正
的瞭解。

在修生起次第的過程中，上師指出：針對平庸的顯
現與執著，通過修持明清形象、提念清淨、堅固佛慢，
使生起次第修至三境之力圓滿爲止。在其他宗派中，并
未於初始之時就闡明大等淨的見地……按理說，修行應
建立在一個堅定不移的定解上，如果首先就能樹立起大
等淨的定解，然後再修生起次第，這就是生圓雙運的修
法。

（你準備修的）《內修持明彙集》，若依續部字面
上的意思理解，當屬阿努約嘎；但從伏藏內涵意義來
看，三根本修法應屬上師修法。其中『無改覺性空明
中』的意思，應謂阿努約嘎中講的將界智無二的妙力顯
現觀想爲本尊。

不過這一次是依照瑪哈約嘎的三種等持使自心入於
三摩地，因此當觀其本體爲空性，妙光（自顯）爲大
悲，形象顯現爲吽字，從中開始觀想所有能依及所依壇
城。在此過程中，時時憶念以因位推理、文字推理、加
持推理而觀修。

誦修了多少時日并不重要，關鍵是要通過反復誦修

大圓滿前行備忘錄

而能諳熟其意義。因此，從形象觀想為吽字開始，及至將整個壇城觀想圓滿為止，一定要『扎扎實實』地觀想，蓮花生大師就如是說過。觀想要具備無破、無毀、無偏、堅硬等金剛七法，所相顯現為聖尊，能相淨化為空性。所謂『堅硬』并不意味著實有；顯現上的佛慢應指『心境無散明晰觀』；明相應是指至三境之力圓滿時一直堅持觀修；空性的佛慢是說『顯而無自性明觀』，也即是謂正在顯現時無絲毫實有自性可言，沒有任何實質性的存在。對這些觀點，現在的許多人并沒有如實地了知。他們認為：所謂的顯而無自性，正如幻影、水月、彩虹一樣虛無縹緲，這是一種邪說！因為如幻般的虛像并不具備標準生起次第的效用。不唯如此，它也難以成為更高層次之道——圓滿次第的成熟之因。而那些沒有掌握生圓次第之關要者，却常常妄言生起次第是改造道，是大圓滿的歧途從而不願修，就算有時修了，也是極力讚嘆如彩虹、如幻化般的觀想，這是自宗教法趨向衰敗的表現！你往後在修行時無須死執修法天數的多或少，而應將注意力放在勤修生起次第上面。你這回的首次修法必須以嚴格閉關的方式進行，不過時間却不可拖得太久，否則，所修之法倘若未能如期完滿、半途而廢，如此將會導致在以後的生生世世中都不能圓滿完成所做之事。因此，這次你暫時先短期閉關四十九日。」

　　我依教奉行，閉關專修《持明上師總集》裏的誦修

法。每天四座，每座中的上半段時間用來明清觀修以三種等持爲主的修法，而下半段時間則一邊念誦咒語一邊觀想完整的能依所依壇城，輪番間或同時修持此上下兩個半座的修法。於此過程中，有時爲對治不清淨之顯相而明觀形象。只要稍一作意，即感自身自然變爲聖尊，無須刻意改造就可生起穩固的明相。

　　有一回恩師叫我過去，他關切地問道：「你修持的生起次第目前情況如何？」我就將詳細情形如實做了彙報。他聽後頷首應允并說：「基本上是對的。雖然在生起次第中將顯、響、覺（見聞覺知）三法，分別宣說爲聖尊、咒語和智慧妙用，但也不一定要把所有顯現都觀爲聖尊。因爲如來圓具刹土、身體、受用與事業，所以修生起次第時亦應將自己的住處觀想爲刹土及無量宮。其餘的身、語、意及事業，則應分別觀想成佛的身、語、意及事業，再結合執命四釘之竅訣而修。明觀形象之修法，你以前修的就已足够了，其作用能直接對治不清淨的顯相。從現在開始，你該修持對治『執著』之法——提念清淨和堅固佛慢。具體來講，『執著』之分類有兩種：其一是對『法』的執著；其二是對『我』的執著。前者的對治法爲提念清淨，比如若對所觀的聖尊産生了庸俗執著，即可運用提念清淨（進行對治）。也就是說對三面爲三身、六臂爲六度等果法現爲能依所依的意義樹立起定解，於此基礎上，進而再修持堅固佛

慢——針對『我執著』（人我執）而將自我觀成相應的聖尊形象，并執持各個聖尊之佛慢，間或不觀想聖尊形象而執持法性了義聖尊——基道果無別智慧蓮花生大士的佛慢，并誦其心咒。以上所講都是生起次第修法的關鍵所在。」

我遵從恩師教導認真修持後，出現了穩固的生次明相。這期間，蓮師心咒念了一千萬遍，持明總集心咒念滿四十萬遍。上師此時提醒我道：「你此次的閉關修法未遭遇任何違緣，目前正處於最佳狀態，此時就可以暫時告一段落了。」我謹遵師命，立即出關，然後就來到上師面前呈示修法狀況。

上師聽完就鼓勵我說：「正是如此。生起次第對修持寂止與成辦廣大共同事業而言，都是必不可缺之（基礎），而且它能成熟更深之道——圓滿次第。又：如果想要起定清淨幻身及不淨幻身，也需先於內心種下修習生起次第之能量及其引發力。一般來講，觀想聖尊并不一定都屬生起次第，修持語寂⑨之前行法，身寂⑩與修持生起次第，二者區別很大。單妃空行母之修法，若循其儀軌之直接意思，即是阿底約嘎的觀想法門——剎那成觀。（大圓滿）心滴部的傳承持明者們都依靠此法取得

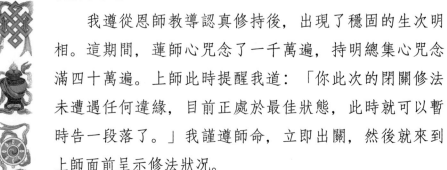

堪布阿瓊仁波切密傳

---

⑨語寂：語遠離，圓滿次第三寂之一。修三明點之心風於鼻、心及密處等三尖端，使風內滲以生起四空。
⑩身寂：身遠離，圓滿次第三寂之一。修細微明點於下門，吸納風息滲入中脉以生起俱生之融化樂。

了殊勝成就。因單妃空行母是一切秘密金剛乘續部的法主，且又與單夫聖尊具密切關係的緣故，所以其修法定需修習。

生起次第的功用在於能清除生、死及中陰的三種習氣，其中生的習氣可歸納爲四種。通過修煉生圓次第之道，能除盡此等習氣，從而暫時得到四種持明⑪之果，究竟獲取雙運果位。因此，當先行修持瑪哈約嘎中淨除卵生習氣的修法——極廣自嗣他嗣。至於其觀想方法，你當遵照《八大法行善逝總集》和《大幻化網寂怒修法》中宣講的那樣行持。《大吉祥總集》裏除了象徵性的自嗣他嗣之修法外，再未廣講（過具體內容）。其中所說的自嗣，是指將他者當作自己之子，即修法時觀想圓滿攝取輪涅之精華作爲自己之子，其作用在於顯發出如來藏種性的殊勝功德；所謂的他嗣，是指把自己當作他者（如來）之子，即修法時首先觀想現證清淨如來果位的嘿嚕嘎佛父佛母，然後再觀想佛母祈請佛父共創佛子，接著自身的蘊界處皆融化爲明點，被佛父吸入其鼻孔內，與大樂菩提心明點合而爲一，并從佛母之密界育生，圓滿具足各種飾物裝束與手幟（法器）。之後，將其安置於壇城位置。其作用在於不斷繁衍具備如來種性的後裔。而中等的觀想方法則有五現證生次⑫、四現證生

---

⑪四種持明：分別爲異熟持明、長壽持明、大手印持明、任運持明。
⑫五現證生次：《喜金剛續》云：「月爲大圓滿之智，七之第七平等性，己本尊種子幟相，說爲妙觀察之智，一切爲一所作智，圓滿法界清淨者。」

次⑬和三儀軌生次⑭。這類修法的所淨是胎生所具有的五大、五蘊、八識、中陰之風心、從精血（受胎）到諸根取受外境，直至攝取眷屬以及積累受用等所有的習氣，這些相關問題在《通向密嚴剎土之階梯》中有詳細論述，你應當牢牢記住。

至尊蓮花生大士的絕大多數伏藏品中，只有《金剛三儀軌生次》之修法出現得較爲頻繁，所以說外修瑪哈約嘎、內修阿努約嘎、密修阿底約嘎這三種儀軌的整體軌範必須明確。如今有人揚言應該以儀軌裏詞句的多少來劃分此三種儀軌，這純屬無稽之談！淨除濕生習氣的修法是阿努約嘎的理想法——一念咒語就立即觀想（聖尊），或將界智無二的妙現觀爲聖尊。有這兩種不同的觀修法，以前都曾對你講過。

淨除化生習氣的觀修法，需首先掌握阿底約嘎之見解：覺性認識爲法身、覺力認識爲法身的妙用。於此基礎上復以見解抉擇一切器情本來皆住於大等淨本基中，再依修道而剎那成觀。

總之，若能清淨四生中的任何一種習氣，則同時也就消除了其他三生的習氣。其原因在於：不論淨除的是四生中的那一類習氣，淨基均同爲光明智慧；所淨同爲

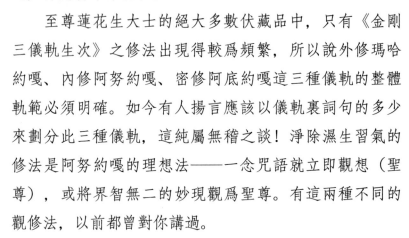

⑬四現證生次：《噶薄續》云：「第一空性菩提心，第二種子播植者，第三而爲形圓滿，第四則爲布列字。」
⑭三儀軌生次：是指依次第觀修五股金剛杵等手幟之相、手幟轉化或以吽字等爲表微、由其光芒放射回攝旋復作二利後，悉轉成飾具裝束等皆全之本尊身。

輪迴之習氣；能淨也同爲生圓次第之法要。所以每當講到廣略不同的各種生起次第時，你都需要如此領會其意⑮。大全知在《心性休息》中開示說，一個修行人應將這幾種不同的觀想法，依次結合自己不同階段的修持狀況而行。他把以上四種觀想分別宣說爲最初串習、中間串習、極爲串習和最極串習四種修法，這一次第對於修持『定成道⑯』而言十分重要。如果僅依『解修道⑰』而行，則內續三部⑱的觀修次第就沒什麽可與之相結合的了，像過去阿敦喇嘛從噶陀請回《大幻化網續》的修法依軌後，只當作日常功課來念誦一樣。當然也不可否認如此行爲，也會使其心相續中種下些許善習。

你準備修的單妃空行母之法，本應使用阿底約嘎的刹那成觀來完成，然而因你目前尚未得受大圓滿正行引導，所以就難以對此如量成觀。可是，於無念心性之妙力顯現中，圓滿能依所依之明相是極爲重要的。生起、圓滿、大圓滿三種法門中的任何一種，除了在始修時有戲論大小程度的差別外，其餘的顯發聖尊明相及穩固明相等方面無有些微差別。你以前世習氣之力，練修聖尊之相，估計不會有多大難度。

⑮指隨意淨除任何一種習氣，則其餘三種也必將隨之除盡。
⑯定成道：是一種嚴格依循前後次第而行的修法程序，既定需前前之修法已獲親身體驗，而後方可修持後後之法。
⑰解修道：一般是針對初學者而言，不需定依親身體驗次第修持，僅依理解、想想而修。
⑱內續三部：瑪哈約嘎、阿努約嘎、阿底約嘎。

此次念誦咒語時需使用的四種意誦當中，月亮鬘星誦及君主欽差誦二者屬瑪哈約嘎之意誦，或者把君主欽差誦當作三約嘎的共同意誦也行。肩輿意誦是屬阿努約嘎之意誦，而這回在使用阿底約嘎之誦修法——窩爛蜂散意誦⑲時，需盡力觀想刹土、無量宮和聖尊之明相，同時還需將一切聲響皆觀爲咒語之自聲，并念誦咒語。」

我依教奉行，在一個月內不分晝夜地精進念誦，結果後來不用刻意地專注觀想，一切音聲自然就現爲咒語之自聲，從而了知不論聖尊或其他顯現都僅爲自心之幻變，捨此再無他法，一切唯名假立而已，并無自性。我對此義生起了特殊的定解，因而自認爲已經取得了修法上的一種殊勝成就。

20歲那年的正月上半月間，我於阿多喇嘛座前求受了比丘戒⋯⋯不久，恩師顯現法體欠安，原本若依照伏藏大師索甲仁波切的授記，此時應該勤誦十萬遍《無垢懺悔續》以期延長他老人家的住世時間。但恩師却命我閉關專修一個長壽法門——甘露寶瓶精華，我謹遵師命，精勤誦修，結果出現了一系列的瑞相：（長壽）丸子放射光芒、食子和丸子通體化光、夢到自己（欣然）享用各種果樹上的（美味）果實⋯⋯但我將如此希懼之戲論全部融於空性中，且持續串習修風，從而使

---

⑲窩爛蜂散意誦：念誦時的聲音就好像蜂窩爛壞後、群蜂頓時傾巢飛散（并發出「嗡⋯⋯」的聲音）般。

40

「入」、「住」、「滲」三種征相逐漸圓滿，最終可隨心所欲地自在持風。

接下來，我還修了一次「拙火定」，身體隨之感受到暖樂；內心也生起了樂空覺受，此時外界寒熱之觸都轉變爲暖樂覺受的助緣。我又利用短時串習細微明點的修法斷盡了心及心所的所有分別念，不過這也并非是像深度睡眠時（出現的那種）迷茫狀態。而是於無念現境的情況下，首先出現空蕩蕩的感覺，緊接著連空蕩蕩的感覺也消失了，空明之心處於不可思議的境界中，如此能安住大約一座的時間……

百日後我即出關，并將修法聖物呈供給上師。他老人家略微享用了一點便對我說：「老年人若活得太久，就難以受到他人的悉心照顧，實在沒有多大意思。而你現在還正當年，暫時尚可生活於此世間，也有一定的意義，因此我要賜予你一個長壽灌頂。」上師接下來便爲我進行了一個《召壽儀軌》的灌頂，并將悉地品全部賜給了我，同時叮囑道：「不要剩留，自己全部吃掉，莫給別人。」

緊接著他又問道：「修持雜龍時出現征相了嗎？」我將實情詳盡地告訴了上師，他說：「大概是你前世修雜龍的善習如今顯發出來了，但不可因此而自傲，任何人面前均需守口如瓶，并且要堅持不懈地修下去。現在你應了知密法的速效性了吧！你尚需繼續修持前行及上

大圓滿前行備忘錄

師瑜伽！《措嘉祈請答覆文》云：每座修法中都必須修好四加行，否則上半座時間內雖是名修行者，下半座時卻很可能淪爲一個世間俗子。因此，若想成爲一位表裏如一、名副其實的修行人，就必須修持好至關重要的前行。阿哦仁波切修行時，會於每一座修法中都全力以赴、極其認真地修持前行。他時常握緊拳頭用力捶打胸口并大喊『阿西瑞』以提醒自己時刻保持正念，（他於每一座修法中皆如是全身心地投入。）

有一次，上師告訴我：『龍計（對紐西龍多的親切稱呼），因觀想輪迴中三惡趣之劇烈痛苦太令我感到恐懼，因而每次修持「輪迴過患」時，我都是僅觀想三善趣之痛苦。』他老人家在多阿瑞森林中修行時，每當聽到畫眉鳥的啼鳴時就模仿著它的叫聲說：『你很痛苦，我也很痛苦。』如此反復不已。他還讓弟子們也如是模仿。而某些人（指有些初學者）卻好高騖遠、不切實際，他們對所謂的正行引導（大圓滿等殊勝妙法）過於期盼，一味追求『高深境界』，其結果卻反而適得其反、欲升反墮。就像唐巴比丘，雖已掌握了雜龍之修法，然因未能將一個粗大的惡念轉爲道用的緣故，最終竟還俗爲軍隊的首領，且因此而墮落了下去。」

上師給圓滿完成五十萬加行的其他弟子均傳講了大圓滿正行引導，但在相當長的一段時期內卻始終未給我傳授。儘管如此，我依然沒有向其提出請爲我立刻傳講

正行引導這一違逆上師意願的要求。我只是將曼扎羅之替代品供養給上師，并祈請道：「凡是適合自己根基之修法，不論是前行還是正行，都懇請上師慈悲垂憐，幫弟子選擇適宜之法門，并爲弟子傳講。」

上師聽後即如是回答道：「給你傳講正行引導會非常困難，因大全知早就指出過：末法時期要想修證大圓滿必須具足上等資糧以及廣大之聞思，并非普通人就能輕易獲致成就。」

21歲那年的夏天，我原本計劃好回家鄉一趟，家中前來迎接的人這時也已到來。臨行前，我拿著一些酥油和奶渣想去供養上師，順便求取他的加持并向他老人家請假告別。當時適逢上師正在安睡，不便打擾，我就在屋外邊恭敬頂禮邊等上師醒來。過了一會兒，看到上師從床上起身後，我便進屋供養了食物。恩師問我：「拿這麼多的酥油、奶渣幹什麼？」我忙解釋說：「母親讓我回家修個水食法，我想現在回去一趟，秋天來臨之前恐怕不能再回到您身邊。」恩師聽後就對我說：「我剛才做了個奇妙的夢，若以夢境判斷，如果現在就給你傳授大圓滿正行引導，也許你將來會成爲一名大圓滿法的傳講者。不要回家，我將用一百天的時間爲你傳授大圓滿法。」我馬上祈求上師說：「只請十餘天的假，等我一爲母親做完水食法就立刻返回，這樣可以嗎？」「不行！」上師直截了當地拒絕道，「若要求得殊勝大法，

大圓滿前行備忘錄

就不能允許自己有一絲一毫的遲緩與懈怠！正如經中所云：『法寶難得違緣多，未得稀有法寶前，魔眾百般設障礙。』因此務必抓緊時間。從明天起，我就為你傳授大圓滿引導，你自己需觀察一下今晚的夢境。」

當我聽完恩師的這番話後，頓時周身汗毛悉豎、淚水縱流，整個人都不知所措起來，強烈的信心和歡喜心不覺從心底油然而生，我深信所有這一切無不是得到傳承上師加持的征相。果然在當晚的夢境中，就見到了一位空行母，直覺告訴自己她就是益西措嘉。她手中拿著一本細長的經函，標題是《三傳承持明上師意藏》，并親手把它交給了我。接過後打開一看，經函正面的上上下下全都遍滿了如空行文字般的細小字體。天明後，我又帶上供品去拜見上師。他一見我就關切地問：「昨晚都夢到些什麼？」我便把整個夢境原原本本地講給他聽。他聽後又問道：「你看得懂那些空行文字嗎？」我老實答以「看不懂」。接下來上師便飽含深意地解釋說：「經函正面遍滿空行文字，這個緣起預示著你將來會成為一名卓越的修行者。不過由於經文無有邊框的原因，所以你在身語方面的善行有可能會稍顯遜色。至於其他的內容，我也不得而知。」從那天起，上師就開始為我傳講起大圓滿的正行引導。

記得他曾語重心長地對我說：「自大持明者晉美郎巴以來，口耳相傳的傳承便如黃金山脈一般綿延不絕。

堪布阿瓊仁波切密傳

其中，晋美郎巴的康藏弟子中出類拔萃者當數多珠欽·
晋美誠列沃色。他又培養出了許多了不起的弟子，諸
如：金剛四裔、部達六法友、持名虛空十三位及持壇弟
子一百名等。在持名虛空十三位中，最出色的是門傑南
克多傑，《法界寶藏論》的傳承就是由他延續下來的。
（晋美郎巴的另外一位大弟子）晋美加維尼固（吉美嘉
維尼固），他擁有兩位心子——蔣陽欽哲旺波仁波切與
恩師阿哦仁波切。在這兩位上師面前，我獲得了《空行
心滴引導文·深意大海雲聚》、《了義精華實旨》及
《密行金剛之路》等教言。大持明者晋美郎巴曾自豪地
說過：『我的《大圓滿光明心滴》的傳承特點是：兒勝
於父；侄勝於兒；孫勝於侄（此處的「孫」指的是侄兒
的侄兒）。』這個授記在論及到我的前輩時全都準確無
誤，他們各個都當之無愧。按照傳承順序，你現在剛好
輪到了『孫子』的輩分，因而應對自己充滿信心才是！
恩師阿哦仁波切以前曾花費了大量時間爲我細緻傳講若
干引導文，我自己則力爭把每個修法的內涵全部融入自
相續中。如果碰到疑難之處就去找阿哦仁波切請教，再
通過教證、理證加以判別，然後就依憑親身實證去體悟
所修之法的真實含義。所以我現今傳給你的一切教法都
具有歷代傳承上師之加持，你應將之一字不漏地謹記心
中。」

　　（上師在給我傳法時，）每次總是先簡單開示一下

每段引導文的內容，然後再給我幾天功夫用以思維其義。接著就詳細地爲我講述此中內容，并解答我的各種疑惑。接下來又給我幾天時間讓我反復深思所講義理，最後他會關切地問我：「都記住了嗎？」我則啓白上師道：「現在雖說是記住了，但不知以後會不會忘記？您可否允許我做一下筆記？」上師聞已立即正色說道：「你難道不知道耳傳竅訣是不能寫成文字的嗎？」沒過多久，他又對我說：「要是你總懷疑自己會忘記的話，那就把主要內容做個簡單的筆記吧，想來應不會有多大的過失。昔日大全知也曾將『秘密無字系列』寫成文字，并編進《上師心滴》的『耳傳三類』與《甚深心滴》的『秘密無字耳傳』中。雖說如此，然你我二人又怎能與無垢光尊者相提并論？不過此耳傳引導法門我實在捨不得傳講，但若因此中斷法脉又太過可惜（，你就權且記錄下來吧）。」我當時所做的筆記，後來就整理成廣、略兩個引導文。

當上師正式爲我傳授正行中有關入定智慧之見解時，我心中絲毫也生不起足以稟告給上師的修行體驗，此時的心情真可謂分外沮喪。我只得猛厲祈禱上師，并觀想接受上師瑜伽的四種灌頂，令自心與上師之意無別而住。結果再度現出過去修前行法時就有的一切現境蕩然無存之無分別心，上師當時對我宣稱其爲阿賴耶識，但此刻我覺察到它沒有染雜三世或善、惡、無記的任何

堪布阿瓊仁波切密傳

46

分別心，也不屬五種無分別心之範疇，乃赤裸裸的覺空境界。（上師原先說它是阿賴耶識，現今看來應算是一種方便說法，它其實就是覺性。）除此之外別無可能，對此我深信不疑。

　　我隨即到上師面前如實呈稟這一境界，上師微笑著說：「是倒是的，不過我過去絲毫也未給你點破過。大全知指出：『大圓滿心滴部之要旨爲，覺性必須赤裸裸地現出！否則，無論修持直斷或頓超都不可能獲得成功。』好在你現在已成功地做到了這一點。」上師當時神態歡娛地繼續對我說：「爲父現在終於有了真正的兒子，大圓滿之法脉如今終可以接續下去了。今日一定要設宴慶祝！」上師又賞賜給我很多糖及水果，還讓我飲用了他自己的茶水。隨後他又說道：「你過去修前行時所出現的類似無現定之境界，其實就是覺性！聖者菩薩入定時，能所二取分別心中的能取分別心首先消融，因所取分別心當時尚未消失，所以顯現依然呈現於自己面前。隨後，所取分別心也逐漸消亡，僅存之顯現也就隨之消散於入定狀態中了。前者是有現定，後者是無現定。當前，有些學者將般若中所講的有現定及無現定分別解釋爲如幻三摩地與空性三摩地，這純粹是無有實修體驗的胡言亂語。你說在出定時，先從耳中聽到仿佛如碰鈴般的聲音，接著現境便全然清晰呈現，此即是《一子續》中所描述的『顯現自聲之叮聲，先返迷亂之顯

大圓滿前行備忘錄

現』。（此處的說法較為特殊，敬請各位道友自己去探索其深意。）其本意原是講虹身成就的標誌，而在講覺性如量時用上却比較恰當。但是你不可自命不凡，并滋生傲慢心，現在你有沒有一點自矜之意？」

「沒有！」我堅定地回答道，「出定時，於一切顯現皆空無自性的狀態上，只有出世心充斥其中，除此之外再無其他心念。」

上師點頭稱是道：「理應如此。大全知指出過：『此法串習獲功德覺受，無常心及無有遠慮心，慈心悲心恒時不間斷，涌現無偏清淨敬信心。』這些正道之驗相應當具足。此時此刻，就像薩哈尊者所說的那樣：『前面後面及十方，見到何法即如此，似今怙主吾斷迷，再也無須問他人。』那時才算真正達到了這種境界……恩師阿哦仁波切在佐欽納瓊瑪修行地時，為我直指了心之本性。」

我立刻祈請上師道：「您能把當時的情景描述一下嗎？」（上師應允了，）他接著說：「我們師徒二人那時住在納瓊瑪對面的一處地方，其地處在一株松樹的蔭覆下。阿哦仁波切每天都要去寂靜地閉關打坐，我就在松樹下為上師燒茶做飯。在此期間，我於睡眠中多次夢到自己戴著一匹黑色的綫團。又一個夜晚，在夢裏我見到阿哦仁波切幫我把綫團從綫頭處全部解開，結果在綫團的中心位置處竟出現了一尊金制的金剛薩埵佛像。上

師把佛像交給我，我當時就尋思道：早知佛像在此，就不用費盡周折、四處尋覓了。

平日裏，阿哦仁波切每到天黑就會在一張羊毛墊子上全身仰臥，臉面朝上、仰望虛空，用一座時間來修持『三虛空』的修法。一天晚上，阿哦仁波切正在一如既往地觀修『三虛空』，突然間他問我：『龍計，你說過自己未能認識心的本性？』『是的，上師，到目前爲止。』我回答道。他平靜地說：『沒什麼不能認識的，過來吧，像我一樣躺下來，目光直視虛空。』我便按上師的要求去做了。片刻後，上師又問我：『你是否看到了天空中的星星？是否聽到了佐欽寺的狗叫聲？是否聽到我在說話？』我一一作了肯定的回答。之後，上師面帶微笑地啟發道：『噢，那就好，所謂的心性就是這個！』

就在那一瞬間，我恍然大悟，心中積蓄已久的諸多疑慮當下全部渙然冰釋，一切是與非的分別枷鎖此時都已完全脫落，覺空赤裸之智慧終被徹底認識，這純屬大恩上師加持之結果！大成就者薩哈尊者云：『師言入於何人心，如見掌中伏藏品。』說的即是此意。如今再回顧、品味當時上師所說話語之含義，除了將眼識、耳識指認爲覺性外，再無更深之內涵。然而要知道，大圓滿心滴部甚深密意之證悟，卻只有依靠上師的意傳加持！！！

大圓滿前行備忘錄

　　阿哦仁波切有次在木雅裏塘附近的一處凶險之地——尸陀林中，遭到了許多非人鬼神的侵擾，他就一心一意地祈禱上師，結果獲得了大圓滿殊勝密意之證悟。後來，當他向多欽則·意西多傑仁波切作證悟供養時，多欽則仁波切直言道：『你早已頓斷四魔。』後來，阿哦仁波切自己也說：『也應如此。從那以後，我的心相續中幾乎再未產生過任何煩惱。』

　　晋美加維坭固尊者在匝熱神山居住多年堅持苦修，一天，他站在燦爛的陽光下向拉薩方向眺望，（內心）憶起自己的根本上師與大圓滿心滴部諸傳承上師，一股強烈的敬信心驅使他不由得開始猛厲祈禱起來，以至突然昏厥過去、不省人事。當他蘇醒後竟然驚奇地發現：往日護持心性的執著已全然消失，再沒有任何所觀、所修的影痕存心，無散無亂之覺性已融入實相。但尊者當時却深覺惋惜：假如剛才不曾來到陽光下，自己還會有一定的修行境界，但現在却一無所有。他當即決定要立刻下山，一是為了遣除心中疑惑，二者也是因為上師年事已高，想前往探望一番，順便也好回去看望老母。上路後，因他長期堅持苦行的緣故，身體已很虛弱。所以，第一天只能走到離神山很近的河流邊就再也無力繼續前行了。當天晚上，香炯土地神夫婦變化成兩位門巴人向尊者供養了玉米、糌粑和獸肉。次日清晨，尊者帶上剩餘的食物繼續前進。幾天後，他偶遇一戶富裕的牧

堪布阿瓊仁波切密傳

民家庭，主人十分熱情地款待他，還特意宰殺了一隻綿羊，并取出新鮮血肉供養尊者。一見血肉，他心中頓時生起了難以抑制的慈悲心，此時的心情就像把慈母的身肉交給兒子食用一樣，別說吃了，連看一眼都覺得不忍心。自此以後，他就再也不吃葷食了！

歷經長途跋涉，在走過漫長遙遠的路途後，尊者終於來到了上師晋美郎巴面前。他馬上就對上師做了證悟供養，上師聽後顯得極爲歡喜，欣喜萬分地對他說：『我的兒子，你所證悟的與道完全相符，（如此看來，）必定能證得法性滅盡相！』尊者在上師身邊度過了一年的時光，把往日聽受的師傳教言又作了更進一步的深思熟慮，從而使其意義愈顯明朗。晋美郎巴上師對此讚不絕口：『想不到你竟具有如此深廣的智慧，若能長期呆在我身邊，將來定會成爲一名學識淵博的大學者！』聽完上師的這番話，尊者便回稟上師道：『我十分想念母親，若她還生存於世的話，我渴望見到她。依靠上師您的恩德，所有前行及正行之引導我現在都已圓滿無缺地獲得了，（應該說）已心滿意足，今後能否如理修持就得靠自己了。至於大學者的名聲，我并不在意，請上師允許我返回康區。』得到上師開許後，尊者就回家鄉并見到了母親，接著在匝查瑪地方又閉關修持了二十多年，人們都稱他爲『查瑪喇嘛』。

因此，僅僅只是認識（覺性）還不够，還必須要

大圓滿前行備忘錄

修；而修持則必須達到如量之境界；在圓滿達到如量境界之前，必須以閉關禪座的方式來精進修持。（如此堅持不懈地努力下去，）到一定時候，大圓滿法性滅盡相之境界就會真實現前，此時，覺性妙力擇法妙觀的智慧突然爆發，由此對菌褶般的諸多法乘與宗派可憑藉自力完全通達。當自己生起了利益他眾的無緣大悲心時，就標誌著依靠講、辯、著而弘法利生的時刻已然到來。所以，修行者應以歷代高僧大德的傳記爲榜樣，切實明瞭自己覺受與證悟的程度，并用智慧來衡量道與非道。獨自修學時應明瞭修法之關鍵所在；爲他人傳法時，當抓住竅訣要點。從今往後，你要用大全知在《七寶藏》、《心滴母子》中闡述過的法義來修正自相續。當前，有些人把一個（普通）老僧的所有話語奉爲金科玉律，把《七寶藏》、《四心滴》反而當成理論著作擱置一邊，還說什麼『我的無上耳傳法乃某某上師所傳授』。其實，他們只是將（基礎性的）有相寂止及無相寂止或者并未抓住竅訣要點的動、靜、覺三種異說用來欺騙上上下下的弟子們，這些全都是被魔力加持了的邪法！大全知曾嚴厲斥責這種痴呆空見（斷見）者及盲目空修者，就猶如在黑暗中扔石頭一般，僅僅停留在自以爲是的見修上，是未能掌握竅訣要點的愚笨修行之徒。而你卻具有頗爲不錯的智慧，若欲完全把握修行中的究竟津要之道，就需仔細觀看大全知的秘密金剛語句，并以此印證

堪布阿瓊仁波切密傳

自己的覺受及證悟。」

這些阿哦仁波切的無上口傳竅訣，在別處你就是背上幾個月的乾糧四下尋覓，也根本無法找到。至於我說的是否屬實，以後你就會慢慢明白的。

不久，上師就開始爲我傳講正行修法之竅訣（正行引導中的正行修法），并讓我注意觀察入眠後的夢兆。在當晚的夢境中，我來到了一座四四方方的城墻前，它大得簡直無法測量。城墻四方各有一扇大門，大門裏面擠滿了數量衆多、各式各樣的動物。而在每一扇大門的上端，又各有許多上師在守護大門。西門上方有一尊身軀爲桔紅色的文殊菩薩，雙手分持寶劍和經函；白色相狀的龍樹菩薩在他左邊，身呈比丘形象：上半身裸露，頭頂具肉髻。我則坐在靠近其左肋的位置，我身邊又有許多上師緊密地并排坐著。當時的夢中感覺是，我和上師們都在守護那些動物，唯恐它們會跑出來。

次日，我即將夢境如實禀告給上師，他聽後欣喜地說：「是個吉祥夢兆！」然後就不再做進一步的解釋。接下來又以略帶玩笑的口吻對我說：「看樣子，文殊菩薩若用手中的寶劍用力擊打那些動物，（它們）恐怕都會被打死；如果只輕微打一打，又好像擋不住它們，（它們）都會沖出來。」他又接著問我：「龍樹菩薩手中拿著什麼？」「什麼也沒拿。」我立刻答覆道。他

（聽罷）若有所思地說：「噢，徒手呵，那再多恐怕也無用。你還夢到些什麼？」上師繼續問道。我一邊回憶一邊答道：「下半夜時夢見兩座佛塔，衆人都說此塔是往昔阿育王所建。當時它從西面開始倒塌，泥流就如洪水般傾瀉而下，奔流到西方的大海裏，將海水全部染紅。這時虛空中傳出一個聲音：『海裏的一千萬個動物皆已親見聖諦。』」

（我講完後，）上師并未對夢兆吉凶表態，他（將話題一轉）又對我說：「按傳統，在傳授直指心性的竅訣前，只念一個傳承上師的祈禱文，但這次我要爲你做兩個大圓勝慧覺性妙力的灌頂。」我欣喜地向上師請問：「需要準備什麼？」他回答道：「本來是應該準備黃金曼扎羅的，但你沒有。那就把我屋裏曼扎羅中的黃金花拿來用吧，你自己還有多少銀元也一并供養。手鼓、鈴杵今天就不用了，以免灌頂時他人聽見會圍過來。」然後他就開始爲我進行大圓勝慧直斷和頓超這兩個覺性妙力的灌頂……

當直斷修法的正行引導全部圓滿傳完時，上師告訴我：「需再修一個《上師修法·明點之印》，此法乃《上師密修·智慧上師》中的修法，你務必於一百天內每日持誦一萬遍左右的咒語，主修『三不動』之法。（爲此）當十分嚴格地閉關，且需每隔幾日就到我這裏來一次，我會詳細解答你正行修法中的疑惑之處。」

堪布阿瓊仁波切密傳

我立即按照上師的要求去閉關修持，經過三七二十一天之後，現覺中仿佛大全知親身浮現於虛空中；而意覺中慈心、悲心和菩提心三者則渾然一體，此種狀態即就是在夜晚的睡眠中也能保持不失。我將情況呈稟上師，他首肯說：「是種較好的現覺與意覺，『久習不成易，此事定非有』，如其所說。但這些征相并非獲得高深地道功德之標誌，覺受與證悟必須分清。倘若未能正確辨別覺受與證悟，則如續部所說的那樣：『圓滿智慧自力與，隨外境轉分別意，二者極似易混淆。』」

此後，上師又專門爲我傳講了《三要訣》以及《制伏歧途獅子吼》。過了一段時間，又賜予了《空行心滴之祈請答覆文‧甘露金鬘》之教言。閉關結束後，他又讓我前去阿沃喇嘛處聽受《七寶藏》的傳承。在阿沃喇嘛面前，我完整地獲得了《七寶藏》與《三休息》的傳承。後來回去拜見上師時，他問我：「《七寶藏》的意義和你的心相續現在是否相應？」我說：「雖然相應，但僅是理解上相應而已。」我的答語令上師非常欣賞，（沒有說大話，分清楚了理解、覺受、證悟三種差別。）他對此十分讚許，并說道：「作爲一個真正的修行人，應當合理地通過理解、體驗與證悟三種途徑正確把握安立五道十地的原則。當前有些人錯誤地把理解當成證悟標示的對境（證悟之境界），無散無修、見修同

大圓滿前行備忘錄

時之類的大話其實無有任何實意，清楚地了知地道（功德）之安立原則實乃非常關鍵。《法界寶藏論》是大全知證悟之傳真實相，其中第九品之前宣講的皆爲見解；第十品講修習；十一品講行爲；十二品講暫時的道果；十三品講究竟之正果。基本的（框架）大意可如此理解，詳盡之義當去博覽群書。」

時隔未久，上師將我喊去說道：「現在我想嘗試著把《法界寶藏論》給你講解一遍，你福報深厚，可在我屋內聽受。但我過去在上師面前求取此法時，阿哦仁波切是在佐欽雪域利用夜晚時間傳授的。當時爲了避免瞌睡，我雙手反捧經函，一步步後退而行；上師則在前方邊看經文邊踱步傳法。『法界寶藏佛法之精華』，如其所說，在所有的法門中，阿哦仁波切唯一視爲心髓的就是《法界寶藏論》。我亦如是，你也得（將之）牢記於心。」

於是，我十分認真地再三拜讀，結果對此論的悟解終於有了少許進步。上師肯定了我的成績并說：「如此循序漸進方爲穩妥。記得以前，我曾將此論交給郎達洛括喇嘛閱讀，有一天，我試探性地問他：『你讀後有何感悟？』他頗爲自負地說：『「無論三界輪迴漂泊否，無論獲得無上佛果否，普賢界中無輪涅因果。」我已悟解此意。』他是個大修行人，或許的確如此。但口頭上未免說得高了一點兒，這一點你不可學他。因爲此言會

堪布阿瓊仁波切密傳

56

對佛法之形象帶來負面影響，對個人的心相續也會產生副作用，尤其對那些缺乏福報的弟子來說更爲有害！因而，在見解上應當『勇敢⑳』，而行爲却應『怯懦㉑』。」

　　過了些時日，我請求上師傳講《大圓勝慧》，結果因上師年事已高，且眼目染障的緣故，最終未能如願以償。不過上師還是給我傳講了一遍《大極密頓超無字耳傳法》作爲補償。此法分有許多章節的引導，上師花費了很長時間爲我詳細講述，後來我把此法也做成了一個筆記。於此期間，我同時也去了阿多喇嘛座前學習續部及伏藏中提到的綫條壇城、彩粉壇城與立體壇城的基本做法。特別是大幻化網立體壇城，阿多喇嘛讓我親手用木料學著做。雖說爲此花了不少時間，但對我來說却意義重大，現今不論是講解或觀想，我都能得心應手。親自製作帶來的利益十分突出，所以直至現在我都很感激他。

　　那時，一個獵人有次在我們住處附近開槍打死了一隻香獐，大家爲此對獵人誦修了《心經》回遮法（以懲罰他），同時還甩動法衣試圖將他降服。（修法結束，）人群散去後，我去見上師，他問道：「今天發生了什麼事？」我就一五一十地給他做了彙報。聽完我的

話後，他十分傷感地說：「唉，你們這種做法叫顛倒的慈悲，被殺的生靈承受了惡果，由此還清了業債；而殺生者却因此造下了痛苦之因。從現在開始，他會爲此墮入地獄中感受痛苦，而且還將於五百世中連續遭殺，以此來償還命債，其實他比被殺者更可憐！如果要發慈悲心的話，也應對他發心才是。原先我以爲你們對佛法有一定的認識，（而實際上，）你們對慈悲心的理解竟是如此膚淺。那麼對於甚深地道之理解（程度），我就更得表示懷疑了。」

一天，上師告誡我道：「你徒恃見解之力自以爲任何事皆可順利成辦，然而從今往後應當不間斷地誦修一個忿怒本尊法門。不然若需成就事業時，就會像遭到群狗圍攻、但自己却手無寸鐵一樣無能爲力。我早年也曾倚仗過見解之力，但緊要關頭却無濟於事。」

我立即請問上師：「修何種忿怒本尊最爲殊勝？」上師告知以：「一般說來，前譯寧瑪派歷代持明者的修行重點是續部的『真實法門』。八大法行中『真實法門』就好比商主，而『金剛橛』法門恰似護送者。通過真、橛雙修，蓮花生大士順利地獲得了悉地，他修持的法門主要就是這個。若要顯示出前譯寧瑪派修法的威德道貌，『天、雅、橛』（天母、雅門達嘎、金剛橛）三修法至關重要！」

我又問上師：」所有的金剛橛修法中，那一個最殊

58

勝？」「三利刃金剛橛修法最殊勝。但我們這一帶別說灌頂和傳承，就連法本都找不到。」

上師說完，我又接著問：「雅門達嘎的修法中哪一個最厲害？」上師不假思索地回答道：「除了鐵蝎和似蝎雅門達嘎外，再沒一個中用的了。現在阿多喇嘛處有此二法及『岡霞天母』修法的法本，不過暫時還不用管這些，切記將來需求取此法。」

有一天，上師指派我前往佐欽求學，他對我說：「至尊上師麥彭仁波切將於新年前後抵達佐欽，他計劃在幾年時間內傳講以他自己之著作為主的眾多經論，這一消息是其侍者沃色喇嘛寫信告知我的，你應前去聽受。」我隨即回稟上師說：「能在至尊麥彭仁波切轉法輪時親往參學，我不勝榮幸。但我這個初學者去聽受他那樣一位無與倫比之大學者的法語，不知是否會有收穫？即便能於聞法後有所受益，但未來的整個人生也會因此而（變得）忙忙碌碌，終日都會處於散亂之中。上師您的年紀已大，所以我想在您住世期間一直陪伴在您左右服侍，而您也可以給我講一點修行之關要，（若能如此，）我將感激不盡。即便不能傳講新的教言，先前講過的內容就已讓我心滿意足了。我情願長期呆在這裏修行；或者他日來年四處游方，晚年時再到寂靜地安度餘生。這兩種前程那一種更為適合，請上師幫我選擇。」

大圓滿前行備忘錄

我的話音剛落，上師立刻沖我說道：「你說什麼？『何者離鄉無慚愧，誰人行高會蓄財』，難道你沒聽說過嗎？倘若終年四處游蕩，不知那天就會遇到一個流浪的惡婦，（跟她混在一起，）晚年恐怕難以在寂靜中度過。你說要一直住在此處修行，若僅圖自利沒什麼不行的，可講修合一的佛法之日眼看就要在西山湮沒，當此千鈞一髮之際，我對你將來廣弘佛法、利益眾生抱有極大的希望。所以，你必須廣學經論，不能只呆在這兒等我死。在你尚未通達經論之前，即便我病了也不能過來，甚至我死了也不許你回來，一定要去求學！」

　　上師既如此告誡，我又怎敢抗拒，只是在心裏暗自想到：「遇見這樣一位具足法相的善知識真是太難得了！若於恩師住世期間能一直陪伴在他身邊，即使沒能弘法利生，我也絕不後悔。」想著想著，淚水就忍不住地簌簌流下來。上師看到後就和藹地安慰我說：「不必傷心流淚。若未能值遇善知識應當流淚；雖遇到了善知識卻未能獲得教言，也有理由流淚；已然得到了教言然未能通達，也應該流淚。但這些情況你全都避開了，還親見了持有極為特殊傳承之上師，也就是說，見到了持有『光明心滴』傳承的上師，口耳相傳的殊勝教言，我也如滿瓶注入般使你完全獲得了，并且你自己也以通過親身實踐而產生的修法體驗斷盡了內心的疑念，已經達到了能夠自主修行的水平。因此我決定，將大圓滿心滴

堪布阿瓊仁波切密傳

部之教法全部交付給你。你弘法利生的時刻已開始來臨，現在必須離開此地。」

我問恩師：「至尊上師麥彭仁波切倘若未能如期抵達，我又該怎麼辦呢？」他聽後堅毅地對我說：「萬一至尊上師麥彭仁波切未能赴約，我保證你在佐欽寺還是能找到其他的講學上師！」我不敢回絕恩師的勸導，因此決意離行。

此後，我短暫地返鄉了一趟，預備了一些衣食物品。即將啟程時，卻接到恩師的口信，命我折返舊地。我於是在中午時分就趕回恩師駐地，然而他卻吩咐天黑之前不准前去相見。待到晚間去拜見恩師時，正值他將自己的日常課誦——帕當巴尊者所著的《三十發願文》念至結尾處的「以化身事業圓滿利他」。恩師平日裏有觀察課誦語段落句處緣起的習慣，此時他將這句話重複了好幾遍，然後問我：「化身事業圓滿是在佛地（才能具備的功德），這對你而言是否高了一點兒？」我則堅定地答道：「若能成佛，高一點兒也沒關係！」

上師於是說：「剛才是跟你開玩笑，就在那個時刻，我於語段處觀察緣起，（發現）你今生弘法利生的事業將無有任何違緣。我已年邁體衰，兼以疾病纏身，將來能否再次相見實難預料。阿哦仁波切過去要求我50歲之前不得傳講大圓滿，但如今你卻不可同日而語了，若有人求取大圓滿前行或正行修法，從現在開始，你就

可以給他們傳授。傳法時，要觀察所化眾生的相續，需把握好（哪些內容）適宜廣講或略講。我深信你去佐欽後必能很快通達經論，然後不要久滯那裏，應繼續前往噶陀寺（求法）。在學習的過程中，不可對一部經論死執不放，要儘量廣聞博學。若能夠求得講續和講義，則解釋字面意義倒是不難，應當學會用思所生慧觀察句義，并歸納顯密各乘之要義，因不論是自己獨修或爲他人傳法，都需要抓住要點。阿哦仁波切曾經說過：『對各種不同宗派均需無偏袒地學習，偏墮任何一方的學習都是亂智之因。無偏修學佛法之獲益就在於用自己的智慧就能辨清是非，了知殊勝與否，何者更接近佛之密意。』

大圓滿心滴部的歷代傳承上師，對於所有教派的理論及教言幾乎全部聽受過，這一點從他們的傳記中即可全然知曉，（比如）大全知對於流傳在藏地的絕大多數修法引導就沒有一個未曾造過論文講義……今後，於父母未死之前，你應住在家鄉一個適意的寂靜處，接下來該怎樣做你自己看吧。鼻繩已放在你的頭上㉒，一切都由你自己決定。好了，現在你就可以走了。」

上師將我原先供養他的銀元又如數退還，還賞賜了二十多塊銀元和五十條哈達。我出來後在外面向上師頂禮謝恩，他見到後又把我叫回去。進屋後，他慈祥地對

㉒比喻放任自由，不受控制。

我說道：「把手伸出來，我給你做個祝願。」說完就將《上師心滴》中的祈禱文和願詞念誦了一遍，念完後就說「現在你可以去了。」出得房門，我依然如前在外面向上師頂禮，他看到後再次叫我回屋，然後滿懷深情地對我說：「我們父子今後恐怕再難相見，我的這些耳傳教言，你不可讓它們喪失掉，要不斷將之弘揚下去。雖然合格之法器難以遇見，但別說得到大圓滿的灌頂和引導，哪怕僅僅聽聞到大圓滿的名號，此人也必將於人類壽命10歲時得到吉祥智慧空行母的度化，在生、死及中陰三時段中的任何一時獲得解脫。此言乃《阿底大莊嚴續》中所說，對此不應存有絲毫懷疑。往後你在給弟子傳講大圓滿引導之前，最好先舉行一個心滴母子的灌頂。若有其餘原因未能如期進行，至少也需有一次明點印證的灌頂。如果自己無暇顧及，讓其他上師灌頂也可以。」說完，他即拿出十三塊碗狀紅糖與一條內庫鎮日吉祥哈達一起賜給我，并鄭重地說道：「我授權你爲十三金剛持地！」接著，他又爲我念誦了很多吉祥願詞，我也於恩師前念了一遍發願文。

　　等最後告別出來，由於傷心過度，我竟昏了過去。醒來後，我流著眼淚前往一位道友家中，并於當晚就住在了他那裏。整個晚上我都在暗自哭泣。第二天，因捨不得離開上師，我內心一再生起了不想走的念頭，但又不敢違背師命，無奈之中只得含淚悄然離去……

大圓滿前行備忘錄

鼠年九月二十九日，我順利地抵達了佐欽西日桑哈佛學處，至尊上師麥彭仁波切當時還未到來，聽說得等到明年才能過來。過了幾日，有位叫阿旺丹珍的喇嘛開始傳講《中觀莊嚴論》的科判及字面釋義，我前去聽受了……前後共享了大約三年的時間，在十幾位大德面前，從共同的世間學問到不共之顯密佛法，直至無上大圓滿法，我不分晝夜地精進求學。（因爲這是密傳，所以有關他廣闊博思的詳情此處無須贅述。若有涉及到修行的部分，這裏則有選擇性地摘錄幾則片斷。）

其中，在佐欽的現任堪布索南群培面前得到了以中觀爲主的不少教法，從而引生了我對中觀應成派甚深見解的無比信心，但對中觀應成派的理論（推理方法）却未能了然於心。爲此，我（開始）祈禱上師和本尊垂憐加持。一日，在課間休息時分，我去山坡上散心，不期然竟於坡上撿到一本被黑色綢緞包裹住的《入菩薩行論·智慧品》。從那以後，我對中觀應成派的理解就有了一定的進展。

後來，索南群培堪布用六個月的時間閉關專修「八大法行」，我做他的護關者，他則利用座間（空閑）時間爲我傳講了以《中論》爲主的一些中觀論典。傳法後的第二天黎明時分，在一種特殊的覺受中，我見到龍樹菩薩以比丘的形象顯現在面前，宛如佛陀一樣令人見無違逆。他手中拿著《中論》的經函幷將之放在我頭頂

堪布阿瓊仁波切密傳

上，且念誦「不生亦不滅，不常亦不斷……」等開篇頂禮句，然後又對我連說三遍「你要證悟緣起甚深之義」。結果，我從此以後就對緣起性空之義及安立二諦的道理融通無礙。

次年春天，至尊上師麥彭仁波切從單闊地方駕臨佐欽。（當他終於抵達佐欽時，）僧眾們皆整齊列隊迎接他的到來。當時他住在西日桑哈經堂的上層，通過沃色侍者我拜見了他老人家，并請求他能賜予妙法，但却一時未能如願。那時他正著手寫作《智者入門論》，過了大約一個月的時間，他就去了納瓊修行地。夏季五月的一天，我再次去拜見他，剛好《智者入門論》在那一天撰著圓滿。仁波切頗顯高興地說：「今天是木星會勝宿的吉祥佳日，適逢《智者入門論》著造完畢，（看來）緣起非常殊勝。」然後，他從該論之首句「智者入門」開始逐句講解：「此爲入三種才智之門，與《薩班智者入門》不同。總偈文應該背誦，此是總偈并非頌詞……」他把總偈文與論文結合在一起解釋了一下篇首部分，其餘的內容就有選擇性地念了一遍傳承，直至傍晚時分才告結束。接著，他又把此論放到我頭頂并說道：「此論交付給你，雖未能完整念完一遍傳承，然而你已得作者開許，以後即可傳授此論。通過這部論典，你將來能培養出一大批智者。龍計此前曾前後多次捎信給我，讓我爲你傳講經論。可由於患上白脉病加以年老

大圓滿前行備忘錄

的緣故，爲你講解經論多少有些困難。我想，目前若能多造幾部論著，或許（以後）會對前譯寧瑪派教法稍有益處。雖然本人對此寄予極大期望，但在如今的末法時代要想成事亦屬不易。倘若迦思仙判塔義大師能稍許延長住世時間，則自宗寧瑪派教法當能廣弘於世。但因衆生福報淺薄，大師未能長久住世，已經圓寂。現今對前譯寧瑪派教法較爲精通者就數龍多上師，索甲（列繞朗巴大師）和多珠（仁波切）二人也還不錯。以前我曾在噶陀寺爲司徒（仁波切）傳講以《慈氏五論》爲主的部分經論，當時想要發心籌辦一所講學處，可惜最終未能實現。此次噶陀司徒（仁波切）舊事重提，再次發願要建立講學處。他爲此特遣信使携帶信函，執意邀我前往。然而我此次成行的可能性并不大，將來他若能如願以償的話，你應前去鼎力相助。」說完此番話，他又將《文殊真實名經》及其裹布，還有七粒文殊加持丸一并交給我。後來，我又在他那裏得到《大圓滿手中持佛》和若干文殊菩薩的修法。

虎年秋天，我欲離開佐欽，尚未動身時，蒙珠巴格欽上師慈悲授予《空行心滴》的灌頂。他當時對我說：「《空行心滴》的教法僅爲一脉單傳，門傑南克多傑上師唯一傳給了我，我（現在）想把它傳給你。」……之後就開始做灌頂前的準備，當我把會供食子端到屋外時，（忽然）看見了各種各樣不同形象的女人。我馬上

堪布阿瓊仁波切密傳

（將情況）彙報給上師，他沉思片刻後說道：「這裏面有沒有你認識的？」「沒有。」我回答說。「噢，她們是非人空行母。傍晚預供時，還會有許多骷髏出現，它們都是護持大圓滿心滴部教法的護法神。你到時應將自心毫不散亂地安住於本性中，這次我要看看你的修證境界到底如何。」上師半開玩笑半認真地說。

在第二天的灌頂過程中，一時，上師要求我做法供養。在那一刻，自己所有的分別念完全消融於法界，竟於覺空赤裸智慧中楞住了，一句話也說不出來。上師問我：「你發願修何法作為供養？」因我沒有起心動念，所以想不出（該怎麼回答），只說了一句：「上師你看吧。」「那你就在此生傳講十三遍《空行心滴》引導文吧。但并非是讓你隨隨便便就為他人傳講，必須本人經過修持且已獲得上師及本尊的親許後才可傳授。」上師告訴我說。

灌頂圓滿後做預供時，壇城周圍果然有很多骷髏在來回跳躍。我想把預供之物獻供給它們，正在這時，上師對我說：「預供送到外面，供完後回來。」結果一出門就在門口瞧見了儀容靚麗的女護法神多傑一仲瑪。灌頂結束後，我就一直留在上師身邊。次日清晨，上師問我：「昨天灌頂時，你都看到了什麼？」我即把詳細情況一五一十地陳述給他聽。他聽完後又繼續追問道：「你看到骷髏時有無產生恐懼感？乍見那漂亮女人時是

大圓滿前行備忘錄

否生起了貪欲心？」我回答說：「這類心念全都沒有。當時自心處於無緣之中，就像嬰孩看熱鬧般無有此是彼非的分別之意。」上師點頭說：「噢，應該如此。在密意法性的境界裏，一切萬法皆圓融一味，若能曉悟此理，就可稱之爲『自製空行母』。這樣看來，今後你做任何事情都不會遭遇違緣。」

時隔不久，我回到家鄉後才深感意外地獲悉：恩師（龍多仁波切）已於前一年的五月二十五日往生他方刹土了。當時，周圍的整個氛圍讓人倍感淒涼，蕭瑟之感到處彌漫著。我走到恩師的舊址處，向他的靈塔叩拜并呈上供養。就在此時，塔頂上忽然出現了一個彩虹明點，其形狀就如同往水坑中丟入石子後泛起的漣漪一般層層環繞，在彩虹的中心位置有一尊亮閃閃的金剛薩埵像。於是我開始一心一意地修持上師瑜伽，在此過程中，屢次出現上師身語加持的征相，由此讓我深信上師的大悲時時刻刻都在觀照著自己。

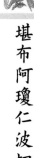

此後，我對一些求法者宣講了《慈氏五論》等一些經論，（記得）在傳講《功德寶藏》的那天上午，彩虹遍布了整個山溝。在這期間，我們完成了十萬次會供；而且爲滿足恩師的遺願，我還造了一部《入中論》的簡略講義。後又在恩師靈塔前頂禮及供曼扎羅各十萬次，以此善根迴向給自宗教法，願其能發揚光大，爲此又再三念誦了全知麥彭仁波切的《興盛前譯教法發願

68

文》……不久，因當時尼雅榮地區（新龍）戰亂升級的緣故，留住此地已非常不便，我於是便動身前往昔日恩師暫住修行之處繼續修持。

又過了些時日，我一鼓作氣連續修了「八大法行」、「金剛橛」以及「雅門達嘎」等爲數不少的修法。在誦修第五世達賴喇嘛造的《紅黑岡岡雅門達嘎》及《恰嘎回遮》之簡化儀軌時，覺受中出現了我在布達拉宮親見達賴喇嘛的情景。他頗爲歡喜地鼓勵我，并送給我一個玻璃寶瓶，瓶面上寫著（「鎮伏歡喜事業成功力」）字樣的敕文，文後還蓋有璽印。當天後半夜時分，我誦持三字金剛之音的修法，結果親身體驗到全身的氣都彙集於中脉，出現了進、入、住三種不同的征相。

後來，我到噶當山區修行處爲二十多位喇嘛舉行大幻化網寂怒灌頂，并傳講《金剛手密意莊嚴論》。講完後則進行嚴格的閉關，早晚觀修脱嘎。一段時間後，眼前顯現出「明點空燈」，有銅盆大小，上下共有五層。此等境相之出現，令我倍加思念和敬仰大圓滿心滴部的大恩傳承上師們。誰知因此（心境的出現），我更進一步地見到了寂怒本尊及其刹土遍滿虛空（的景象）。覺力（覺性妙力）金剛鏈也融於內界的微細智慧中，一切執著覺受的妄念糠秕全然脱落，證達覺空赤裸智慧的境界，貪著境與有境的分別念消逝無迹，於光明大無念的

大圓滿前行備忘錄

狀態中無限安恬！

　　不知不覺中半日已過，午後，沃載喇嘛過來說：「我以爲你病了，原來是在睡覺啊。」他邊說邊點火做飯。木柴旺盛燃燒時迸發出的爆裂聲將我從定中驚醒，漸漸地根門開始重新取受外境。片刻之後，通徹之智慧顯發出來，往昔對顯法的執著自然消融，對無自性的顯現無有分辨之意，親見極爲細微的微塵在刹那不斷地生滅變化，一切粗細之煩惱均泯沒了踪迹，覺力擇法妙觀的殊勝智慧自然爆發出來，高深地道的外內不共證相皆能親自體悟到，證得一切顯法無自性的道相——當我失手將金剛鈴掉落於堅硬的石頭上時，頑石上竟然印下了鈴的痕迹，而鈴上居然也留下了石頭的形迹；在已枯竭的水井中扔入祭龍食子，結果酥油做的魚兒和青蛙霎時都變成活生生的，突然間泉水也汨汨涌出……

　　第二年，我又在切括寂靜處閉關專修《空行心滴》。一日晚間，在似睡非睡的狀態中，恍惚瞧見了一個令人恐懼的紅色女人。她的指甲好似鐵鈎，猛然間就向我抓來……刹那間，自己的神識如射箭般飛抵密嚴刹土。在金剛亥母宮殿的東門，一位白色姑娘手持青金石寶瓶前來迎接，幷用寶瓶中的水給我沐浴。之後，我開始念誦「嗟，凶猛威德忿怒相……」等《空行心滴》中的入門祈禱文。念滿三遍後，宮殿大門瞬間開啓，放眼望去，內裏滿是骷髏，就仿佛光綫中四處飄蕩的微塵般

不計其數，在飄飄蕩蕩的感覺中我不覺楞了一會兒。那些跳動的骷髏此後逐漸停息了下來，而現世中的「我」頃刻間已不復存在，變成了美麗大方的班瑪薩兒公主（蓮明公主），身穿紫色綢緞衣，頭戴花冠，佩戴各種珠寶飾品。那白色姑娘這時交給我一支盾牌大小的紅色花朵，然後面帶微笑地說：「握住我的手。」說罷就牽著我的手徑直走入。

　　進去後，我一眼就看見由寂靜五方佛與無量空行母前後圍繞的金剛亥母。主尊忿怒母前方有一個紅蓮花灌頂台，臺上浮現著紅光太極圖，「嗡嗡……」地不停朝右方旋轉。那位姑娘讓我坐上去，我正準備摘下花帽，她連忙擺手說：「不用不用，這是蓮花生大士送給你的。」此時，壇城中央的主尊空行母開始用《空行秘密心滴‧灌頂寶燈》的儀軌次第為我灌頂，我恭敬地把手中的鮮花供養給壇城主尊。她則微笑著賜予我密名——光明寶藏緣力蓮花。寶瓶灌頂結束後，主尊又將其餘的三種至上灌頂和母義文相結合來完成。之後，又慈悲授予了兩種妙力至上灌頂（直斷和頓超妙力灌頂）。灌頂儀軌中的偈文由主尊之主面吟誦，所有咒語則由次面之豬頭負責念誦。

　　接下來，主尊還為我宣講了《大心滴》的引導文，待全部圓滿後，所有空行母都齊聲唱誦吉祥願詞以示祝賀。主尊慈愛地對我說：「這是你的財份。」說著就拿

大圓滿前行備忘錄

出一面銀制神異明鏡、一件紫色錦緞衣裳以及一條由黃金和松耳石相間串成的裝飾品，另外還有五十四條由頭蓋骨串連而成的褐色骨飾，在每個頭蓋骨中都仿佛神變般地清晰顯示出《空行心滴》的每一段修法。當把這些稀有寶物全部賞賜給我後，主尊就吩咐我回去。我懇求她道：「我實在不願呆在人世間，您可否讓我留下來？」她委婉地勸慰我說：「這次不行，如此會障礙你的壽命，將來歡迎你再來。你是《空行心滴》的法主，（肩負著）到人間利益眾生（的使命）！」說完後，主尊即委派北方空行母送我下來。

　　很快就到了北門，從北門出來，於不遠處就發現了一個陰森恐怖的尸陀林，那裏隱約有一座由許多頭顱壘積成的宮殿。等注目一看，發現裏面居然住著五部忿怒母。中央的主尊忿怒母手持一面鏡子及一個天靈蓋，嘴裏念著「嗡嗡嗡……」，準備授予我脫噶覺性妙力之灌頂。突然間，全體空行母均悄然無聲，片刻肅穆之後，彼等皆齊聲念誦諦實吉祥語。這時虛空中自然飄降花雨，繽紛而下、淹沒腳踝，「希爾索德」（祝願吉祥）的美妙之音傳遍四方……主尊忿怒母此時命北方忿怒母（北方空行母）繼續護送我回去，我倆就像雄鷹俯衝攫食般迅疾飛下，不一會兒就到了「我」的肉體處。當事業空行母（北方忿怒母）剛落足於肉體上時，忽然從頂門處冒出來一位如棋盤花般膚色的尸陀天女，飄然落於

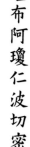

堪布阿瓊仁波切密傳

72

肉體的前方。此時，「我」就從頭頂處直接進入體內，漸漸地身體諸根（眼耳等五根）的活動開始復蘇、取受外境……

事業空行母提醒尸陀天女要謹遵往昔的承諾，同時又任命她爲《空行秘密心滴》的護法神，然後就毅然返回自己的刹土。自此以後，在一段時間內，我感覺尸陀天女一直在身邊守護。後來，自己於此寂靜地又修了一個大妙用食子回遮法，結果當晚的覺受中，在一方刹土，我驚喜地見到了闊別已久的恩師龍多仁波切。他端嚴地坐在左右兩列弟子中間之上座處，我急忙趨前頂禮膜拜求取加持。恩師令我坐到隊首前方的空位上，落座後，我（迫不及待）地將自己從恩師圓寂以來直至現在爲止，這期間不懈修持的成果當面對上師親呈供養。在此過程中，有時上師并不聽我說，他以道歌之聲調深情地唱誦阿哦仁波切的《呼喚上師祈請文》。上師唱完後，我又繼續做法供養。結束時，上師欣喜地說：「你的證悟真是棒極了！」我則回稟上師：「大全知獨特的密語教言風格和使用竅訣指示的手法，真是極爲稀有！」上師聽後詼諧地說：「全知法王有什麼稀奇，我的至尊上師華智仁波切自在脫俗的風範才真正稀有呢！」我追問上師：「有無比他更爲稀有的？」上師微微一笑，沖我說道：「有哇，你的上師革瑪燃匝就比這更稀奇。」他的話音剛落，馬上就現出一對少年男女，

大圓滿前行備忘錄

叫我前去拜見革瑪燃匝上師，我不假思索地就跟著他們去了。

不一會兒來到了雅多仙波雪嶺，在一片猶如平鏡般的草坪上扎著一座白布帳篷，門簾緊閉，我猜測革瑪燃匝上師大概在此閉關。於是就向他禮拜祈請，上師在帳篷裏問：「你是誰？」連問了三次我都不敢應聲。此時同我一起前來的那位少年開腔了：「這是您的心子阿格旺波（語自在）。」無意中，我忽然覺得自己就是大全知。帳篷的門簾此時已敞開了，我等三人即同行入內。頃刻間，那帳篷化成一座巨大的無量宮殿，革瑪燃匝上師以苦行者之形象坐於其中。我向上師祈求加持，他於瞬間就變成了大持明者嘎繞多吉，大圓滿十二大導師正於其頭頂上方的虛空中演說佛法。無量宮的走廊中毫無雜亂地顯示出以六十四個剎土為主的許多剎土之景觀，而每一剎土中的導師都現出不可思議的化身去度化無量無邊的眾生，如幻術般密密麻麻地不停動息，當下我即於法性了義上師之自面境界中入定……

突然，那位少年告訴我：「六百四十萬如來正在宣講相應如量之大圓滿法，你應當全神貫注地聆聽。」我依教奉行去側耳傾聽，結果發覺一切如來之金剛妙音已全然融合為一，除了聽見「阿阿鄂鄂」及大持明者嘎繞多吉說了一句「虛空電輪續之題目」外，再未聽到其他的任何聲音。我心想：「這部續的名稱若因此理由而

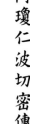

堪布阿瓊仁波切密傳

74

取，何人能受持修行呢？它究竟擁有多少偈頌呀？」正納悶時，那位少年搖身一變，轉眼就成了滾波拉丹護法神，雙手分別拿著橛杖及天靈蓋。而那位少女也化爲密主護法神，雙手分持尸杖及誓言棒。二位護法神此時一起唱誦道：「依據不同之心念，已生未生現在生，續部取名稱因此，現有偈數需了知。不言非言之境界，所化衆生而各現，超越一多之邊際，皆於三部意中容。」

他們唱完後，我隨即意識到：無論剎土、導師及衆生如何顯現，雖然看上去無邊無際，可實際上并非存有實實在在的個體，而是皆於上師大悲智慧的妙用中圓融一味。因此，外求悉地就好似幼兒看熱鬧般無有毫許意義，應該努力相應自性內義上師（覺性）的境界。想到此處，我不禁放聲呼喚：「大持明者革瑪燃匝知！」經過一番猛厲祈禱後，眼前的一切顯現均如同流水般融入大阿闍黎嘎繞多吉體內，而嘎繞多吉此後也化爲大周遍的藍色明點，最終悄然消失。

隨後，我再次目睹革瑪燃匝上師現比丘形象盤坐於斑羚皮上。我即懇切請求他攝受自己爲弟子，上師笑著說：「我曾經給你傳授過十七大續部的母子教言及耳傳竅訣等全部的灌頂與教法，如今再次爲你鞏固。」上師掌中握著一根藤竹，竹端綁有孔雀毛的翎眼，藤頸處纏著黃色綢幡，上面寫著如朱砂色般的文字（「全知龍欽繞降全現自解脫妙力」）。他將藤竹輕放在我頭頂作加

持，并用特殊的眼神凝視著我，連呼三聲：「阿、阿、阿──」陡然間，昔日大持明者革瑪燃匝所傳的一切法皆於自心中歷歷再現，此前對法義所產生的一切疑團，此刻都自然解開，詞義與內義均通達無礙。

猴年六月間，我到達噶陀，於此前後共計花了有十三年的時間廣宣教法。平日裏我每天都要講授七堂課，至少也有三四堂課；授予金剛藏灌頂及傳承三遍；傳講《心滴母子》二十一遍、《七寶藏》十三遍。根據翁仁波切的統計，經我剃度出家的人數已超過了三千四百人；培養出堪能弘法利生的僧才三十七名；若從表面看來，自己確已肩負起弘法利生之重任。

在此期間，有一段時日，我心中常常生起想去熱振的念頭。結果於一日晚間的夢境中，真的就來到了熱振。在那裏沒有看到寺廟，僅見到一座小山丘上立有一所房屋。我感覺此屋是往日仲敦巴尊者的寢室，當來到房屋的東面時，有一位女子款款走來相迎。我暗自納悶：「噶當派的道場裏怎麼會有女人呢？」於是便開口問她：「你是誰？可否帶我去拜見仲敦巴尊者？」那女子爽朗地笑了，她沖我說道：「我是生生世世賜予你加持的金剛瑜伽母，難道你不知道嗎？快進去吧。」說完就引我進入尊者的寢室。一進門，首先映入眼簾的是看上去像是用石頭堆砌成的墻壁，但它實則爲六字真言，內外皆晶瑩剔透。至於顏色則爲東白、南黃、西紅、北

堪布阿瓊仁波切密傳

76

綠，上下各爲藍色及白色。房屋的中央位置是六字真言的法座，座上空無一人。此時，那女子告訴我：「這是仲敦巴尊者的法座，他現在兜率天，你應向法座叩拜求加持。」

在我向法座頂禮後，內心充滿了傷感：「像我這樣缺乏福報的人，什麼時候才能見到上師呢？」（此時此刻，）心如刀割般悲痛萬分，我忍不住（昂首向天）高聲呼喊道：「兜率大上的聖者師徒啊，請你們慈悲憐憫我，加持我與你們無二無別吧！」如此深切地祈求時，我自己不由得哭出聲來。

那女子（見狀）便過來勸慰我，她用手指向一塊石板，板面上有四個小生命正各自朝四方奔走。隨後又發現了一個，前後共有五個。她依次指著那些小生命對我啓示說：「你應該對它修一修慈心；對它修一下悲心；對它修一個喜心；對它修捨心；再對它修菩提心。」我依其所說認真地加以觀修，結果四無量心和菩提心在心相續中同時生起。那女子高興地說：「沒錯，就是這樣！即便是你能親自見到仲頓巴尊者，除了這個以外，他也不會再有別的什麼心要可以傳示於你，你與仲頓巴尊者毫無差別。當年阿底峽尊者任命他爲自己的繼承人時，所戴的帽子就是這個。」言畢，她即伸手從懷裏掏出一頂班智達帽，帽耳不太長，全帽長一肘，帽身有多條金綫螺旋環繞。當她把此帽遞給我時，刹那間我就回

憶起自己久遠之前曾做過地藏班智達。正在此時，有一大群人都朝此處聚集過來。那女子就對我說：「你與仲頓巴尊者等無差別，所以應當爲大衆宣講佛法。」她剛一說完，那些人就開始齊聲念誦請法偈……

此時，我內心倒猶豫不決起來：「帽子是女人給的，倘若就此戴上，別人知道後定會嘲笑自己；但若不戴，講經說法時沒有帽子也不行，況且這帽兒可能真是阿底峽尊者戴過的，這可如何是好呢？……」（最後，）不遑顧及（我也）就戴上了，結果心中自然清晰地浮現出《菩薩本生寶鬘傳》的內容，我就以此爲大衆全面細致地廣講了一堂長課。傳法完畢後，那女子又帶領大衆念誦「所南德依檀加熱巴涅……」等（迴向偈），然後衆人才各自散去。

直到這時，我才深信那女子千真萬確就是金剛瑜伽母，於是我懇求她賜予噶當四本尊的加持。她直言不諱地曉示我：「以上這些就是四本尊的加持，若離此再別求四本尊之加持，我不懂（你的意思）。」我將帽子摘下還給她，她却說：「不用還，它是屬你的，可以帶走。」說話間便再次把帽子交還給我。恰在此時，我從夢中蘇醒過來……

在我49歲時，司徒仁波切告誡我說，是年會有些違緣。於是我趁機進行閉關。關內，我夜以繼日地勤修大寶伏藏品中三根本的大部分誦修法。一切上師修法之

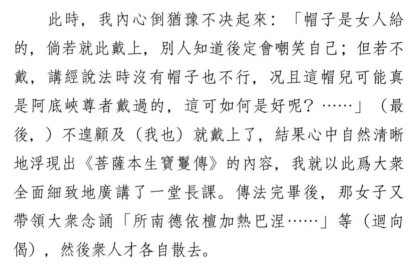

堪布阿瓊仁波切密傳

王——密集上師之誦、修及事業三方面的修持，皆遵循傳統要求實行。

在此期間的一次夢境裏，自己來到了洛扎拉雅地方、蓮花生大士經堂周圍的一片草原上。當時感覺自己就是伏藏大師格熱俅旺，正携同愛子班瑪旺親外出散心。途中遇見一位印度瑜伽咒師，身披白色袈裟，背挎著一個大包袱，從上方的草原徐徐走來。一見到我，他立即異常恭敬地啓白：「蓮花生大士特意囑托我將此密令轉交給您，敬請稍等片刻。」

我在原地等了一會兒，只見他小心翼翼地解開包袱，裏面是琳琅滿目的類似於古代漢文書籍的簿册，他取出後全部交付給我。我從中隨意抽出一本翻看，其書名爲《蓮花生大士頌文》，內容是對我一生當中該做之事的若干授記。後面有文寫道：「莫去遠處；莫貪戀資具，應廣行上供下施；對上師莫生邪見；應將上師視爲積累資糧的殊勝對境；初十不間斷期供，這五點需時刻留意。」接著又抽出一本，書名是《伏藏大師格熱俅旰二十五世本生傳》，書中對伏藏大師每一世弘法利生之事業，大大小小均作了詳細記載。我爲第十九世，利生事業不甚廣大。

猴年二月間，我本欲前往扎拉寺，然因班瑪洛布大師當時法體極爲不佳，還乘著轎子趕來見我，所以無法按時啓程。自從司徒仁波切圓寂以後，這一帶的寧瑪派

大圓滿前行備忘錄

同門中已無人能像他那樣對自宗教法做出如此巨大的貢獻。爲使他老人家能長久住世，我盡心盡力地做了不少法事，但却始終收效甚微。於是便向大師告假，言暫時先去一趟扎拉寺，辦完事後很快就返回。

　　上路後，一日晚間在自己的覺受中見到宗喀巴大師、法王麥彭仁波切和自己的恩師龍多仁波切三位聖僧彙聚一處。宗喀巴大師與麥彭仁波切就月稱菩薩的《中觀回遮太過》（中的難題）互作問答，尤其在是否存在共同所見有法的觀點上，兩位高僧的辯論非常激烈，他們全神貫注地投入於辯論之中。我（當時）暗自慶幸：此時若能洗耳恭聽，定可受益匪淺。正這樣想時，恩師突然叫我：「把你做的那些大圓滿引導文講義拿來給我看看。」我不敢怠慢，立刻將（講義）呈給他老人家審閱。恩師閱後十分滿意地讚嘆說：「做得好極了。」就在此時，我却醒過來了。

　　由此夢兆我推測即將在扎拉寺創建的佛學處，將來應能廣弘教法。等到了扎拉寺之後即開始授課，此間，於一次睡夢中感到班瑪洛布大師即將往生他方刹土。我使用幻化身趕赴探望，見面後輕聲問候他：「近來您的病情如何？」他答道：「我的內臟大部分都已受損了，因此想早點兒捨棄這個令人生厭的肉體。」我安慰他說：「您願去往那一方刹土，我可以幫助您。」他聽完後深情地望著我說：「我早已掌握了神識馭風之竅訣，

堪布阿瓊仁波切密傳

想去那裏都不成問題。觀世音菩薩的六字真言我也念了有一億多遍，《意修大吉祥總集》中的心咒亦念完了同樣的數目。如今在自己的境界中也能親見蓮花生大士的赫赫金顏，往生布達拉刹土或銅色吉祥山應屬輕而易舉。然而您的《光明心滴》教法，我此生已來不及廣弘，因而迫切希望能早日滿此心願，所以我還是想到您身邊去！」我則勸請他說：「請您暫時不要這樣做！喬美仁波切在《選擇刹土文》中指明唯有極樂世界的功德最爲殊勝，應首先往生此處，然後再變現一個化身，（那時）想到那裏不都可以隨心所欲了嗎？」聽完我的話，他微微點頭并說道：「那麼我就暫時先去銅色吉祥山的蓮花光明宮，請您將來務必成全我，使我能如願以償。」

　　這時我從夢中醒了過來，沒過幾天，信使即來告知，大師病情加重，催我火速趕回。我立刻（快馬加鞭）疾馳趕去，結果還是遲了——（等我趕到時，）老人家已經圓寂五天了。當時，他仍然處於安住狀態，我便爲他做了覺醒出定的相關事宜，并祈請他早日轉世。幾天後，當遺體荼毗時，種種瑞相紛然呈現：大地震動，虛空中自然發出擊鈸之聲及悅耳的音樂，聞到沁人心脾的芳香，天空中顯現五色光環等。因此緣故，有許多人都對他産生了無比的信心。

　　隨後，我對部分有緣信衆宣講佛法并授予他們心滴

母子之灌頂及傳承。當進行到續部金剛橛——護橛神灌頂時，食子上面自然起火，火花四射，有些弟子還聽到了狗、狼、狐狸及豺發出的嚎叫聲。

55歲那年，我閉關專修那朗巴大師的伏藏品——《極密無上金剛橛》，它是蓮花生大士當年僅對空行母益西措嘉傾囊傳授的無上甚深法門，我欲念誦此法的咒語。當晚，我就夢到自己去了門卡內壤獅子山寨，在一條狹長溪泉的源頭處發現了一個令人感到愜意的岩穴。在位於此處的一個敞開的金剛橛箱內、擺設的壇城中，我看到了一支天鐵金剛橛，它繫有藍色的飄帶，正噴射著火花。見此情景，我立刻開始充滿敬信地祈禱，結果那金剛橛瞬間就變成了空行母益西措嘉。在她跟前還看見另一位頗受蓮花生大士寵愛的明妃阿匝薩蕾，她以護關者的姿態坐在益西措嘉前面。此時我又真切地對她們二位數數祈禱，不斷念著：「一切佛之智慧身，自然金剛法界中，極燃凶猛忿怒相，祈請體界生佛子。」如此再三祈求後，空行母益西措嘉的面前現出藍黑色三角形橛座，它逐漸擴展著，就像往水坑中扔入石頭時，水面上泛起的層層漣漪一樣，後成為中央主尊位置具骷髏頭圍邊的藍黑色三角形。它的外面是勝子金剛橛的位置，具有天鐵四輻輪。在它的外側分布於八個方隅的八大忿怒（神尊）之位置上又有八輻輪。在無量宮天門上方忿怒（神尊）的位置上鋪著日墊，主尊之座位為內空三棱

形，走廊前端處斜戳向下方，座位之底部也爲三棱形，它的正面開有一扇門，內具下方忿怒（神尊）的座位。益西措嘉空行母當時以妙音所宣的似乎是《金剛橛根本續》，同時從其心間接二連三地射出一支支天鐵金剛橛，并皆以金剛橛箱的形狀落於各個忿怒（神尊）的位置上，且最終都化爲金剛橛根本壇城。

那時，阿匝薩蕾空行母現爲事業金剛之形象，爲我授予《本納金剛橛講義》灌頂。在接著準備進行單堅護法神灌頂之前，我聽見事業金剛吹響了長哨聲。剎那間，十二尊單堅天母及四門守護明王就倏忽彙聚此處，而事業金剛此刻則以命令之方式賜給他們制命灌頂。我請求她（事業金剛）慈悲授予自己一次那朗巴大師的伏藏品——《措嘉祈請答覆文》之灌頂，而她却對我說：「《本納金剛橛講義》是我特意向蓮花生大士祈求後才獲得的，且此法爲我等三師徒密意之所在，因此求得這個灌頂才更爲重要！」

灌頂結束後，三根本壇城全部融入益西措嘉空行母身中，而單堅壇城則完全融入阿匝薩蕾空行母體內。益西措嘉空行母后變成具有藍色「（吽）」字標記的天鐵四股金剛杵，持續地自然發出「吽……」的聲音，最後即如同彩虹般消隱空中。此刻，覺性智慧金剛橛全然融於無生法界之境，於消融二取戲論之境界中，在無念狀態裏定了一會兒……

阿瓊仁波切本人的自傳到此就結束了，此後他那令人感慨萬千的修行歷程，自傳中并沒有記載，因而只得暫告闕如。不過我（譯者）還是參照其他的一些資料，在此向大家簡單介紹一下他老人家圓寂前後的一些軼事，作爲傳記補充：

　　鐵蛇年三月間，阿瓊仁波切在噶陀爲三百多位弟子舉行盛大的灌頂傳法活動後，身體即開始顯示不適，偶爾還會有流鼻血的現象發生。雖經多方努力，但對這種難以診斷的疾病，眾人仍是束手無策……不久，當地信眾抬著轎子把他送往炯巴龍修行地。就在那年的四月份，眾弟子們爲他老人家能長久住世而齊心協力地做了不少法事。

　　此前此後，大圓滿托噶中的第四步境界——法性滅盡相的各種征相在他身上日趨明顯；續部裏講到的獲得如此成就時，身語意三門所應具備的諸多標誌都開始陸續出現：當他的弟弟從門孔處向屋內窺視時，清楚地看見仁波切的身體在夜晚時分的酥油燈光映照下竟沒有絲毫影子呈現，且時而化爲虹光，時而消逝無蹤……而呆在室外的人們則見到光芒籠罩著整間屋室。侍者端著食品進屋招呼他說：「請用餐。」而他也同樣回應道：「請用餐。」侍者又問候說：「您今天感覺身體如

何?」他還是如前一樣重複了一遍侍者的話。不管他人對其說任何話語，仁波切均如是回答，就像山谷回音那樣。

五月十七日，阿瓊仁波切外明色身之顯現融入本淨法身內明童瓶身，弟子們遵照傳統，於七日內嚴格保密。之後，他們即發現從遺體的每個毛孔處均流出色味如同蜂蜜般的甘露，夏日不腐，冬季不結，其量可裝滿兩茶壺。弟子們此後於每年修持甘露法要時都會取用一碗……最後當遺體茶毗時，出現了放光、響聲、大地震動等許多瑞相，特別是還發現了五種金剛舍利，大小如芥子或豆子一般。弟子們紛紛請回供養，并以此而修建了很多靈塔。

阿瓊仁波切的色身雖已趨入法界，但他的智慧幻身卻無時不現，經常都示現在有緣弟子面前。例如：他曾親自現身於熱振活佛面前，并為其傳講由他本人親造的大圓滿前行筆錄與正行之修法；又，嘉貢多札活佛被其智慧幻身攝受，親聆了大圓滿耳傳竅訣……

因此說，嚮往大圓滿不可思議功德者，應以阿瓊堪布等歷代持明傳承祖師為楷模，恒常精進修持九乘之巔——無上光明大圓滿妙法，迅速獲得殊勝成就，并饒益無量如母有情！

大圓滿前行備忘錄

堪布阿瓊仁波切密傳

大圓滿前行備忘錄

堪布阿瓊仁波切　著

索達吉堪布　譯

頂禮具無緣大悲的至尊上師！

《金剛頂續》中云「所有的心念歸攝起來，懷著極爲善妙的意樂而諦聽，對於忘失者，金剛薩埵等三世如來不予以加持。」不管是在聽聞正法、傳講正法、行持正法還是觀修正法的時候，首先都要向內反觀自心，觀察自相續。只要是人，起心動念無外乎貪嗔痴——惡的分別念、無記的分別念和信心出離心菩提心——善的分別念三種，除此之外不會生起。如果萌生不善的念頭，就要自我譴責。正像俗話所說「妄念立即鏟除，燈器趁熱擦拭，豬鼻用杵撞擊」那樣，一定要斷除不善的心念，改變無記的心念，以善妙的心念來聽法、講法、修法。否則，如果只是改造外在的身和語，就成了裝腔作勢。《因緣品》中云：「非以髮髻非以棍㉓。」經中說「自淨其意，是諸佛教」而幷沒有說「改造身語，是諸佛教」。誠如經中言：「心清淨令身清淨，身清淨非令心淨。」

所有僧人，是生者的依托，是死者的呼援，因此必

㉓非以髮髻非以棍：佛教中幷不是像有些外道那樣以身體之行爲主。

須治療自心的疾病，而治療心的疾患——業和煩惱病的良藥就是妙法，本來「法」的名稱涉及十個方面，這裏是取名「妙法」之中妙的法。

法的含義：正如用藥治病一樣，就將心從不善的歧途中扭轉過來的意義來講，法和對治是一個意思。我們要對有對治作用的正法堅信不移，因爲妙法才能救護我們擺脫輪迴惡趣的一切恐怖，是今生來世的利樂源泉。爲此，我們認識到佛教正法對現世、後世、中陰不欺惑這一點後要虔誠信受。如云：「信心是珍寶，晝夜趨善道。」又如云：「信心前行首先起，諸法根本即信心。」

這樣的佛教正法的宣說者，就是所謂的「無上本師即佛寶」。至高無上、無與倫比的本師釋迦王釋迦獅子，法身位是普賢如來，報身位是大金剛持，化身位即眾生的怙主釋迦牟尼佛。關於本師無與倫比的道理，在(《釋迦牟尼佛廣傳》)大臣海塵婆羅門童子發心的情節中有闡明；關於正法無與倫比的道理，《七品祈禱文》中說：「稀有不可思議如來教，出現三次超勝之佛法。」在過去千萬劫以前的「普嚴劫」，先生王佛教法中出現過密宗金剛乘，未來華嚴劫文殊師利佛的教法中大範圍出現密法，如今釋迦牟尼佛的教法中，廣傳密宗金剛乘，因爲除了這三劫以外，眾生不能堪爲法器。

如果有人問：那爲什麽《文殊幻化網續》中說「過

前行備忘錄

88

去諸佛已宣說，未來諸佛也將宣說」？

其中的密意是說(在其他佛陀的教法中)密宗不是普遍公開傳播。

現今釋迦牟尼佛這個刹土名叫三千娑婆世界，并不是因爲非常好才叫娑婆的，而是因爲格外不好才稱爲「娑婆」。這裏的一切有情相續被貪欲、嗔恨、愚痴折磨得很難受，由此才名爲娑婆世界。

關於法寶，如云：「無上救護即法寶。」無與倫比的本師宣說的八萬四千法蘊歸納起來，涵蓋在十二部中，十二部又包括在三藏當中。所謂的「如來教法證法寶」，其中三藏就稱爲教法，我們必須依靠猶如陶器耳柄、皮口袋環帶般的文句才能獲得證法。所以，教法三藏的教義——勝道三學，就是證法。勝道三學中的「勝」，雖然在外道中也有狗牛禁行和各自的禪定等等，可是憑藉那種道并不能獲得解脫和遍知佛果。依靠內道佛教勝道的三學能證得解脫和遍知果位，因此稱爲勝學。顯密的一切法都不超出三藏三學的範疇：小乘中，律藏、經藏、論藏是三藏，律藏、經藏、論藏的教義依次是戒學、定學、慧學。菩薩乘中，宣說菩薩道根本墮詳細分類的教是律藏，它的所有教義是戒學；宣說所有三摩地門的一切經是經藏，修行它的教義——暇滿難得等等屬定學；十六空性或二十空性的所有能詮（文句），是論藏，它的一切所詮（意義），是慧學。密乘

大圓滿前行備忘錄

中，密宗金剛乘誓言處的所有能詮是律藏，它的教義屬戒學；共同生起次第、圓滿次第的能詮屬經藏，它的教義屬定學；大圓滿的一切能詮是論藏，它的教義是慧學。總而言之，以上所有經論及所詮無不包括在三藏三學之內。

那麼，如來教法證法寶的受持者到底是誰呢？是僧眾，如云：「無上引導即僧寶。」如來教，除了僧眾受持之外，包括天、魔、梵天、世間君主在內的有情都不能受持，佛法的受持者就是聖僧。作爲僧寶，必須通過講聞的途徑來受持教法，通過實修的途徑來受持證法。我們自己也要加入到僧眾的行列中。如果我們一度往下看，思想和行爲與俗世的男女一致，那麼人們也會說「腐敗僧人、腐敗僧人」。所謂的腐敗僧人，就是戒律有污點，禪定有污點，智慧有污點。我們絕不能這樣，而要向上觀：我的本師是佛陀出有壞；我走向解脫與遍知果位的道，就是佛教正法如來的教法證法；我去往解脫遍知果位的助伴就是至尊文殊菩薩以及現在同行道友的僧人。不要狗眼往下看，要鳥眼向上觀，既然自己坐在僧人之列，就絕不能販賣正法，而必須受持教法和證法，這樣一來，他的名稱才叫引導僧㉔。所謂的僧，也就是心向勝道三學者，并不叫向惡者，不叫向商者，不叫向訴訟者，不叫向詛咒者。引導者向自己以外的世人指

㉔引導僧：藏文直譯就是向善者或求善者。

前行備忘錄

示自己解脫之道，他們解脫以後再宣說解脫道，就像手牽著手一樣引入解脫遍知的道路，由此稱爲引導僧。

而所有世人的本師就是各自的國王，他們的道是不善道，他們的友伴是不善的友伴——商人、盜賊、土匪、獵人、背棄誓言的朋友、胡言亂語的朋友、毀壞善法的朋友。因此，要想到我萬萬不可入於他們的道，現在我已明曉了利害，寧死也不能這麼做。

所謂的三寶，就是「無上本師即佛寶，無上救護即法寶，無上引導即僧寶」。在世間，金、銀、如意寶等并不罕見。如意寶，有大福報的人偶爾會取到。國王無目具富或者恩札布德得到了如意寶，也只是借助它解決今生今世的食物、衣服、住處、臥具，而無法消除今生後世的所有恐怖與痛苦，依靠三寶能遣除今生後世的所有恐怖與痛苦，給今生來世帶來一切利樂吉祥。世間上所說的寶，只是因爲稀罕才稱爲稀世之寶（稀有殊勝），而并不叫多寶。

確定完三寶的內涵以後，就要知道在聽法時、講法時、修法時都不能離開三寶的範圍。三寶當中，佛寶是開示解脫與遍知之道的導師，如云：「我爲汝說解脫道，解脫依己當精進。」

正法才是救護者，而佛陀不能救護我們，曾經提婆達多抓著如來的腳拇趾哀號道：「喬達摩，熾熱太熾熱了，焚焦極度焚焦。」佛陀告訴他說：「提婆達多，你

大圓滿前行備忘錄

要誠心念誦『皈依佛、皈依法、皈依僧』。」除了講經說法以外，佛陀無法像扔石頭一樣把我們拋到解脫之地。如果自己沒有修行正法，誰也不可能把你投到解脫果位。

受持正法者是僧眾，所受持的法有八萬四千法蘊，所有法蘊概括爲十二部，十二部歸納爲三藏，三藏包括在如來教法、證法二寶當中。

從乘的角度來說，有世間乘或增上生人天乘和出世間乘或解脫乘。所謂的世間乘，就是從下面三惡趣處駛向人、天善趣果位，因此稱爲世間乘。出世間乘有小乘和大乘，依靠小乘——聲聞緣覺乘的道能駛向聲聞緣覺果位，爲此叫聲緣乘。大乘能駛到不住二邊圓滿佛陀的果位，由此稱爲大乘。確認指明所有道次第的典籍就是佛經及隨行的論典兩種。所有經論，經以廣、教以多、竅訣以零散的形式而留存，因此所知之處無有盡頭，（如果不具備上師的竅訣，）在濁世短短的人生裏，暫且不說修行，就是了知也無法辦到。薩繞哈尊者說：「何人未曾飽飲上師尊，除惱清涼竅訣甘露水，彼者縱然多聞論典義，亦於乾燥荒地而渴死。」

以上三乘，如果歸納在道次第中，世間乘屬小士道次第，小乘聲緣乘屬中士道次第，大乘屬大士道次第。新派（即格魯派）的道次第是廣中略《菩提道次第論》，薩迦派的《三現》、《三續》，寧瑪派的《大圓

滿心性休息》等，必須這樣依靠上師的竅訣來瞭解。其中，大士道次第或者大乘包括遠道法相乘（即顯宗）、近道金剛乘、捷徑光明大圓滿。如果要作選擇，遠道歷經數劫成就圓滿佛果，那實在太漫長了。近道金剛乘內部也有遠道、近道、捷徑三種。雖然依靠外續事、行、瑜伽三部，在五世或者七世或者十六世能成就佛果，但不容易修學。儘管依靠近道瑪哈約嘎和阿努約嘎，一生一世能成就雙運果位，可是如果生起次第的本尊小指大小也不能浮現於心、圓滿次第一呼吸的氣息也持不住，那也難以修成。而依靠光明大圓滿，數年數月就能成就雙運果位，如果想到必須修行大圓滿，那麼必然要借助上師的竅訣，否則不會修成。正如薩繞哈尊者說：「上師竅訣甘露味，何者思維即入定。」因此，我們必須要憑藉上師的竅訣來實地修行。

　　大圓滿續部的量多達六十四萬續，歸納而言，有心部、界部、竅訣部，竅訣部又有外類、內類、密類、無上極密類。《阿底大莊嚴續》中云：「外類如身名言廣，內類如目見表法，密類如心憶咒法，此如身根圓滿士。」外類當中，雖然在抉擇內外萬物為本來清淨直斷方面基本相同，但在抉擇任運自成頓超時，只是廣說了本基的實相，而并沒有闡述實修道的方法、中陰顯現的情形和究竟果位的解脫之理。內類之中雖然籠統宣講了依靠道喻義因直指，但并沒說明究竟果位的解脫之理。

大圓滿前行備忘錄

密類中只是講解了道的類別觀修，可是并沒有講到基的實相及究竟的解脫之理。極密類詳細說明了本基的實相、道——見修行和果——究竟解脫的道理。無上極密類有十七續，加上《密咒護法忿怒續》，共有十八續部。這些的意趣合而爲一，有廣大班智達類和甚深革薩里類。廣大班智達類就是《龍欽七寶藏》。甚深革薩里類，蓮花生大師的《空行心滴》、布瑪莫札的《秘密心滴》，這兩者屬於母心滴，子心滴也有《空行心滴》和《上師心滴》。《空行心滴》和《上師心滴》的心髓是《甚深心滴》，這些的意趣集於一體的就是大圓滿龍欽心滴，它包括基道果三個部分，其中道大圓滿包括能成熟的灌頂與能解脫的教言。作爲已經得受了能成熟的所有灌頂者來說，引導法也分爲前行引導與正行引導，正行包括共同正行及不共正行，共同正行包括生起次第和圓滿次第引導，不共正行包括懈怠者無勤解脫的本來清淨直斷引導和精進者有勤解脫的任運自成頓超引導。

前行備忘錄

共同外前行

第一是前行引導，分爲共同前行與不共前行。

這裏首先講共同前行。所謂的前行，就像起初要改良田地一樣，要想求得正行法，必須要憑藉共同前行來淨化相續。依靠共同外前行使自己變得調柔。皈依等不共前行就如同種植莊稼及打捶莊稼一般，是不共同的法。到了該享用莊稼的時候，就相當於是正行引導。

正行引導也分爲實修引導與信解引導。關於實修引導，按照布瑪莫札的《螺文字論》階段性的引導來講，有階段性傳授竅訣和次第性傳授竅訣兩種。其中階段性傳授，就像全知法王（無垢光尊者）依止上師格瑪燃匝六年，圓滿引導的同時究竟道位，由此達到了本來清淨的法性盡地與任運自成的覺性如量境界。全知大師無垢光尊者曾經教誡說：「以後凡是隨行我的人必須長期依止上師，長期聽受教言。」這一遺教保存在《誓言次第解脫海》中。否則，單單加上信解引導、七日引導、一月引導之類的名稱，走馬觀花的上師表面引導，弟子稍稍聽聽，那真應了「頭還沒熟先嘗舌、床還沒熱先伸腳」的說法。如果上師沒有空閒培養弟子，弟子沒有時間依止上師，光是一味聲稱「正行正行」好高騖遠，而將前行法丟在一邊，那就像所說的「頭從高處繫，頸從低處斷」，自以爲是修行人，事實上，口頭所說與實際

大圓滿前行備忘錄

所行背道而馳，表裏不一，自相續與正法南轅北轍，只是改造身姿、眯著兩眼，這樣一來，自相續不會有絲毫長進。

本論就代替實修引導的次第傳授教言來講，包括共同外前行、不共內前行、正行分支——捷徑往生引導。所謂的共同，與誰共同呢？按照理論的說法，是所有乘都共同觀修的法，因此稱爲共同外前行。依照竅訣的講法，是三士道共同觀修的法。所謂的「不共」，是與誰不共呢？按照理論的說法，是與世間乘、小乘聲緣乘不共，依照竅訣的講法，與小士道、中士道不共，是大士道的不共觀修法，爲此叫做不共內前行。關於破瓦法，如云：「修道差者以破瓦接迎。」針對最初沒有機會求得正行法、求完正行之後不具備生死中陰的暖量（即修行境界）

以及修道沒有得穩固者來說，就要依靠破瓦法來延續道的修行。圓滿次第正行的分支——遷識破瓦法，歸屬在（不共內前行的）六法當中。第一共同外前行分爲六個部分：

一　暇滿難得

我們要依靠「四種厭世心」或者「四種除貪法」的

能遣法對所遣法——今生後世心生厭離，依靠利他菩提心，對自私自利的心念產生反感。具體來說，依靠暇滿難得與壽命無常對謀求現世心生厭離，依靠輪迴過患與業因果對謀求後世輪迴的心行產生厭惡，間接對謀求自私自利的心行產生厭惡，這是全知無垢光父子不共的引導法。對謀取今生、後世、自利的心行生起厭離就必然追求解脫，爲此務必要思維解脫的功德利益，并認識到解脫道只有具足法相的上師善知識才能宣說，而你隨隨便便遇到一個人他不會宣說。因此，我們一定要明白依止善知識的方法。

大圓滿前行備忘錄

第一暇滿難得，包括聞法方式和真正暇滿難得引導。其中聞法方式，是講聞法時怎麽聞法、行法時怎麽行法、修法時怎麽修法。它分爲發心和行爲，發心又包括廣大意樂菩提心的發心和廣大方便秘密真言的發心。發心主要是講意樂，行爲主要是講身語的所爲。

所謂的發心，就是在紛繁衆多的分別念中，引發出特別的分別念。發心有不善的發心、無記的發心、善的發心。

一、不善的發心：又包括救畏的發心和善願的發心。救畏的發心，就是爲了救護今生疾病的怖畏、魔障的怖畏、國王懲罰的怖畏、饑饉的怖畏等等而修行正法，這樣一來，由下而上從聲聞乘到光明大圓滿之間，不管你修什麽法，也只能救離這些怖畏罷了，除此之外不會有任

何利益的成果，所以必須去除這種發心。

善願的發心：一開始就打算販賣正法，於是思忖：如果我求一點法，得一點灌頂傳承，閉關做一點依修，勢必能得到一點利養、贏得讚譽、獲得名氣、依靠讚譽名氣在今生當中得到豐衣足食等安樂，這四種加上相反的四種不願意之事，就是世間八法。依靠正法謀求今生利益，如果成功，那麼所買到的也只是牛馬，下至羊毛牛毛，用彌足珍貴的正法換來世間的衣食等普普通通的財物，以貴換賤。

事實上，以正法來謀取世間利益和一個俗人拿著一支又細又長的火箭來求取財物這兩者比較起來，以正法謀求世間利益更爲下劣。誠如無等塔波仁波切所說：「若不如法而行法，正法反成惡趣因。」

如果自身沒有能力消化信財，必將感受燃燒法衣、燃燒鉢盂、燃燒鐵球、燃燒鐵液等等苦果，因此我們一定要斷除這種發心。薩迦派的《離四貪》中說：「若貪今生非行者。」那麼，給這類修行人取什麼名稱呢？就是出賣佛法靈魂者，三寶的敗類，僧衆的敗家子。爲此，我們務必像毒物一樣棄離懷有這種發心的人。華智仁波切曾經說：由這樣的發心驅使，表面上修行聲聞乘到大圓滿之間的法，縱然在九年之中用泥粘封門來閉關，裝模作樣孜孜不倦進行依修，可是如果只想自己得一點利養、讚嘆、名聲，那麼修行正法的果就只有這

共同外前行

98

個，除此之外連後世解脫的種子也不會播下。就比如一個狡猾的人在驢身上撒上野獸毛來出售一樣，這類修法者在驢子般惡劣的自相續上蓋上野獸一樣的正法毛皮，來販賣正法，就如同對販運做生意的世間人，人們叫他「販子、販子」一樣，對於出賣正法者，人們都會叫他「法販子、法販子」。

二、無記的發心：沒有任何其他目的，只是會求求法，并沒有什麼追求的目標，就好比人熊模仿人、狗追著行人或者射空箭一樣，既沒有善的分別念也沒有不善的分別念，華智仁波切說：這種無記發心連解脫的種子都播不下。我的上師說：既沒有善的發心，也沒有惡的發心，就是播下解脫的種子罷了。

三、善的發心：包括小士道的發心、中士道的發心和大士道的發心。

（一）小士道的發心：希求自己從三惡趣解脫出來，獲得人天善趣的果位，為此目的而修行聲聞乘到光明大圓滿之間的法。可是，獲得善趣的遠道近道捷徑，由補特伽羅的意樂所致，不會成為證得佛果的因。懷著這種發心的人即使守持二百五十三條別解脫戒，身穿三法衣，也不會勝過俗人的想法，因此只能算是一個具戒的人。同樣，如果觀修生起次第實有的寂靜本尊，結果將投生到欲界天，如果觀修實有的忿怒本尊，會轉生為魔和熱札魔。華智仁波切親口說過：「如果觀修張著嘴

大圓滿前行備忘錄

巴、瞪著眼睛的本尊，會變成鬼。」同樣，懷著這種發心去觀修本來清淨直斷與任運自成頓超，如果以積資淨障攝持，將轉生到無色界四處和色界十七處；如果沒有以積資淨障攝持，只會變成老鼠和馬熊，而別無出路。正如薩迦班智達所說：「愚者修行大手印，多數趨向惡趣處。」我們必須斷除這樣的發心。如云：「若貪輪迴非出離。」

（二）中士道的發心：發現六道痛苦的自性猶如火坑、羅剎洲、劍鋒以後追求自己從六道輪迴之處解脫出來，達到聲聞緣覺的寂滅果位而實修遠道等（等字包括近道捷徑）。但是，獲得聲聞緣覺阿羅漢果位的遠道近道并不能成為證得佛果的因。無等阿底峽尊者住在藏地期間，有一天早晨用餐時，對坐在面前的佛子仲敦巴說：「哎呀呀！」仲敦巴問：「到底出了什麼事？」尊者說：「在印度，我有一個修黑班則的弟子，今年步入了聲聞滅道。」仲敦巴問：「依靠黑班則法怎麼會入於聲聞滅道呢？」尊者說：「不懂得以補特伽羅的意樂來修行，依靠黑班則法能引入到地獄中去，也能引入到餓鬼中去，也能引入到旁生中去，也能引到佛地，因此修行的方法或修行的心態比所修的法更為重要。」如云：「若貪自利非發心。」如今上上下下的人都說「為了臨終時不害怕不迷惑，我要修行修行」，這種發心歸根到底就是謀求私欲的心態。

100

（三）大士道的發心：以上四種發心（即不善的兩種加上小士道、中士道的發心）終究都是謀求私欲的心態和行為。因此，從即日起，我們就要把謀求自利的心態和行為看成怨敵，視為過患，心生厭惡，不求自己的利益而想到一切有情遠離苦因及苦果，獲證不住二邊的圓滿佛果，這才是廣大意樂菩提心的發心。要想在相續中生起這種發心，必須觀修知母、念恩等。否則，上師也是煞有介事地說說「為了利益遍布虛空的一切有情……」，弟子也是裝模作樣地想想，雙方都眯著眼睛說「好可憐啊」，這般空洞地說大話，沒有任何實質。當今時代，有些偽裝成上師、弟子的人，暫且不提相續中有其他功德，就連一絲一毫的善意都沒有，這樣一來勢必有著相當大的危險性。所以，我們首先要從自己的母親開始觀修知母、念恩、想要報恩、希望把她安置於遍知佛位。

現在來講廣大意樂菩提心的本體：具備兩個條件或兩層含義，就是發菩提心的本體。彌勒菩薩親言：「發心為利他，求正等菩提。」其中，第一個條件或第一層含義，是以悲心緣有情，願一切眾生遠離苦因及苦果；第二個條件或第二層含義，是以智慧緣正等菩提，必須想到獲證圓滿佛果。不正確的悲心和不正確的慈心：儘管想到「為了利益眾生」，但如果沒有生起想把眾生安置到佛地的心念，那就只是一般相似的悲心；儘管想到

大圓滿前行備忘錄

要獲證佛果，但如果沒有想到爲了利益眾生，那就只是一般相似的慈心。要想到一切有情都遠離苦因及苦果，獲證圓滿佛果，才是廣大意樂菩提心。

如果有人問：這樣的心態，在修行時怎麼修呢？

首先要從自己的親生母親開始觀修，再逐步擴展到遍布虛空際的有情。起初思維：虛空周遍之處，遍布著有情，有情周遍之處，充滿著業感痛苦，充滿業感痛苦的一切有情從無始時以來無一不曾當過自己的父親、母親、親友，進一步說，沒有一個有情未做過母親。在做母親的時候，沒有一個不是以最大的恩情撫育我。就拿現在的這位母親來說，曾經無數次當過自己的母親，我從無始以來迄今爲止漂泊在輪迴中，只是在巴掌大的地上，也曾多次生生死死過。除了地獄眾生和多數天人以外，沒有母親就無法出生。而且，也不一定總是一個有情當母親，一切有情都不止一次當過我的母親，當母親的次數實在不可思議，做過母親的邊際沒有盡頭……

以上是知母的內容。

念恩：特別要觀想現今的母親，自從我漂泊中陰的尋香神識進入到大恩母親的胎中時起，住胎九個月零十天，母親全然不顧罪惡、痛苦、惡語，她身體的營養和食品的精華經過臍道滋養我的身體（生身之恩）。

接著是出生時候的我，說活著，連頭都抬不起來，說死了，氣還沒有斷，就是這副要死不活、薦薦巴巴的

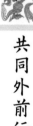

共同外前行

102

樣子，是深情的母親，要死的沒讓死，要爛的沒讓爛，要幹的沒讓幹。母親滿懷著生子的最大喜悅，雙手摟在懷裏，以慈愛的心撫育我，以含笑的目光凝視我，以溫存的愛稱呼喚我（賜命之恩）。

母親用最初的食物——甘甜的乳汁哺育我，以最初的衣裳——自己的體溫暖熱我，最好的食品先給我吃，最好的衣服先給我穿，用手撫摸看我是餓了還是飽了，用嘴給我喂飲，輕輕擦去我的鼻涕，用手擦拭我的髒物（施財之恩）。

我不會吃飯，母親教我怎麼吃，不會說話教我怎麼說，不會走路教我怎麼走，口中無食給我食物，手上無財給我財物，身上無衣給我衣裳，以最大的愛心撫養我成長，對我恩重如山（教世間知識之恩）。

以上憶念母親生身、賜命、給財、教世間知識的恩德，是從世間法的側面來感念恩德。從佛法方面而言，具足十八暇滿的這個珍寶人身也是依靠深恩母親產生。如果沒有母親，首先無從發起殊勝菩提心，中間無從修學菩薩行，如果不具備菩提心、菩薩行，最終現前圓滿佛果也就無從談起。所以，起初發殊勝菩提心，中間修持浩如烟海的菩薩行，最後現前圓滿佛果也是來自母親的大恩大德。而且，還要憶念，如今修行正法的順緣——住所、床榻、資具等也并不是不觀待母親就能獲得的。

大圓滿前行備忘錄

這以上是念恩。

接著想要報恩：以往，深情的母親將一切利益勝利都奉獻給我，所有虧損失敗母親自己承受，一切快樂幸福的事通通給予了我，所有罪惡、痛楚、惡語，母親自己來忍耐，她就是這樣利益我的。現在輪到孩子我了，我必須要關注老母的疾苦，想想老母親有沒有享受安樂，有沒有感受痛苦。結果就會發現：雖然她希求暫時曬太陽暖乎乎的快樂直至圓滿佛果之間的安樂，可是却不知曉奉行快樂之因的善業和正道，也沒有機會聽受如理講經說法的善知識的言教；儘管她不想遭受下至微微火星落在身上直至三有輪迴的一切痛苦，然而却糊裏糊塗地造痛苦之因的業和煩惱，以至於所想、所行背道而馳，正如（《入行論》中）所說的「愚人雖求樂，毀樂如滅仇」。她擁有的快樂真是寥若晨星，而受到苦諦直接的危害、集諦間接的危害。由此與希求心相關聯：心想，如果母親能離開苦因——集諦的業和煩惱、苦果——三界輪迴的一切痛苦，那該有多好！與發願相聯：但願母親能遠離苦因及苦果。與發誓相關聯：我一定要使她遠離一切苦因及苦果。為了使老母遠離苦因及苦果，祈禱無欺的皈依處三寶予以垂念，念誦「上師如來……」到「奇哉三寶大悲尊……勇士您具大悲力……」來虔誠祈禱。

這以上講的是第一個條件以悲心緣有情。

現在就該想：使老母有情離開苦因及苦果以後把他們安頓在哪裏呢？這就要加以選擇，是善趣嗎？其實老母以前曾經多次得到過梵天、帝釋天等果報，可是仍然沒有擺脫痛苦，而那些都不常存，依舊是三有輪迴的邊，所以不能把他們安置在那裏。聲聞緣覺的寂滅果位，雖然像患過天花的人一樣解脫了輪迴的一切痛苦，不復退轉輪迴，可是佛子菩薩地和出有壞佛果的功德他們一無所有，如果將老母安置到他們的果位，那就是寂滅涅槃的邊，爲此也不能把老母有情安置到聲聞緣覺果位，而必須把老母有情安置於不住二邊圓滿佛陀的果位。

　　在這後一個條件上，出現了上、中、下三種心力。心想「不管我何去何從，首先就要成辦一切有情的利益」，這是上等心力；心想「我不先成佛、不把衆生放在後，自己和他衆一起成佛」，這是中等心力；心想「就像兒子被水沖走的斷臂母親一樣，我現在不具備能力，真正具足能力者就是本師佛陀出有壞，所以我先要成就佛果，以證法解脫自相續，以悲心普度一切有情，開示解脫之道」，這是下等心力。衆生的利益廣博等同虛空際，相續久長直至輪迴未空之間，十方三世的如來佛子持明者所有前輩是怎樣修行的，我也照樣去修行。

　　這以上是講後一個條件以智慧緣正等菩提，這種智慧是成辦他利的智慧。

一開始對自己的親生母親生起菩提心，接著是父親，隨後是同胞兄弟，然後是親朋好友，父系的親屬，母系的親屬，接下來是當地的所有人……逐漸觀修，到收座時，觀修遍及到虛空際的一切有情。如果沒有這樣次第觀修，就會導致停留在理解的側面上，因此次第觀修相當重要。具足以上兩個條件或兩層含義的菩提心的發心，或者善根以方便攝持，就稱爲加行發心殊勝。正如偉大的全知無垢光尊者所說：「加行發心正行無所緣，後行迴向殊勝所攝持，趨至解脫道之三關鍵。」

首先，善根以方便攝持加行發心殊勝：依靠「爲使一切有情遠離苦因及苦果、獲得圓滿佛果」如鐵鈎般的這一意樂鈎住草堆般的善根。

其次，善根不被外緣毀壞正行無緣殊勝：善根到底會被什麼外緣毀滅呢？它會被四種外緣所毀滅。一、如果你沒有爲他利獲得圓滿佛果而迴向，那麼僅僅享受一次安樂的果報，它就會窮盡。二、假設你生起了嗔恨之心，那就像（《入行論》中所說的）「一嗔能摧毀，千劫所積聚，施供善逝等，一切諸福善」。一千個大劫當中積累布施持戒所生的一切善根，能毀於相續中嗔心生起的那一刻。三、倘若你心生後悔，善根也會窮盡。比如，以前自己作過上供下施，後來懊悔不已，心裏盤算：以前的那個東西，當時只供養一半或三分之一就好了。萌生後悔之心，就會耗盡善根。四、如果炫耀善

共同外前行

根，也會使它滅盡，比方說，不管念沒念完觀音心咒一億遍，都在念珠裏穿上一個珠貝，口口聲聲說「我還沒有念完一億遍觀音心咒」，說完把念珠向眾人賣弄。只是辦了一件微乎其微的善事，也是在走路的人前坐著講，在騎馬的人前站著講，這樣一來，善根就會滅盡。要想使善根不被這四種毀壞的因所窮盡，就必須證悟基大中觀、道大手印、果大圓滿的見解。如果生起與之相似的見解，引發出二輪現而無自性、如夢如幻、如乾達婆城、如水月般現而無自性的定解，也可代表初學者的正行無緣。尤其值得一提的是，作為初學者，一開始達到正行無緣有一定難度，就好比把鼻子往口裏放一樣，所以誠如寂天菩薩所說：「緊緊念法柱，已拴未失否？」

在觀修暇滿難得等引導時，要麼是觀察修，要麼是安住修，要麼是觀察、安住輪番來修，這一點至關重要。

能使善根與日俱增結行迴向殊勝：《慧海請問經》中云：「水滴落入大海中，海未乾涸其不盡，迴向菩提善亦然，未獲菩提其不盡。」一滴水放在大海裏，在大劫期間它也不會蕩盡，同樣的道理，迴向一切智智佛果大海的善法，即便暫時令你榮獲如娑羅樹般的婆羅門種姓、如娑羅樹般的國王種姓、如娑羅樹般的施主種族也就是種姓功德財富莊嚴的果位，但是直到究竟大菩提之間它不會變朽，不會腐爛，不會唐捐，而會使你漸漸證

得圓滿佛果。

這樣的迴向包括兩種，一是具毒迴向，《般若攝頌》中云：「如吃雜毒豐美食，佛說緣白法亦爾。」比如，豐美的食品摻雜了一點點毒，在吃的時候感覺味道絕好，可是一旦吞到肚裏吸收營養時，毒性就會發作，造成痛苦。同樣，即使獲得了增上生安樂的善果，可是以耽著三輪的實執無法從輪迴中得解脫，因此必須棄捨這種迴向。

二是無毒迴向，它又包括真正的三輪清淨迴向以及相似的三輪清淨迴向兩種。

真正的三輪清淨迴向，如《般若攝頌》中云：「無分別智行諸事。」就是以現空無別、慈悲菩提心、迴向、發願等見解攝持。相似的三輪清淨迴向，我以往已經積累的善法、未來將要積累的善法、現在正在積累的善法、佛菩薩的無漏善法、一切有情的有漏善法，合而爲一，綜合起來，爲了一切有情遠離三有三界輪迴的苦因及苦果、獲得佛果而迴向。迴向的方法：心裏想，佛菩薩怎麼以三輪清淨的方式迴向，我也那樣迴向。念誦「文殊師利勇猛智，普賢慧行亦復然，我今迴向諸善根，隨彼一切常修學」和「三世諸佛所稱嘆，如是最勝諸大願，我今迴向諸善根，爲得普賢殊勝行」兩個偈頌可以代替真正的三輪清淨回向。大乘顯密的一切實修法都超不出三殊勝的範疇，想修成圓滿佛果，只需要這三

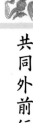

共同外前行

殊勝，多了沒有必要，少了不能包括。聖龍樹菩薩曾說：「圓滿福慧資，福慧所出生，二身願獲得。」三殊勝是二種資糧或二諦的歸納。加行發心殊勝與結行迴向殊勝是有現福德資糧，正行無緣殊勝是無現智慧資糧。有現福德資糧作爲近取因，無現智慧資糧作爲俱有緣，獲得佛陀色身；無現智慧資糧作爲近取因，有現福德資糧作爲俱有緣，獲得佛陀法身。淨化基二障、圓滿道二資、獲得果二身，就需要三殊勝，因爲多無必要、少不能包。三殊勝是顯密共同所觀修的法。

廣大方便秘密真言之發心：這種發心在聽聞、觀修、行持密宗金剛乘法的時候，也相當關鍵，一開始務必做到不能破壞師徒之間的緣起。《三相燈論》中云：「一義亦不昧，不難方便多，是爲利根故，極勝秘密乘。」顯密二宗的究竟所修——成就圓滿佛果，目的完全一致，然而修行的方便，密宗從見解不愚昧的特點、修行方便多的特點、行爲不困難的特點及是利根中利根行人的特點四個方面超勝顯宗。

雖說顯宗密宗都是在所見對境法界上抉擇見解，可是見解的本體方面卻有如明亮的眼睛看色法與不明亮的眼睛看色法一般。儘管因相乘抉擇了遠離八邊戲論的法性勝義諦大空性，但并沒有能够一五一十證悟法界智慧雙運的自性，而密宗遣除了這一愚昧部分，抉擇了法界智慧雙運的自性，因此法性的見解不愚昧。關於有法世

俗事物，因相乘雖然抉擇了緣起如幻的自性，但仍然存在著沒有把不清淨如幻抉擇爲五身五智的愚昧部分。密宗金剛乘將本來即是五身五智游舞、法界智慧無二的意義抉擇爲二諦無別殊勝大法身，因此有不愚昧的特點。

第二在修行方面：密宗則以方便生起次第、智慧圓滿次第超勝顯宗。

第三行爲不難：因相乘并沒有宣講不捨五欲妙而成就菩提的道。在這裏，（密宗）由簡便迅速救護心識、不捨欲妙轉爲道用、一生一世就能成就雙運金剛持果位而超勝顯宗。

第四行人是利根中的利根的特點：通常而言，密宗以能生起清淨法（指解脫）的五根而超勝顯宗，尤其成爲能證悟密宗金剛乘甚深見解的慧根、不懼廣大行爲的信根極其銳利，成爲特殊行人的對境，由此更勝一籌。在聽受、傳講、觀修、行持密宗金剛乘法的時候，五種圓滿是有則足矣、無則不可的。就像無畏洲尊者親口說過：「如果把上師看成人，（那只能在狗前取悉地了，）在狗面前不會獲得悉地的。」上師看待弟子要觀成佛，弟子看待上師，要視爲佛。具備還是失毀密宗金剛乘的誓言二者之間（如何來區分呢？）將顯現視爲本尊，就是具誓言，將地看作地、將水看作水，就是破誓言，除此之外再沒有什麼了。所以，五種圓滿的第一條，建立上師是佛，以教證和法爾理來說明，其中有關

共同外前行

的教證，聖天論師說：「自然之佛陀，唯一本性尊，盡賜諸竅訣，金剛師勝彼。」又如云：「上師佛陀上師法……」「上師普賢祈垂念」以及「金剛上師即佛陀……」諸如此類講解上師是佛陀的教證無量無邊。

上師是佛依理成立：上師的意——大智慧是法身，智慧的現象是色身，色身的本體是法身，法身的現象是色身，法身色身無二無別是金剛身。意——大智慧現似身，是現空身金剛，大身智傳出語音，是聲空語金剛，意現似起心動念是意金剛，上師是三金剛的自性。意——大智慧的現象是色身體，色身的本體是智慧，這兩者不可分割的部分是雙運金剛持，所有皈依境的本體就是上師。由此成立上師是佛。

所有眷屬，不管自己證悟了也好，沒有證悟也罷，如來藏就像芝麻裏遍布油一樣周遍於每位眾生的相續。《二品續》中云：「眾生本是佛，然爲客塵遮……」已明確宣說了眾生是佛。雖然眾生是自性清淨的佛陀，本體本淨的佛陀，功德任運的佛陀，但也不代表已經成佛。原因是，仍舊要離開客塵，儘管被將要遠離的客塵障礙著，但實際上就是佛，爲此把眷屬明觀成某某部的一切勇士空行。既然本師、眷屬都是佛，那麼他的剎土顯然也就成立是清淨的，因此把地點明觀爲密嚴剎土等。法是光明大圓滿。時間是從普賢如來到現在的根本上師之間，口耳相傳連續不斷的恒常相續。正因爲本來

大圓滿前行備忘錄

就是五種圓滿才這樣明觀的，現有原本就是基住的佛陀，所以在修行時才如此明觀，并不是像人們把小驢說成馬、把炭說成金那樣。

這以上發心的內容已經講解完畢。

接下來是行爲，分爲如毒所斷之行爲與如藥所取之行爲兩種。

如毒所斷之行爲，包括法器之三過、六垢、五不持三個方面。所謂的法器之過，打個比方來說，在一個有毒的容器裏灌入多麽好的液體，都會因爲容器有毒而變成有毒。同樣的道理，對於不能堪爲法器的弟子，再怎麽宣說正法，非但不會成爲煩惱的對治，反而會成爲煩惱的附加品。

法器之三過中，其一、耳不注如覆器之過：如果你沒有去聽上師所講的法，那就如同向覆口的器皿上倒汁液不會進入裏面一樣，儘管身體處在聞法的行列中，可是心沒有入於正法之列。倘若充耳不聞上師的言教，就不會懂得上師在講什麽，因此耳根必須專注聽受。

其二、意不持如漏器之過：就算是耳朵在聽，但如果沒有記在心裏也起不到作用，不會明白佛教的句義，所以必須要把所講的法義銘記在心。

其三、雜煩惱如毒器之過：如果在聽法的時候雜有煩惱，就會導致販賣正法。倘若在聽法過程中萌生貪嗔痴，就會造下惡業等，可見雜有煩惱好似毒器一樣。關

112

於貪嗔痴的對治，經中說：「認真諦聽，銘記在心，我爲汝說。」如來只是對阿難說「你的發心不要摻雜煩惱，聆聽詞句，牢記意義，爲汝闡釋」，而并沒有說「摻雜貪嗔，耳不專注，心不銘記，爲汝闡釋」。爲此，我們的發心切切不要雜有貪嗔煩惱，意樂萬萬不要離開菩提心，必須認真聽受詞句，牢牢記住意義，這樣來聞法。

六垢，「傲慢無正信，於法不希求，外散及內收，疲厭皆聞垢。」

首先講傲慢，觀待比自己低的人，認爲我自己高出一等。只要有了我慢，就會對不如自己的人加以歧視，對高於自己的人生起嫉妒，對中等者產生競爭之心。正如俗話所說「我慢鐵球上，不沾功德水」。自從自相續有了我慢時起，就看不見自己的過患，看不到別人的功德。要對治這種我慢就必須常常認清自我的過失，揭露自我的罪惡，身居低位，身穿破衣，恭敬好、壞、中等的一切有情。

無信：對正法與佛陀等不起誠信。要對治它，必須對正法和佛陀等真實不虛這一點堅信不移。

不希求：認爲得不得法都行，對正法沒有希求心，就像是往馬面前扔骨頭、在狗面前扔青草一樣。要對治這種心態，必須萌生正法難逢難遇、善知識難值難見的想法，進而對每一個法的句義都生起希求的渴望。

外散：心思渙散，生起貪欲等煩惱，要對治它，務必做到心向內收。

內收：如果心過分向內收，就會出現憁憁欲睡和昏昏沉沉的現象。爲此，要做到諸根悠然、神志清晰來聽法。

疲厭：當講法的時間過長，加之又餓又渴，日曬雨淋，很有可能會捨棄正法和上師。在沒有造捨法罪之前先發願值遇正法和上師，再退出講堂。或者，生起喜悅之情，心想：我以前無有意義白白空耗了生身性命，這回爲了妙法，依靠病痛饑渴等可以替代一切有情的病痛等苦難，由其他世界趨往金剛地獄的累累惡業，在我等大師的刹土——這個業力之地的南贍部洲，只是以頭痛腦熱就能得以清淨，這下可以盡除無量惡業，圓滿無量資糧，我實在歡喜。以這般滿懷興高采烈的心情聽聞正法。

第三、五不持：就是指與如來珍貴的教法、證法相背離而受持。

其一、持文不持義：不考慮思維意義，只求文句優美動聽，就像小說一樣，或者聲稱「文句還是需要優美」，進而持受空洞的文章。

其二、持義不持文：諸如，口口聲聲說是「寧瑪大修行人」的行者們，一邊揚言「講說只是文句罷了，必須要瞭解心的本來面目」一邊用手指指著胸口，希望不觀待詞句而直截了當掌握意義。

要對治以上這兩種，必須把句義結合起來受持。

其三、未領會而持：把不了義認定爲了義，顛倒受持意趣、秘密以及四依。要對治這種現象，必須做到不依人而依法，即便是再頗有名氣的人，如果他講的法與因果法大乘道不相符合，那麼講法者起不到作用，如果符合大乘法，那麼不管講法者怎麼樣都可以。因此，我們必須依止正法。不依法句而要依法義。不了義法和了義法中，我們要依止了義法，了義法分爲心識與智慧兩種，我們要依止智慧。

其四、顛倒而持：就是指錯誤受持意義，認爲求了密法以後就可以肆無忌憚喝酒、行淫、雙運、降伏。要對治這種現象，行爲必須要結合時間和修行境界。達到獲得禪定的暖相而依靠念誦三字咒就足能轉變酒的色香味的時候，行爲上擁有能誅能起死回生等暖相。如果沒有懂得這一道理，沒有了悟隱含的秘密，隨意亂行隱蔽的密宗法，胡作非爲，那只會成爲惡魔、熱札一類的衆生，而別無出路。

其五、上下錯謬而持：在沒有求得前行之前，就聽講正行，前行中共同外內前行本末倒置而受持。要對治這種現象，必須如階梯般由下至上循序漸進、有條不紊地受持圓滿佛陀的正法。

應取之行爲，依靠四想，把自己作爲病人想，必須認清自相續患上了因三毒、果三苦疾病的過失。其餘三想容易理解。

六度，包括聞法者的六種和講法者的六種。關於聞法者的六度內容，在《大圓滿前行》中有直接說明。

講法者的六度，不懷有求得名聞利養的奢望而講經說法，即是布施；對他眾沒有冷嘲熱諷、不屑一顧等行為，即是持戒；聞法者屢屢詢問，也不嗔不怒，即是安忍；日日夜夜講經說法，也不厭其煩，即是精進；心專注句義，即是靜慮；三輪清淨，令弟子聞思有所長進，即是智慧。其餘內容簡單易懂。

所說之法的次第，包括暇滿難得等六個引導。所謂的法，正如前文所說，我們一定要依靠此法來調伏自心，「非以髮髻非以棍」。為此，自相續中要反反復復思維暇滿難得等這些內容。

首先講四種厭世法，或者四種除貪法，或者四種出離法，都是一個意思，只是名稱不同。我們要依靠暇滿難得、壽命無常兩個引導對現世產生反感。《離四貪》中說：「若貪今生非行人。」又如云：「暇滿人身難獲得，難以復得如曇花，得大利如摩尼珠。」我們務必要清楚地認識到，上去下去的關鍵猶如馬被彎頭所轉一樣，就在如今的這個身體上。其實，這個身體也是無常的，有生就有死，這是必然規律。因此，我們必定走向無常的死亡。謀求現世沒有意義或實質，明白了這一點後就要尋求後世。想到輪迴因果，必然對來世以後的輪迴心生厭離。

厭離的方式，小士道行人厭惡三惡趣而追求善趣，中士道行人厭惡輪迴六道而追求解脫，在其他引導中只有這兩種，然而按照全知無垢光師徒的觀點，必須要對作意自私自利的心態深惡痛絕。在思維輪迴過患之時，要切切萌生厭離心，由此生起了想解脫的出離心時，再進一步思維：單單我獨自一人解脫有什麼利益，如果把無始以來恩養我的深情母親拋在腦後，只是獨自解脫，那再沒有比這更可恥的了。因此，必須要讓一切有情獲得佛果，那才是超越二邊的大出離心。

如果安立四種出離，那就是小士道的發心——相似的出離，聲聞緣覺的兩種出離，加上大出離。就三種出離而言，即聲聞、緣覺和菩薩的三種出離。出離一切輪迴之後就要尋找一個逃避的地方，所以必須追求解脫和遍知的果位。解脫道并不是自己平平常常就能了知的，父母、親屬等不會宣講，就算是給他們講，他們也不理解，因此必須找尋善知識。尋找善知識也絕不能隨隨便便遇到一個人就草草率率地依止，一定要以三喜承侍的方式依止一位具足法相的上師善知識，學修他的意行。

在暇滿難得等引導中，有實修引導和信解引導，如今除了信解引導以外再沒有了。然而自大持明無畏洲以來還保留著可以代替實修引導的修法。暇滿難得的引導是關於自己身體的引導。在這個暇滿人身上面只有兩條去路，「此身行善即是解脫舟」，如果利用這個身體行

大圓滿前行備忘錄

持真實的正法，那就是幸福快樂的起點，終將獲得解脫和遍知的果位。特別是，如果修行光明大圓滿，那麼即生或中陰或後世就會解脫。「此身作惡便是輪迴錨」，如果利用這個身體牟取今生世間利益，那就是一切恐怖和痛苦的序幕。

從自身角度來說，修行正法沒有違緣，有機會修行，由此稱爲「閑暇」。有空閑修法是來源於自己的這個身體，它的反面有八種無暇，這八種叫自相續所依的八無暇，它包括非人的四種無暇和人的四種無暇。其中非人的無暇，從觀修地獄開始，要反反復復思維他們有沒有修行正法的機會。修行時分爲入座和座間，入座也有兩座、三座、四座、六座等許多層次。這裏就白天兩座、晚上兩座而言，爲了便於初學者采用，早晨黎明頭遍雞叫開始入座，一直到天沒亮之前，是黎明座。天亮時起座，一直到太陽升起，進行座間事宜，例如作水施、燒素熏烟、誦日常功課。隨後再入座，一直到中午之前，是上午座。起座之後用午餐、頂禮、看書……一直到下午太陽出現大陰影（藏地一般是五點鐘左右）之前，始終處在悠然的狀態中。然後再入座，一直到太陽沒有落山之前，這是下午座。起座後供護法，念誦自己會念的迴向文、發願文和葷烟儀軌。到了看見一個人只知道是人却認不清是誰的黃昏時候入座，這是傍晚座，一直到晚睡時才起座。如果在以上這四座的時間裏修

行，那麼心就會調柔。作爲初學者，即使在所有座間觀修，也不會修成，特別容易出現昏沉、掉舉的弊病，因此在座間時要精進念經、勤奮行善悠悠而修。

每一入座，也都包括前行、正行和後行三部分。前行也分爲前行的前行和真正的前行兩個階段。其中前行的前行階段，要擤好鼻涕，洗好臉，裏裏外外一切要辦的事務必完成，總之要保證在入座期間不需要中斷打坐而往外跑。隨後，坐在床上身心放鬆，稍加休息，接著立下誓言：我這一座期間，縱然是大恩大德的父親來到，我也絕不中斷入座而隨著迷亂所轉。指甲掐著肉㉓發下堅定誓言：「寧死也不捨棄此誓願！」

真正的前行：

1、身的要點，作毗盧七法，也就是雙足金剛跏趺，雙手結定印，脊背好像銅錢般挺直，臂膀放鬆舒展，頸部稍稍向前屈，舌抵上顎，眼睛垂視鼻尖。

2、語的要點：排除垢氣，左右鼻孔輪番排三次，同時排三次，共排九次；或者，右鼻孔排一次，左鼻孔排一次，同時排一次，共三次；或者，左右鼻孔同時排三次。以上三種除垢氣法，做任何一種都可以。具體做法：左手握金剛拳，壓在大腿根兒上（即腹股溝的位置），右手以三股金剛印按住右鼻孔，從左鼻孔緩緩向內吸氣，囤積在臍下，觀想自己無始以來生生世世所

㉓指甲掐著肉：這是藏族修行人表示決心極其堅定的一種做法。

大圓滿前行備忘錄

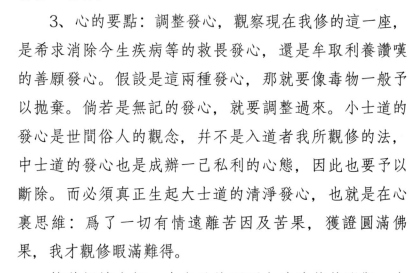

積累的業、煩惱、罪障、破誓言、修行中出現昏憒、沉陷、迷茫錯誤這一切都變成黑氣，向外排散，呼氣時就像青稞粒一樣，從小擴大，末了一下全然排出，這與洗滌器皿相仿。

3、心的要點：調整發心，觀察現在我修的這一座，是希求消除今生疾病等的救畏發心，還是牟取利養讚嘆的善願發心。假設是這兩種發心，那就要像毒物一般予以拋棄。倘若是無記的發心，就要調整過來。小士道的發心是世間俗人的觀念，并不是入道者我所觀修的法，中士道的發心也是成辦一己私利的心態，因此也要予以斷除。而必須真正生起大士道的清淨發心，也就是在心裏思維：爲了一切有情遠離苦因及苦果，獲證圓滿佛果，我才觀修暇滿難得。

接著祈禱上師：在自己的頭頂上清清楚楚明觀，十萬瓣白色蓮花的紅黃色花蕊上，獅子座層層叠放的柔軟綾羅墊上，自己的根本上師身穿出家法衣或者咒師裝束，懷著「上師是佛」等五種了知㉖，默默祈禱，念誦「三世諸佛……」或者念誦四種厭世心前後的那些祈禱文㉗，滿懷感恩戴德的敬信之心深情祈禱，結果上師化光

㉖五種了知：就是指上師瑜伽中所說的：第一、了知上師是佛；第二、了知上師的一切所作所爲都是佛陀的事業；第三、了知對自身而言，上師比佛陀恩德更大；第四、了知大恩大德的上師是總集一切皈依處的總體；第五、了知認識到這些道理以後如果能虔誠祈禱，無需依賴他道之緣便可在自相續中生起證悟智慧。
㉗祈禱文：前行中共同四加行前後的祈禱文。

融入自身，自己的心與上師的智慧渾然成爲一體，處在這種狀態中，不跟隨過去的分別念，不迎接未來的分別念，也不持續現在的分別念，盡可能入定安住。這以上是入座的前行。

正行，首先觀修八閑暇的時候，（要觀想八無暇，八無暇包括非人的四種無暇和人的四種無暇。）其中非人的四種無暇處，第一無暇是地獄，從處所、身體、痛苦和壽量四個方面來觀修。

地獄的處所，是漆黑一片的地方，整個大地都是熾熱的燒鐵地，就像餘燼的炭火形成的一樣。一般的地方連放脚之處也沒有，黑褐色的火山燃起一尺高的火焰，上面降下火爐、燒燙的石頭和兵刃的雨。

地獄衆生的身體，超過贍部洲人的四倍，身色好似血染的一樣，或者像雜亂的黑羊毛片。或者如同剛剛出生的太子的皮膚一樣只有薄薄一層，肌膚緊繃繃的，極其透明，宛若雙目一般經不起接觸，他們的頭髮向上竪立，三角眼，汗毛聳立，肢體粗大，腹部龐大，好像忿怒本尊一樣，如果贍部洲的人看見地獄的有情，足能昏迷不醒。

地獄衆生的痛苦，他們白天不閑、晚上不眠，不分晝夜地被兵器剖割，沒頭沒尾地被燒灼的大地和石雨毀焚，沒有一絲一毫安寧的機會，一直飽嘗著痛苦。

地獄衆生的壽量已經超越年數的限度，要感受長達

大圓滿前行備忘錄

中劫等的果報。寒地獄的處所是風雪交加、冰天雪地的雪山領域，寒地獄眾生的身體與熱地獄相似。他們遭受嚴寒的痛苦。壽量：需要在不可估量的年數當中受苦。反反復復考慮，不管是投生到熱地獄還是寒地獄，有沒有修行正法的機會，這是觀察修。當這樣觀察修之後會感到疲憊，全無思索，不回想過去，不迎接未來，不持續現在的妄念，在不加改造中安住修。當又準備起心動念時，再進行觀察，不想起念時，再安住下來，這就是觀察和安住輪番交替而修。

第二個無暇是餓鬼處。

餓鬼的住所，到處都布滿著瓦礫、碎石，有許許多多被火焚焦的樹幹，還有零零亂亂粗糙的毒刺。乾涸的河岸灰濛濛一片，乾枯的苔蘚雜亂無章。

餓鬼的身體，就像經久歷劫的骨架、乾巴巴的蘑菇或者硬邦邦的牛皮口袋。他們的頭如同釀酒的大甕，脖子細如馬尾毛，肚子大如盆地，肢體好似茅草。一個餓鬼經過的聲音，就宛如五百馬車輪拖著的響動，他們的關節裏閃閃迸射出通紅的火星。

餓鬼的痛苦，所有餓鬼，感覺夏天月亮也火熱熱，冬天太陽也冷冰冰，即使他們看見果實累累的藥樹，也會化為烏有；就算看到浪花飛濺的大海，可是一見就乾涸無遺。結果他們更加悲哀不已，痛苦不堪。

餓鬼的壽量，長的達萬年之久，短命的壽量不固

共同外前行

定。想一想，如果投生到這樣的地方，有沒有機會修行正法呢？觀察、安住輪番來修。

第三個無暇是旁生處。

旁生的處所，大多數是伸手不見五指、黑咕隆咚的島嶼。

旁生的身體，大的魚類和鯨魚，能繞須彌山三圈，小的形似微塵和針尖等。

旁生的痛苦，一般來說，所有旁生都是呆頭呆腦、愚昧無知，不明取捨。分別來講，所有大的動物，吞食小的動物，小的動物直直刺入大的動物，并把它們的身體作爲栖身之地、蔽體之衣，它們都感受著互相啖食的無量痛苦。

第四個無暇是長壽天。

長壽天的處所，位於第四禪天城的東北角，就像被火燒焦的樹幹一樣黑乎乎的地方。

長壽天人的身體，是空明禪定身，沒有苦樂、善惡之想，相當於是沉睡的狀態。「長壽天位於第四禪天附近」的說法是不了義的。正如所說的「與彼死處何不同」，自己無論死在哪裏，就在那裏處於無想的狀態，於八十大劫之間安住，遠離妙法的光明，沒有機會修行正法。就這樣認真觀察、安住來修。

人的四種無暇：觀修的方法依然如前，觀察、安住交替來修。

大圓滿前行備忘錄

這以上就是入座的正行。

入座的後行：以這一座裏觀修的善根爲例三時的一切善法、佛菩薩的無漏善根、一切有情的有漏善根，心裏觀想把它們合而爲一，綜合起來，爲了一切衆生遠離苦因及苦果、獲證圓滿珍寶佛果作迴向。

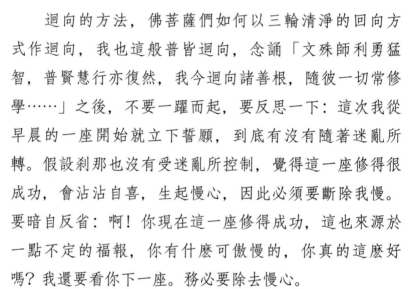

迴向的方法，佛菩薩們如何以三輪清淨的迴向方式作迴向，我也這般普皆迴向，念誦「文殊師利勇猛智，普賢慧行亦復然，我今迴向諸善根，隨彼一切常修學……」之後，不要一躍而起，要反思一下：這次我從早晨的一座開始就立下誓願，到底有沒有隨著迷亂所轉。假設刹那也沒有受迷亂所控制，覺得這一座修得很成功，會沾沾自喜，生起慢心，因此必須要斷除我慢。要暗自反省：啊！你現在這一座修得成功，這也來源於一點不定的福報，你有什麼可傲慢的，你真的這麼好嗎？我還要看你下一座。務必要除去慢心。

再者，如果因爲心隨著迷亂所轉，不能思維一念善法，就會悲觀失望，認爲我現在修不成了，於是懈怠下去。對此要打起精神，提高心力。自我鼓勵：哦，你現在落入迷亂的控制中而沒有修好，但又有什麼可悲觀的呢？其實你從無始時以來一直迷惑至今，正因爲這樣，如今才需要分成入座和座間來觀修。如果你一開始就不曾迷惑，那爲什麼沒有成佛。現在這一座已經被迷亂左右了，務必要下定決心：下一座絕不隨著迷惑所轉。然

後慢慢從坐墊上起身，進入座間的事宜。倘若在座間，沒有一一考慮前面的八閑暇，那麼就像用火爐在火裏燃燒的鐵取出的同時又會變得黑乎乎一樣，入座期間心稍稍有所改變，但是如果在座間時對今世紅塵的景象心懷歡喜之情，那入座當中有沒有觀修閑暇等都無有用途了，有著淪爲法油子的危險性。

繼上一座之後，接下來觀修十圓滿，單單擁有閑暇也無濟於事，要修行妙法必須具備自己方面順緣齊全的五種圓滿以及他方面順緣齊全的五種圓滿。對我們來說，自圓滿和他圓滿的前三個條件都已俱全，這實在值得高興。對於後面的兩個條件還要謹慎加以觀察，想方設法使它完備。修十圓滿的時候也依然是分成入座和座間，觀察、安住輪番而修。

暫生緣八無暇，打個比方來說，十八圓滿就好比有十八隻羊，一旦被突如其來的豺狼弄死一隻，那就剩下十七隻了，如果被弄死兩隻，就剩下十六隻。這些暫生緣的無暇，儘管今天在自相續中不存在，但明天很容易出現，在前一座中沒有，可是後一座中又易產生，入座的開端沒有，可結座時還是容易冒出來。所以，我們要周密地觀察自相續，一個一個都需要依靠對治。

「任何煩惱重，努力行對治。」貪心的對治法是修不淨觀，嗔心的對治法是修慈心，痴心的對治法是觀修十八界的類別。

要對治愚昧無知，必須進行懺悔，有的人聽法不懂其句，思維不解其意，修行不悟實相，就是因爲往昔的罪障。爲此，我們一定要具足四種對治力加以懺悔。八大菩薩每一位都有一種超群絕倫的發心和事業，所以要誠心誠意祈禱能使我們開發智慧的文殊菩薩。

要對治被魔所持，必須觀察你所依止的是不是真正的善知識。當然觀察善知識，并不是觀察外在的神變神通等，而要觀察的是他心相續中究竟具不具備珍寶菩提心。如果他具備菩提心，那麼凡是與之結緣者都將獲益，所以值得高興。假設他不具備菩提心，那就說明是魔知識或魔友，對於這樣的人，要麼是好離好散，要麼是斷然離開，不管怎樣都必須遠離。

要對治惡業涌現，首先必須值遇善知識，中間進行聞思，最後修行，在這期間如果遭到違緣，絕不能認爲「我現在修不成了」。誠如《金剛經》中說：「行持波羅蜜多之菩薩，受到損惱或受極大損惱（，此乃未來所受之苦業，於此世成熟）。」[28]我們務必對業因果真實不虛生起堅信，進而對以往的惡業進行懺悔。

要對治懈怠懶惰，必須誠心憶念死亡無常，發起恒常加行精進和恭敬加行精進。

被他奴役，對於上師和富翁身邊無有自由的侍從和

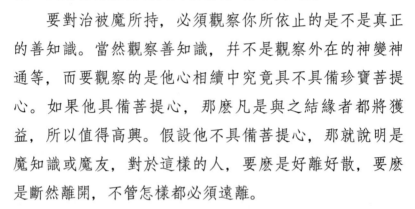

[28]此段內容，是按藏文翻譯。鳩摩羅什所譯的《金剛經》中說：「須菩提，善男子、善女人，受持讀誦此經，若爲人輕賤，是人先世罪業，應墮惡道，以今世人輕賤故，先世罪業則爲消滅。」

僕人來說，要找一個良策，力求擺脫這種處境。

要對治求樂救怖，就必須做到以真實的出離心和菩提心攝持。

要對治僞裝修法，就必須認識到謀求現世塵間之心態行爲的過患，進而予以斷除。

斷緣心八無暇：自相續與解脫遍知的道相背離，一旦出現斷緣心八無暇的任何一個，那麼三菩提的綠苗就會雕謝，以至於離開解脫的種姓，爲此叫做斷緣。

要對治無出離心，務必瞭解三有三界輪迴的過患，生起出離之心。

要對治無有正信，務必想到正法和上師的功德，滿懷不退轉的信心。

要對治貪愛今生，務必念及無常四際所攝的弊端。

喜愛惡行，無以對治。

要對治失壞律儀，必須清楚地知道引起墮罪的四因，即使失壞了別解脫四根本的一條戒，但還是要守護其餘三條。倘若破了四戒，就一定要如理加以懺悔。「具戒我慢高，不如破戒悔。」自從一開始受戒就沒有失壞過的人，是樹立佛陀法幢者，又是摧毀魔幢者。即使失毀了戒律但能如理懺悔的人，也是樹立法幢者、摧毀魔幢者。所以，我們一定不能抱著無所謂的態度，必須要進行懺悔。倘若能發自內心懺前戒後、對其他具足戒律的人欣然隨喜，那麼自己也變成了具戒者。假設退

大圓滿前行備忘錄

失了願行菩提心，一定要在晝夜六時內加以懺悔，這樣一來就不會犯根本罪。因此，切切不要逾越六時而懺悔。

如果破了密乘戒，也必須像菩薩戒那樣及時加以對治。所有密宗戒包含在身語意的誓言中。身誓言，不淩辱上師和金剛道友的身體。語誓言，不違背上師和金剛道友的語言，上等者不間斷念誦本尊心咒，中等者在十五、三十或者晝夜六時裏念誦，下等者每一個月裏念誦，極下等者一季度，最下等者也要在新年的神變月裏念誦，努力做到不間斷。意誓言，涵蓋在守護十種秘密及不擾亂上師、金剛道友的心當中。

思維暇滿難得的比喻，按照竅訣的講法，首先要從因的角度來思維難得。用薩迦第三祖稱幢的「得暇滿人身，非以力強得，乃是積福果」來說明。

這一內容分爲總體思維和具體思維兩個方面。

總體思維：想想自己以往積下了多少善業，現在積下了多少，就算是累積了一星半點的善業，可是也犯下了無法想像的罪業。如此一來，單單獲得閑暇也有難度，更何況說得到圓滿了？

具體思維：要得到閑暇，需要守護清淨戒律，要得到圓滿，必須大量累積布施等福善。爲了獲得暇滿人身，還要以清淨的發願來銜接。首先獲得閑暇的因就是戒律的取捨，別解脫戒中所斷的學處有二百五十三條，

共同外前行

所修的學處有十七事。先從四根本罪開始仔仔細細考慮，依靠單單礙於面子而沒有犯淫戒的別解脫戒，能穩操勝券獲得閑暇還是有一定的困難。再想想菩薩戒，甚深見派的根本墮罪有十八條，加上願行菩提心的學處，共有二十條，支分的惡作有八十條，比別解脫戒更難。廣大行派的根本戒，四種發心、八種行為、支分的惡作有四十六，對此進行取捨以後，就會深深感到有把握獲得閑暇的因也是極其難以具足。密宗金剛乘，居於首位的二十五條禁行戒，共同外內五部戒，十四條根本戒，支分的八粗罪，大圓滿有守護、次第的根本誓言即是上師身語意分為二十七條，支分的誓言有二十五條，無守護、頓悟的誓言包括無有、平等、唯一、任運四種。支分的誓言有十萬三昧耶，如果想到這一點，就會感到得到閑暇可靠的因真是寥若晨星。即便有可能具備戒律清淨這一條獲得閑暇的因，但是獲得圓滿的因上供三寶、下濟貧乞布施等善法又有多少呢？當對自相續加以觀察時，就會發現這也是有難度的。假使具足了嚴守戒律、慷慨博施，再審察一下有沒有用清淨的發願來連接。即使沒有以刻意為了得到暇滿人身的清淨發願來銜接，但如果具備了以菩提心攝持的戒律等真正的善法，那就如同為了秋天的莊稼播下種子自然會長出枝葉一樣，如果你行持了緣於遍知佛果的善業，就自然而然會成就暫時人天的殊勝身份，暫時能多次得到如娑羅樹般的婆羅門

種姓、如娑羅樹般的施主種姓、如娑羅樹般的國王種姓等。就這樣仔細觀察、思索，觀察、安住交替來修。

如果這般認真考慮，正如所謂的「欲知前世因，今生受者是」，就會認識到，我們是依靠以往積累過福報的結果才得到現在的這個殊勝身份。「欲知後世果，今生作者是。」正如華智仁波切所說的「後世決定不投生爲喝酸奶的牧民、吃餅子的農民」，想到現在的暇滿從因的方面來說得之不易，必須利用暇滿人身來取得實義。當今的經懺師們，沒有任何生起次第、圓滿次第的境界，整天念誦儀軌，向長了一卡長毛的爛神饈上灌注變質的藥汁，翻著眼珠念著「無實之中取悉地，嘎雅悉地吽……」，這種言行實在是毫無價值可言。所以說，如果利用這個由三十六種不淨成分組成的暇滿身體來修行精華正法，實現它的價值，那真的是「嘎雅悉地嗡」，也是「瓦嘎悉地阿」，還是「紫大悉地吽」。如今的這個身份，是上去下去的關鍵，好似馬口被轡頭所轉，如同選擇犏牛還是選擇鹽㉙一樣，是苦是樂當下都掌握在自己的手中。如果你想把握住快樂，來修行微妙善法，結果下半生會比上半生快樂，中陰會比下半生快樂，後世要比中陰快樂，這才是從安樂走向安樂。誠如《入行論》中所說：「駕馭覺心駒，由樂趨勝樂，智者

㉙如果用鹽來引犏牛，雖然失去了鹽卻得到了犏牛，如果捨不得鹽，盡管保住了鹽，卻得不到犏牛。

誰退怯？」又云：「福德引身適，智巧令心安，為眾住生死，菩薩豈疲厭？」依靠有現福德使身體舒適，榮得種姓、功德圓滿的果位，借助證悟無我的智慧令內心安樂，現見諸法勝義離戲、世俗如夢自性，從而遠離一切輪迴的痛苦恐怖，擁有安寧快樂。

如果你想受苦，那也是掌握在自己的手中，倘若一度作惡，結果必然是下半生比上半生悲慘，中陰比下半生悲慘，後世比中陰悲慘，一直走向漫無邊際的惡趣。為此，我們務必要在如今的這個身份上修行正法，實現人生的價值，取得實義。

取得實義的方式，小士道行人知曉三惡趣是痛苦的自性，進而為了修成善趣人天果位，修行戒律所生的福德事——棄離十不善、奉行十善；布施所生的福德事——上供三寶、下濟乞者；不動業所生的福德事——四禪四無色定，這樣一來雖然取得了小士道的實義，可那只是道的基礎，而并不是道的本體，所以并沒有取到中士道和大士道的實義。中士道的道諦主要是證悟無我的慧學，戒學和定學作為附屬，修學珍貴的三學，雖然取得了中士道的精華，却并非取得了大士道的精華所在。就大士道的宗軌來說，遠道因相乘，近道金剛乘，其內部也有事續、行續、瑜伽續外三續遠道，內續瑪哈約嘎、阿努約嘎（即生起次第和圓滿次第）近道，捷徑光明大圓滿，我們必須依靠其中任何一法來實現暇滿人

大圓滿前行備忘錄

身的價值，取得實義。尤其是由經光明大圓滿道，在數年數月中就能證得大虹身果位，所以要下決心由經此道來取得真義。修行時觀察、安住輪番來修，反反復復來修，分爲入座和座間來修。在講到烏龜的比喻時，以大海比喻三惡趣，深不見底、廣闊無垠，其痛苦無邊無際，盲龜表示不具備取捨明目的惡趣眾生，每一百年浮到海面一次表示難以從中解脫，木軛一孔表示人天身份少之又少，被風吹動表示隨善緣所轉，這樣以比喻表示意義，觀察、安住交替來修。

二　壽命無常

要實現人生的價值，如果一味慢慢悠悠，也達不到目標。現在我們擁有的人身不會常存，它必然走向死亡。

壽命無常的引導分七個方面，首先講這個外器世界的形成，器世界是從下向上形成的，內情世界是從上到下形成的，思維此理時要分爲入座與座間來修，就像觀修暇滿難得時一樣。

入座的正行：靜心思維，起初這個世界，從一個劫毀壞到變成一個空空蕩蕩的虛空，中間整整經過二十劫，直到現在這個世界形成的開端。此劫的所有眾生由

共同外前行

共同的福報感召，下基清淨的意空形成一個帶有又藍又亮法源形的虛空，在它的上方是風輪，東風刮向西方，西風刮向東方，南風卷向北方，北風卷向南方，形成帶有墨綠色輻圍的十字金剛杵狀，從它上面的金藏雲中降下雨水，由此形成了帶有白亮輻圍白白亮亮的圓形水輪。在它的上方，依靠上等分辨界的風形成須彌山，依靠中等分辨風形成金山，依靠下等分辨風使四大部洲以及具煤的鐵圍山得以形成。

內在的有情都是從上至下形成的，也就是說從有頂到地獄之間，分別念越來越粗，逐步產生第一個地獄有情，這期間歷經二十中劫，接著就是住劫的開端。

從所有眾生的壽量達到無量歲一直遞減到十歲之間的時期，是劫初長時，此後逐步遞增，增長到八萬歲，又再度減少到十歲之間為一個往返。這樣增減滿十八次以後又上增到無量歲，隨後又遞減一次時，人壽到了八萬歲，勝解佛出世，是轉短時期，這期間歷經了二十個中劫。從人壽八萬歲開始，即是壞劫的開端，在這個世界的地獄，沒有一個新生有情轉生到這裏，而投生到其餘世界的地獄，所有已經轉生地獄的眾生業力逐漸減輕，越來越升到上界，除了個別造無間罪、捨法罪和密宗金剛上師之間破誓言者下墮到金剛地獄以外，所有的地獄空無一物。漸漸地，所有的餓鬼和旁生也都同樣化為空無。接著便是人類，有一個人到了寂靜的地方獲得

二禪的心，於是他感慨地把「寂靜所生的喜悅和安樂願是如此這般」傳播開來。人們知道這一點便開始修行，結果得到二禪心，逐漸轉生到二禪光明天。後來四大天王、三十三天、依於虛空的四處（指欲天其餘四處）眾天人依次像人一樣得到了二禪心，全部升到二禪天，一禪天的眾天人遷移到二禪天。自此，二禪以下到地獄底層之間，沒有一個眾生是從鼻中呼吸的，以致天上滴雨不降，所有草木森林通通乾枯，空中依次升起七個太陽，須彌山四大洲連同天趣均遭火焚，形成熊熊的一大火焰，被風席捲向下蔓延，燒盡了空空如也的三惡趣，隨之遇到地獄火，首先地獄火向上焚燒劫末火，由於業力強大，勢不可擋，劫末火向下燒地獄火，焚毀了上面的所有地獄，在燒毀無間地獄的同時，那裏的一切有情在一眨眼的瞬間，就轉生到其他剎土的無間地獄中了。隨後，火舌調轉勢頭，向上直沖，燒毀了所有上層天界的空空之處，從二禪天以下空無一物，成為一堆灰塵。所有二禪天的眾天人遷移到三禪天。二禪天處形成了雲雨藏，軛木、箭矢大小的瓢潑大雨從天而降，結果前面的灰堆被水沖散，變成灰湯，三禪天的天人都獲得了四禪心而遷到四禪天。下基十字架風呼呼狂嘯向上騰越，三禪以下的灰塵似乎已被風吹散，直到變成一個空無所有的虛空，這期間歷經了二十中劫。此後處於空空蕩蕩虛空的階段，經過二十個中劫，劫的成住壞空的時間，

共同外前行

取名「八十中劫一大劫」。這以上是從修法角度來講的，對此還有其他解釋方法。

正如外在的器情世界無有常恒一樣，我們內在的這個身體也不例外，其中「身」相當於器，「識」相當於有情。從一開始由母胎中形成到降生之間屬「成」的時期；從嬰兒到患病之間是「住」的時期；從患上絕症到死亡之間屬「壞」的時期；白光水大壞滅、紅光火大壞滅、黑光風大壞滅、昏厥過去屬「空」的階段。關於外內器情一律無常的道理，以分入座和座間、觀察安住輪番的方式來觀修。想想：對臨終有利的就是善法，對臨終有害的就是罪業，如果你有害的罪業在身，那就要進行懺悔，誠如至尊米拉日巴所說「本來罪業無功德，然懺可淨為其德」。如果你不具備善法，如今就要盡可能奉行。所以，從現在開始就要對自相續的善惡加以盤算，做到心中有數。否則，到了大限將至的彌留之際，算一算善惡，發現善法了無所有，惡業無所不有，那必然會感到萬念俱灰，口中也慘兮兮地說著絕望的話，眼裏盈滿淚水，胸前布滿指甲痕，心裏充滿悲哀而步入後世的大道，所以我們必須下定決心：如今絕對修行有利臨終的正法。反反復復深深思維這些道理。

在講死期不定時，分為必死無疑、死期不定、死時一切都無濟於事三個方面，分成入座和座間來修。

首先是必死無疑，有生必然有死，我們就像太陽西

大圓滿前行備忘錄

下或者被帶到屠宰場的動物一樣，壽命在刹那刹那流逝、瞬間瞬間行進當中不知不覺就到了盡頭，現已八十高齡的老翁和昨晚剛剛新生一天的嬰兒兩人，再過一百年都同樣不復存在，爲此必死無疑這一點很容易懂。

死期不定：由於相續中沒有生起死期不定這一理念所導致，認爲我還年輕不會死，其實這種把握我們并沒有，認爲豐衣足食順緣樣樣齊全而不死的把握，我們也沒有，認爲健康無病而不死的把握，我們還是沒有。如果你有不死的把握，要麼是遍知佛陀給你授記了「唯有你不會死」，要麼是你自己具有無漏的神通而知道這時還不會死，要麼你遇到了閻羅法王，和他交上了朋友，他告訴你說「我此時還不帶你走」。否則，現在今生的命壽，就像強弩之末或者油盡之燈一樣，我們根本不知道是今天就用完還是明天方用盡，這個月的下旬或者下個月或者明天才到盡頭，所以說死期是沒有定準的。一旦壽命窮盡，就是藥師佛給靈丹妙藥，無量壽佛賜長壽灌頂，金剛手菩薩予以保護都起不到作用，而必是一死。儘管驟然性的死亡有可能避免，但就如同燈油在沒有用完之前被風吹滅一樣，依靠突如其來的外緣——四百零四種疾病、八萬魔障、三百六十陰卓鬼㉚等等，會導致突然性死亡，贍部洲人的壽命沒有固定性，不管到了什麼境地也都會死，不管是與什麼朋友相依相伴都會

共同外前行

㉚陰卓鬼：障礙善行使人遭遇不幸的魔鬼

身亡，不論居住在什麼環境中也都會命歸黃泉，不管有沒有財富都免不了一死，而我們根本不知道，壽命會不會就在今天完結，因此什麼時候死沒法確定下來。就算是壽命的引業沒有完結，可是暫時的外緣也說不准會造成死亡。我們要誠心誠意反反復復細細思量這些道理。

　　死時一切都無濟於事，命終之時，除了正法以外，衣食臥具受用、生身父母、親朋好友誰也於事無補，縱然是數以千計僧人的上師也不能帶走一僧一徒，即便是數以萬計部落的首領也不能帶走一奴一僕，哪怕是擁有南贍部洲一切財產的主人也無法帶走一針一綫，就連自己最為珍愛、精心保護的身體也必然要拋下而離開人世。到那時，躺在最後的床上，享用最後的飲食，穿著最後的衣服，談著最後的話題，被最後的親友們圍繞著，到了死亡的時刻，一切都無法推遲，再也沒有自由住留，雖然對一切親友財物依依不捨，可是他們也不能隨你而去，你只能赤身裸體、赤手空拳走向後世的大道。到那時，你為了親友等所犯下的一切罪業誰也無法替你分擔，只能獨自背負著離去。在那時，唯有罪業對你有害，除此之外哪怕是整個贍部洲的人都成為你的仇敵，他們也無法向你射一隻白光閃爍的箭。除了正法以外，縱然擁有贍部洲的財物也沒有權力帶走一針一綫，只有正法才是你的怙主、依處、洲島、友軍、光明和燈盞。因此我們必須從現在開始就修行對臨終有利的正法。

大圓滿前行備忘錄

（修行正法包括三種：）小士道行人了知三惡趣是痛苦的本性，以追求增上生人天果位的心態修行三種福德事，如此一來，儘管成就了小士道自宗對死亡有益的法，却不是成就中士道、大士道對死亡有益的法。中士道行人認識到三有三界輪迴是痛苦以後在渴求自我解脫的出離心驅使下，以想獲得解脫的意樂實修三學，如此這般雖然能成就中士道對死亡有益的法，却并非能成就大士道對死亡有益的法。大士道以利他菩提心驅使，由經遠道因相乘或者近道金剛乘、捷徑光明大圓滿其中任何一條道修成對死亡有益的法，那麼真正成就了大士道自宗對死亡有益的清淨法。尤其是，如果通過光明大圓滿道修成對死亡有益的清淨法，那麼就要以「寧死也要修行了脫生死、達到無死本來堅地的法要」和「不捨此誓言」這兩個誓願鐵鈎鈎住。修行時分爲入座和座間，在入座的正行中，觀察、安住輪番交替來修。根本的理念㉛，就是在後得階段（指座間）觀修。

儘管無常的死亡會到來，但如果死後就像火滅、水乾一樣一了百了那倒也罷，可事實上，死亡以後并不會化爲烏有，而必須要受生。命終之後除了這個輪迴以外別無去處，爲此必須要思維輪迴的過患。輪迴就是三界，它的過患即是三苦。縱然獲得了具足如此十八暇滿

共同外前行

㉛根本的理念：指根第一個誓言「寧死也要修行了脫生死、達到無死本來堅地的法要」。

138

的珍寶人身，也終將走向無常的死亡。實際上，今世生老病死的痛苦正追趕著我們，中陰的痛苦在迎接著我們，後世的痛苦接踵而至。當神識到了中陰，從昏厥中蘇醒過來，開始并不知道自己真正已死，當發現自己的親友們在嚎啕大哭，便對他們說「我沒有死，我還在這兒」，但他們却視而不見、充耳不聞。於是心想：我現在到底是不是真的死了。接著觀察太陽下有沒有影子、沙了裏有沒有脚印、水裏有沒有影像，結果以上這些一無所有，由此認爲我一定是死了。隨後，感到十分害怕，以此爲緣而出現四大恐怖聲音和令人毛骨悚然的三險地。四大恐怖聲是指，如同整個大地同時震動般的聲音、如同三千大千世界被烈火燃燒的聲音、如同三千大千世界被狂風猛吹的聲音、如同三千大千世界被洪水衝擊的聲音。三險地，當黑沉沉的時候，出現貪心自相，無論看哪裏都是紅彤彤一片；嗔心的自相，無論看哪裏都是白茫茫一片；痴心的自相，無論看哪裏都是黑乎乎一片，當顯現此情此景時，對於業力清淨者來說，就會呈現出勇士、空行相迎而直趨上方的景象，造無間罪者，會浮現出密宗所說的業卒、顯宗所講的成群閻羅卒的情景而徑直下墮。除此之外的亡者，在中陰停留七七四十九天，或者三七、四七等等沒有限期。如果在中陰停留七七四十九天，那麼前一半時間見到的儼然是前世的身體，後一半時間所見的似乎是後世的身體。假

大圓滿前行備忘錄

設轉生到地獄和餓鬼界，那就會感覺好像大頭朝下在行走；倘若投生爲畜類，那就覺得頭上有角、橫著行走；如果轉生爲天人和人類，會感到頭朝上在走，身體沐浴在日月光輝中。如此中陰痛苦作爲銜接，隨之便是後世痛苦的起點。在其他引導法中先講業因果引導，然而在這裏按照如來最初宣講四諦法時說「當知痛苦」，先當知苦諦──輪迴過患，然後再講當斷集諦──業因果的引導，接下來相續依於正道，是用思維解脫功德利益和依止善知識兩個引導作爲道的連接紐帶，再從皈依到上師瑜伽之間。當現前滅諦，就是傳授光明大圓滿正行引導──懈怠者無勤解脫的本來清淨直斷引導和精進者有勤解脫的任運自成頓超引導。

三　輪迴過患

輪迴過患分爲總體過患和具體過患兩個部分。其中總體過患歸納爲流轉於什麼地方、流轉爲什麼眾生、在什麼時間流轉、以什麼形式流轉、以什麼因流轉、以實例說明流轉六個方面，通過觀察、安住輪番的方式來修。所有世間俗人都是以快樂開幕，以痛苦告終。所有修行人都是以痛苦開頭，以快樂結尾。所以，只需要總體思維這樣的輪迴痛苦。然而，如果依此沒有生起厭離

心，就要進入具體思維六道各自痛苦的階段。觀想所有地獄三十八層鐵室的情景，這以上是修法。

　　一般來說，地獄的住處、痛苦的分門別類不可思議，這一點要按照《正法念處經》中所說去瞭解。有關輪迴過患和業因果中的這些內容，需要再三參看《百業經》、《賢愚經》、《正法念處經》、《富樓那傳》來了悟。在思維千差萬別痛苦的時候，不要像外面有一個人正被千刀萬剮去看看熱鬧一樣，而務必要觀想自己身臨其境，真正投生到那裏真正在遭受痛苦。

　　觀想的內容，第一是住所，第二是身體，第三是痛苦，第四是壽命，就依照觀修閑暇時那樣來觀修。當這樣靜心思維時，心裏覺得悲悲凄凄，萬分傷感，那就是厭離心。生起了想從中解脫的心，那就是出離心。出離包括出離的果和出離的意樂，這裏是指出離的意樂。轉生到地獄的因，雖然總體來說是三毒引發的上品十不善業，但主要是嗔心驅使的殺生等業。自相續從無始時以來積累下數不清的這樣的業。對此，具足四種對治力進行懺悔、立誓從今以後哪怕是肉被揪成一塊塊而死，也絕不造這樣的嗔業。對於轉生在地獄的一切有情，要了知是母、念其恩德，萌生想要報恩的心念，但願他們遠離苦因及苦果。第二是發願，如果他們遠離苦因及苦果，那該多好！第三是立誓，我一定要使他們遠離苦因及苦果。第四是祈禱，誠心誠意祈禱遠離苦因及苦果無

大圓滿前行備忘錄

欺皈依處的三寶，我的老母有情正住在地獄就在當下、迅速、在這個住處、在這坐墊上解脫，猛勵祈禱三寶，念誦「奇哉三寶大悲尊……上師如來衆生怙，精進救護衆生事……」以及「勇士你具大悲力……」，遵照全知無垢光父子的觀點而言，要間接對作意自私自利深惡痛絕。

關於六道其餘的痛苦，也要通過細緻入微地思維住所、身體、痛苦、壽量等而生起厭離心、出離心，懺悔、發誓、知母、念恩等觀修方法，在所有引導中都是相同的。

四 業因果

「當斷集諦」指的就是這裏的因果引導。三有六道的處所各不相同，身體各不相同，苦樂各不相同，壽量各不相同，諸如此類一切的一切都是由業因果所導致的，我等大師世尊的見解法印（緣起咒）是「誒達瑪」，它的開頭加上表示吉祥的「嗡」，結尾加「索哈」，首尾的這兩個詞其實是諸位班智達考慮開光和祝願吉祥才放上的。這一緣起咒翻譯過來，就是「諸法由因生，彼因如來說㉜，彼法因緣盡，是大沙門說」。開

㉜另譯「諸法從緣起，如來說是因。

頭的「諸法」是多數詞，這樣的多法到底是指什麼呢？就是所知——輪迴、涅槃和道位所囊括的一切法。按照內道佛教的觀點，因和業所生、緣起的一切法，即「諸法由因生」。對此，外道承認非因生或者無因生的邪見有三百六十種。所有這些邪見歸納起來包括在論議五派當中，再進一步概括，就攝集於常見、斷見二派之中。其中斷見派認爲：佛教和常見派的觀點都是錯誤的，萬法是由本性而生。就拿現在這個身體來說，它就像空中出現的彩虹或者草地裏長的蘑菇一樣，身體好似雪，心宛若狼的腳印，當雪融化的時候，狼的腳印也就不復存在了。單單是今生今世一次顯現，而前後世、解脫通通不存在，人在死時，身體消失在四大種界中，心也隨之消失在四大當中。《黑自在書》中說：「猶如日出水下流，豆圓荊棘長而利，孔雀翎艷諸苦樂，誰亦未造自性生。」

常見派認爲佛教的觀點是錯的，他們承許，儘管前後世是存在的，但并不是由因果中産生，而是另外的一個作者造的，是誰造的呢？是永恒常存、獨一無二、自由自在的大自在天創造的。如果用小孩和黃牛的肉供奉他，自在天就會歡悅，於是賜給世間安樂，如果自在天不悅，就會給世間帶來不安。所以，苦樂是另外者造作的。或者，（數論派承認）所謂的「主物」，痛苦、快樂、不苦不樂或貪嗔痴三者平衡，就取名爲主物，從虛

大圓滿前行備忘錄

空中幻現出塵埃，內在明知的士夫恆常受用它，最終神識瞭解到這是主物所幻現的時候，爲此主物羞愧難當地逃走，主物的一切現象全都隱沒於主物的範圍，當士夫離開了現象之際就獲得了解脫。他們認爲，在解脫時，心裏有一個不可思議、拇指大小的常我。他們聲稱：這個身體就像罐子一樣，心猶如小鳥，一旦身體毀滅時，那個心識在擁有自由的同時可以隨意行去。

內道佛教認爲：常見派、斷見派的主張都是錯謬的，輪迴、涅槃、道所包括的一切法都是由因所生，關於怎麼由因所生的道理，梵天等天人及魔王波旬不瞭解，影堅王、未生怨王、夏爾巴王等世間的尊主不知道，外道六本師等也不知曉，內道佛子補處彌勒怙主和文殊菩薩也只是隨從佛陀的經教宣講，除此之外也沒有能够充分洞悉，他們的智慧是有限度的，因爲他們還沒有斷除習氣障。龍樹、無著等二勝六莊嚴等也不通曉，弟子聲聞緣覺不知曉，甚至對他們自己的聖道，也只有隨從佛陀的經教才能了知，聲聞有四種不知因：一是地點隱蔽而不知，二是時間久遠而不知，三是因果無窮而不知，四是佛法甚多而不知。

「彼因如來說」，既然輪迴涅槃是由因中產生，它的因是如來所說，（那麼如來爲什麼了知呢？因爲如來是具有如所有智和盡所有智的遍知。）如來通達了萬法的實相——勝義諦法界真實際無過的法性、修行臻至究

竟并無餘現前，如理如實洞曉一切法的實相勝義諦，這是如所有智；由於證悟其空性，對於所知輪迴、涅槃和道所包含的諸法，如同鏡中映出影像或庵摩羅果放在掌中一樣同時了知，這是盡所有智。

佛陀是遍知，從了知一切所知和了知殊勝必要兩方面來說明。首先講了知一切所知，昔日，提婆達多對城市的所有糧食和陽山陰山的所有草木林苑焚爲灰塵以及吉祥草蘸海水的順序，毫不知曉，而這一切佛陀一清二楚。如云：「孔雀斑斕之翎羽，因之分類各相異，知彼即是遍知者，非遍知智不了知。」講述佛陀了知一切所知，只是爲了所化衆生生起信心，除此之外沒有大的必要。

（最關鍵的是，）佛陀了知殊勝必要：也就是指佛陀徹知輪迴、涅槃的因果，具體來說，佛陀如理如實了知輪迴的因——集諦、輪迴的果——苦諦、涅槃的因——道諦、涅槃的果——滅諦這四諦的取捨。

「諸法因緣盡」，關於因滅的道理，外道認爲因不滅而果滅，例如，不去制止服毒的因，而去阻止它的果——疾病。但實際上，這樣是無法滅果的，所以必須要滅因，比如說，如果不曾服毒就不會生病，來世以後的因——業和煩惱的集諦需要滅盡（，這樣一來，就不會感受苦諦）。

滅因的方式，有小士道、中士道、大士道三種，起

大圓滿前行備忘錄

始要想修成三菩提解脫道，就必須得到一個殊勝身份，小士道行人認識到三惡趣是痛苦的自性，懷著想從中解脫的心態去追求人天善趣果位，進而斷十不善行十善，在此基礎上修四禪四無色定的不動業，由此獲得人天善趣的果報，他們只有依靠善業來滅不善業，否則無法滅盡煩惱。中士道和大士道的行人需要對三有六趣心生厭惡，從而斷除輪迴的因果、取受涅槃的因果。

波斯匿王之女（請問佛所出現的）《吉祥鬘獅子吼請問經》中講了有行、無行的兩種四諦。

其一是有行的四諦：中士道的行人雖然認知一切輪迴皆是痛苦，但在聲聞緣覺位，却不知曉非染污性的無明、俱生和遍計中的俱生無明、意性身、無漏業、不可思議的死歿等細微的緣起痛苦，因此「當知苦諦」是有行的。斷集諦方面，聲聞緣覺位，雖然斷除了業和煩惱，却沒有斷除所知障，為此「當斷集諦」也是有行的。修行道諦方面，儘管他們證悟了人無我，消除整體法我執而證悟了部分法無我，可是仍然沒有了悟到三大的見解，因而「當修道諦」也是有行的。果位方面，即使他們證得了阿羅漢果位，可是還需要依靠佛陀的光芒從滅盡定中起定，方可修成佛果，所以「現前滅諦」也是有行的。他們在認識到輪迴六趣是痛苦的本性，進而勾起渴求自我解脫的心念，并且瞭解到，能產生輪迴的是集諦——業和煩惱，煩惱的根本就是這個我執，它的

146

對治法就是證悟無我的智慧。一開始相續中不具備智慧，爲此在出離心驅使下，邁入別解脫（共同乘）之門，以清規戒律守護相續，在此基礎上，修行四禪四無色定，再進一步增長智慧。他們觀察所謂的「人我」到底居於何處，與五蘊是一體還是他體，通過不存在一體和他體的方式加以修行，依此現量見到無我，證得預流果，相當於見道，一來果、不來果是修道。業的根本是煩惱，煩惱的根本是我執，一旦證悟了無我，那就像殺了魔術師，他所幻變的東西自然消失一樣，能産生我執的業和煩惱就會去除，進而獲得有餘無餘阿羅漢果位，也就是無學道。

大士道行人對整個輪迴和聲聞緣覺寂滅邊心生厭離，除此之外沒有其他當知的痛苦，因此「當知痛苦」是無行的。當斷的集諦也就是業、煩惱、所知及習氣，除此之外再沒有所斷集諦，爲此「當斷集諦」也是無行的。道諦方面，證悟萬法實相勝義諦二無我的自性，因而「當修道諦」也是無行的。果位方面，就是獲得了佛陀法身，除此之外別無其他所得，所以「當現前的滅諦」也是無行的。

大士道行人對輪迴、寂滅心生厭離，在大出離心驅使下，以遠道因相乘等顯宗密宗的戒律護持相續（，即是戒）；修行四禪四無色定和密宗的生起次第、圓滿次第，即是定；在此基礎上，證悟三大的見解，即是慧。

大圓滿前行備忘錄

憑藉聲聞緣覺至阿努約嘎，以分別念調伏分別念。依靠阿底約嘎護持離戲本來清淨唯一的見解本來面目，從而使好壞的一切分別念解脫於大智慧界中，自此無餘摧毀煩惱障、所知障及習氣障獲得佛陀法身。由法身中，依靠不滅顯現報身和化身——色身來利益有情。

這樣的四諦道理，就是我等大師圓滿正等覺出有壞、無與倫比的釋迦獅子釋迦牟尼佛所宣說，這些是佛教的總綱。接著是所取修法，分為所斷不善業、所行善業和一切業的自性三個方面來講。

第一、所斷不善業包括宣說所斷不善業和宣說果。

儘管不善業無邊無際，但從積業的側面歸納，就是身三不善等十不善業。不善業的引發者是三毒，《中觀寶鬘論》中說：「貪嗔痴及彼，所生即不善。」三毒是本性不善，它引生的業叫做相應不善。按照理論的講法，不善業是由煩惱引發的心和心所；依照竅訣的觀點而言，不善業是由煩惱引發的分別意念。在萌生煩惱時，必然要依靠對境而起，依靠悅意的對境生起貪心，依靠不悅意的對境生起嗔心，依靠中等的對境生起痴心。

不善業的果有四種（，即異熟果、等流果、增上果和士用果）。

第二、所行善業，儘管所行的善業無邊無際，但從積業的側面歸納，就是身三善等十善業。善業的引發

共同外前行

148

者，即是（《中觀寶鬘論》中所說的：）「無有貪嗔痴，及彼生業善。」想到萬萬不可造十不善業，從此以後縱然遇到生命危難也不造十不善業，這種心念就是斷十不善戒，特殊的十善是指戒殺後救護生命等等。

善業的果報有四種（，即異熟果、等流果、增上果和士用果）。

在觀修這樣的不善業、善業時，必須要結合因果來思維。

第三、宣說一切業的自性，經中說：「眾生之諸業，百劫不毀滅，因緣聚合時，其果定成熟。」業包括白業、黑業、黑白雜業三種，白業是指自始至終意樂和行為都是善，它的果報，轉生到天界、人間成為具大富享大樂者。黑業，是指心念和行為都是不善的業，由此轉生到具大痛苦的三惡趣。黑白雜業包括三種，一是心念是善、行為是惡的業，例如大悲商主殺了持短矛的俗人。假設沒有私心雜念的牽涉，對菩薩來說，身體和語言的七不善業有開許的時候。二是心念是惡、行為是善的業，諸如，在發心時，由渴求謀取今世利益的心態驅使，行為上奉行善業。三是心、行相雜的業，也就是時而心念和行為都善、時而心念和行為都惡的業。它的果報，轉生為四大部洲的人和零散而居的天人。

未造不會值遇，已造不會虛耗，業不會跟隨著財物，只會跟隨積業者。這樣的業不成熟在地大上，不成

大圓滿前行備忘錄

熟在石頭上，唯一成熟在心相續所攝的蘊上。業成熟的方式有順現法受業（即現世現報）、順次生受業和順後受業三種。順現法受業包括善惡兩種，有關惡的果報，諸如尼洪國家被埋到地底；善的報應，諸如波斯匿王之女金剛的公案。順次生受業，是指無間業。順後受業，是指殺人殺馬等的罪惡。

　　業不腐、不朽、不乾、不耗。耗盡罪業的方式，要麼感受報應而使其窮盡，要麼通過具足包括菩提心在內的四種對治力懺悔罪業，這樣一來，罪業會越來越減輕，就像依靠太陽能使雪減薄。如果菩薩相續中生起了菩提心，那麼即使沒有懺悔，罪業也會自然清淨，就像太陽驅散黑暗一樣。滅盡善業，也有善根滅盡的四種因。關於積業的基礎，中觀宗認爲不存在積業的基礎，他們說：在積業時滅爲空性，後來受報時，是在空性中顯現緣起而受報的；唯識宗認爲積業的基礎是阿賴耶；密宗承認，不清淨的風心在不清淨時，以六道的六個種子存在，作爲沾染業的基礎。

　　受報者，上至佛陀不會逾越，下至眾生不會逾越，佛菩薩、弟子、持明眾等都必然受業報。

　　有關造業輕重的情況，取決於三種發心，恒常的發心、貪執的發心、無對治的發心。這三種發心在善業惡業兩方面都是一樣的。功德的對境包括福田、恩田和悲田，其中依靠三寶福田，行十善業和十不善業，功過更

共同外前行

大。特別是在金剛乘中，上師是三寶總集的本體，所以依靠上師積善造罪，功過尤其顯著。對於父母等恩田，對自己有恩有惠者，進行饒益和加害，功德和罪過更大。再者，依靠病人和苦難者等悲田行善作惡，功過更重。

感受業報時間前後的順序，如云：「業果何者重，何近何串習，何者先造作，首當成熟果。」

如果有人問：這樣的善惡業的果報哪個要先感受呢？善業惡業哪個果報嚴重，就先感受那個，如果輕重程度相等，那麼哪個靠近臨終結生，要哪個先感受。如果距離臨終結生遠近也相同，那麼以往串習力大的那個業要先感受。假設串習力方面也一模一樣，那按照造業的順序，哪個在前哪個先成熟。有關這些道理，我們一定要明確。

十善業有行三有的業和行寂滅的業兩種，到底變成其中哪一種，要觀察自相續，如果發心是追求增上生的意樂，奉行十善、修行四禪四無色定，結果獲得善趣，就是行輪迴的業。如果爲了自我從三有六道處解脫出來追求解脫果位并奉行十善，那顯然是中士道行寂滅的業，它是單一的方便，必須要以智慧攝持。如果大士道行人追求遍知果位，奉行十善，就是大士道行寂滅的業。我們必須具足三殊勝來實地修行。

這所有的業是緣起，觀待作爲因的善業惡業，相應

出現樂果苦果，是依緣而起。正如龍樹菩薩所說：「非緣起之法，始終皆無有。」舉個例子來說，如果春天沒有播下種子，那麼不可能產生秋天的果實，因此依靠春天的青稞種子會相應產生青稞果實。同樣的道理，如果沒有作為因的邪見、嗔心等，就不會有痛苦的報應，為此依靠邪見、嗔恨等因相應產生果。如果沒有奉行十善之因，顯然不會得到增上生人天的果；倘若奉行十善的因，就會得到增上生人天的果，這是一種緣起規律。同樣，作為因的三菩提道和三菩提果之間是緣起關係。

倘若對獲得這一切有實執，那麼成實的法不能起到緣起的作用。（《中論》中云：）「非空性之法，始終皆無有。」作為因的青稞，如果是自本體成立、自法相成立的一個成實的法，那麼就不能起到長出秋天莊稼的作用，然而正由於青稞的因并不是成實的，自本體并不成立，因此才能起到結出果實的作用。如云：「以有空義故，一切法得成。」作為因的青稞滅亡以後，長出綠芽的果，綠芽逐漸長成禾苗等。不單單是因，而且秋天的果實，如果是本體成立、自相成立的一個成實的法，那就無需觀待因，而果是獨立自主的法。倘若如此，就將遠離一切毀壞，由此便不能充當能生所生的因果。同理，如果邪見、嗔心等是本體成立、自相成立的一個成實的法，那麼就有邪見等一開始就必然是恒常獨立的法、不觀待對境，不被其他分別念中斷、不能產生苦果

這一系列的過失。其實并不是這樣的，它是現而無有自性的，在觀察勝義的理證面前，邪見等不善業自體性無生，所以說「業即是空」。由不是一切的空性妙力中呈現出緣起不滅的自性，這就叫「空即是業」。由於空性緣起不可分割、無二無別，因此是以顯現遣除有邊、以空性遣除無邊的現而無自性，猶如水中月一般，也就是「業不異空、空不異業」。我們應該以這四種空性雙運的道理加以探究。作為因的信心等三菩提道如果是自本體成立、自法相成立的一個成實的法，那就無需觀待對境，也不會被他法中斷，也不能起到產生菩提果的作用。如果三菩提果是自本體成立、自法相成立的一個成實的法，那麼修行因不能生出果。

大圓滿前行備忘錄

遣除二邊的道理，由於因沒有遷移到果上，并且是無生，因此遠離常邊，依靠先前過去的因，使它的果不泯滅，由此遠離斷邊，從而建立起萬法皆空、空性緣起、空性緣起不可分割。那麼，究竟是誰積累這所有業的呢？佛陀的經藏中說：「是由分別念中生而非由無分別中生。」《菩提心釋》中云：「俗惑由業生，業即由心生，心以習氣積，離習則安樂，樂心寂滅性。」《楞伽經》中說：「取受之識深又細，一切種子如河流，如若思我則非理，我於凡夫未宣此。」偉大的全知無垢光尊者說：「行於有寂……」

這樣的四諦是一種緣起，那它是由什麼產生的呢？

它是由勝義諦中產生的。是怎樣產生的呢？法性本體本來清淨的真諦中產生出世俗無欺因果的一切法，就像空中起雲、水中起浪、太陽發光一樣，就這樣起現世俗的萬法。它們之間只是無則不生的因果，而不是真正所生能生的因果。如果認識到這樣的世俗和勝義無二無別，就會通曉智慧的見解，對迷亂者來說有因果取捨，從而必然能做到取捨因果。鄔金蓮花生大士說：「見解縱比虛空高，取捨因果較粉細。」依靠取捨因果的方便行為，以二資雙運或二諦雙運方能獲得二身雙運的果位。

作為初學者務必要明確，勝義中不存在并不代表沒有，因此必須取捨善惡。取捨的方式，具足正知正念不放逸，首先不忘失取捨道理的正念猶如門，觀察身語意三門的正知好似哨兵，謹慎取捨之處的不放逸就像新媳婦一樣，我們應該以這三個監護者審視自己三門的行為，尤其是這顆心，到底是善、不善還是無記的分別念，如果生起不善的念頭，必須做到「豬鼻用杵撞擊，絨火指尖掐滅，妄念立即鏟除」。

這以上業因果已講解完畢。

五　解脫利益

對整個輪迴心生厭惡之後必然要尋找出路，為此一

定要思維解脫的功德。依靠四種厭世心對所有輪迴生起厭離，接著就思考解脫的利益。以往我一直把輪迴看作安樂之處，沒有發現它是痛苦的，現在想到輪迴的過患，就要深思解脫的功德利益，念念想到三菩提果位寂靜、清涼、殊妙的斷證功德。如果要作選擇，我必然選擇修成遍知的果位，通過思維暇滿難得等等來憶念它難得的功德利益，再思索從皈依等一直到正行的所有功德。成就三菩提的解脫果位，歸集在三士道次第中，因此務必要憶念三士道次第。要修三菩提解脫之道，就必須獲得一個身體。實修小士道次第，依靠的乘是世間乘，發心是求增上生的發心，善根是隨福德分或成辦三有的業，見解是世間正見，這所有善根歸納而言，是既沒有以出離心攝持，也沒有以空性見攝持，又沒有以菩提心攝持的善根，這樣的善根，無論行持多少，都是小士道的善根，如果修世間正見，得到的就是人天果報。

那麼，中士道的次第是怎樣的呢？所依靠的乘是佛教之一的出世間乘，發心是自私自利的發心，善根是小乘隨解脫分善根，教法是三藏，證法是三學，律藏的教義——戒律的學處等屬戒學，經藏的教義——修不淨觀等屬定學，論藏的教義——觀察所謂人我住於何處，觀察與五蘊六界等是一體還是他體，結果證悟人無我，證悟粗大法我不存在，這是慧學。中士道行人在漫長的三世、千年等的時間裏修行，最終獲得有餘、無餘阿羅漢

果位。緣覺，除了見解稍有不同之外，其餘都與聲聞相同。總之，他們無論行持多少以出離心攝持、以相似空性的證悟攝持而沒有以菩提心攝持的善根，也都是小乘隨解脫分的善根。

關於大士道次第，「欲知前世因，今生受者是」，依靠前世修行廣大善根才獲得了現今的這個身體。「欲知後世果，今生作者是」，所以說，來世轉生到何處完全取決於自己，如果增上生和聲聞緣覺的所有道，自己一概不修，那要修什麼道呢？一定要步入大士道而獲得佛果。要想修行大士道，先決條件是邁入大士道。大士道行人依靠的乘是佛教中的大乘，發心是菩提心，善根是大乘隨解脫分的善根，也就是指遠道的二資糧、近道的生起次第圓滿次第、捷徑的本來清淨直斷和任運自成頓超，見解是三大的見解，證悟如此三大的見解，修行達到究竟時，獲得顯宗所說的佛果，密宗裏講的雙運金剛持果位。總之，以出離心攝持、以證悟二無我的智慧攝持、以菩提心攝持的善根，不管行持多少，都是大乘隨解脫分的善根。對此要我作選擇，我必然要修遠道近道捷徑中的捷徑——光明大圓滿。依靠遠道因相乘，歷經三大阿僧祇劫等時間，浩瀚如海的圓滿、成熟、清淨臻至究竟，到那時就如《普賢行願品》中所說，成熟如海有情、修行如海剎土、供養如海佛陀，從未令其心生厭煩，而一直令其歡喜，在沒有圓滿如海二資糧之前，

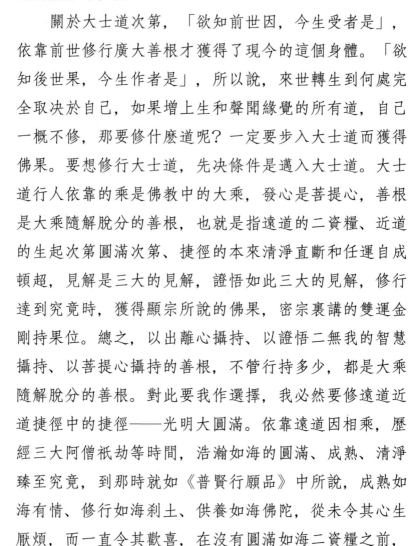

就不能證得佛果。近道金剛乘，借助能成熟的灌頂，首先依靠事續等三部中共同五部的灌頂使相續得以成熟之後，以自道的清淨誓言守護相續，修行有相無相瑜伽，在三世或五世或七世成就佛果。瑪哈、阿努是依靠能成熟的灌頂入門，以清淨誓言守護相續，修行方便生起次第和智慧圓滿次第，在一生一世成就金剛持果位。光明大圓滿宗派，獲得有戲無戲等灌頂，以清淨誓言守護相續，實修本來清淨直斷和任運自成頓超道，結果在數年數月成就大虹身。因此，我一定要實修遠道、近道、捷徑中的捷徑。

大圓滿前行備忘錄

六　依止善知識

我們要解脫，就必然尋覓指示解脫道的士夫，天人、惡魔、世間君主、梵天都不會為我們指路，慈愛自己的父母、親朋好友等也不會為我們指出正道。那麼到底誰能指引這樣的道呢？只有上師善知識才能為我指引出解脫之道。善知識是利益我們的人，所以必須要依止善知識和善友。如果沒有依止善知識和善友，我們不會懂得修行解脫與遍知的果位。一切佛經、續部、論典中從來沒有提過不依止善知識和善友而依靠自我造就及有膽有識就得以解脫和成就佛果的歷史。我們慎重觀察一

下，不依止上師和善友，自己會不會修成解脫道。通過這般觀察自會發現，自己絕不會修行成就。爲此，務必要依止一位上師善知識。

當然，隨隨便便遇到的人也起不到什麼利益的作用，顛倒宣說見解和行爲的人，假設把他作爲上師來依止，那純屬是魔知識，如果把他作爲友伴來依止，實際上那是魔友。要尋找一位具備法相的合格善知識，首先需要觀察上師，如果身在遠方，就通過打聽去瞭解；倘若居於近處，那就親自去見、親眼目睹來了知真實情況。另外，還可以依靠打卦、看圓光等等方法加以觀察。尤其要以正法來觀察，作爲聲聞、緣覺的善知識或者親教師，需要得受具足二十個五種法的別解脫戒，出家十年，如果他在這期間具備戒律無有破損等條件，那就證明是一位具足穩重、才智、人格功德的上師。作爲菩薩乘的善知識，要具備寂靜調柔等十種功德。而身爲金剛乘的善知識或上師，一定要具備各自續部所說的功德。特別是宣講密宗瑪哈約嘎、阿努約嘎的上師，務必具足通達三藏、圓滿灌頂等八種功德。尤其是宣講更高一層竅訣的上師，除了大圓滿自道下面的四灌頂之外還要以得受有戲無戲等四灌頂成熟相續，依靠有守護次第的誓言——上師身語意包括的二十七種根本誓言、二十五種支分誓言和無守護的頓悟誓言——本來清淨的無有、平等及任運自成的唯一、任運所有清淨誓言守護

相續，現量見到能解脫的教授——本來清淨直斷和任運自成頓超的法性。對於道——四相（即法性現量相等四相），有不同程度的理解、體驗和證悟。對於弟子，不分賢劣一并攝受。具足傳承加持，金綫般的傳承沒有被破誓言的銹所玷污。前代的傳承加持也就是以滿瓶傾泄的方式耳耳相傳的加持，這一點必須要具備。經過一番詳察細觀，看看上師究竟是否具備以上所有功德。特別要觀察上師的一點，唯獨就是看上師具不具備菩提心，如果他具備菩提心，那就能使凡是結緣者都受益，結善緣者即生得以成佛，即便是結惡緣者，也不會再流轉輪迴。在觀察菩提心的基礎上，還要洞察上師在三大見解方面是不是具備理解、體驗和證悟的境界。

　　依止上師，要以三喜承侍的方式進行依止。在依師期間，著重的不是修行，而主要是聞思。

　　最後，在修學意行的時候，自相續要得到上師修行的境界，沒有得到上師的密意而只是在行爲上學，顯然就成了詐現威儀，因此我們一定要得受上師密意以後再學其行爲。

大圓滿前行備忘錄

共同外前行

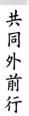

不共內前行

不共前行實際上是四攝中的利行。

不共前行分爲六個部分，第一是一切道的基石——皈依引導，「一切道」是多數詞，它是指什麼呢？是指顯宗密宗的一切道。顯宗和密宗的一切道首先都必須皈依。如云：「雖衆皆可受戒律，然未皈依不可得。」儘管在所有外道中也都有受一分戒的情況，可是沒有皈依，就不具備真正的善戒，因此相續中要修行道諦證悟無我的智慧，必須具備它的基礎禪定，正如（《入行論》中）所說：「有止諸勝觀，能滅諸煩惱，知已先求止，止由離貪成。」禪定的基礎是戒律，因此必須守護清規戒律。受戒之先，如果沒有皈依，就無法得到戒體。

皈依的含義，自他由於畏懼輪迴的痛苦，進而承諾發誓將殊勝的對境作爲依怙。打個比方來說，一個小孩被狗追趕，他會到大人面前求得庇護。尤其大乘行人是因爲畏懼有寂二邊而皈依的。

起初開啓一切道之門的是皈依，開啓皈依之門的是信心。信心分爲四種，一是清淨信，這種信心不需了知理由，就對代表佛的佛像、代表法的經書、代表僧的持四尺紅黃法衣的補丁在內者生起虔誠的心。二是欲樂信，知曉輪迴的過患、憶念解脫的功德以後想要獲得解

大圓滿前行備忘錄

脫的心態。三是誠摯信，對業因果虔誠信受。四是解信，不管是對佛的解信、對法的解信還是對僧的解信，都必須清楚地知道其原因，換句話說，就是需要對「無上本師即佛寶……」三寶的功德有所瞭解，明曉三寶尤其是上師不欺惑這一點後誠信不疑。懷著真誠的信心而皈依者，就叫三皈居士，也就是前文中《皈依七十頌》所說「雖衆皆可受戒律，然未皈依不可得」的意義。一開始沒有皈依之前，就不存在以戒守護相續的情況，如果沒有受戒，也就談不上守戒，倘若沒有守戒，就無法修行一切道法。假設以四種信心中的誠摯信或者不退轉信爲基礎，從自身而言具足信心，那麼對境沒有好壞之分，就像老婦女依靠狗牙而成佛的事例一樣。

一　皈依

　　皈依的分類，包括三士道的三種皈依。其中小士道的意樂，是爲了自己從三惡趣中得以解脫獲得人天善趣果位而皈依。皈依的時間，暫時是有生之年，究竟在沒有獲得人天果報之前。皈依的對境是佛寶的色身、正法的經函和僧衆，僧衆不需要是聖者，只要是具戒的凡夫僧衆即可，這種皈依無需十分清楚理由。這樣的小士道有內與外兩種，它們之間的差別，內教的小士道者將三

寶執爲皈依處；外教的小士道者不把三寶當作皈依處。

中士道是指聲聞、緣覺。他們的皈依需要了知理由，皈依的意樂，是認識到三有六道爲痛苦的自性，希求自我解脫的心態。皈依的時間，暫時是有生之年，究竟是在沒有證得阿羅漢果之前。皈依的對境，是佛法僧三寶。他們只承認佛陀也是聲聞緣覺阿羅漢，而不承認佛陀是斷證究竟不住二邊的涅槃。他們認爲佛陀的遍知智慧、相好功德莊嚴超勝聲聞緣覺是來源於在三大阿僧祇劫積累資糧和誕生於轉輪王種姓的力量。佛陀的身體并不是皈依的對境，因爲它是異熟蘊苦諦不淨的自性，是父親淨飯王、母親摩耶夫人的種子所生，爲此要皈依佛陀的智慧滅諦。法寶是小乘的三藏和三學。證法教法中的證法——道諦和滅諦中的滅諦才是皈依的對境，所謂的大乘并不存在，佛陀也沒有宣說過。僧眾，有凡夫僧眾和聖者僧眾，聖者僧眾是預流、一來、不來的聖僧，他們的身體是異熟蘊苦諦不淨的自性，因此需要皈依他們的智慧——滅諦。佛陀是阿羅漢，所以本師是佛寶。

關於小乘的皈依方法，正如下文所說是以佛爲本師、法爲道、僧爲助伴的方式皈依。

大士道皈依的意樂，不是爲了自我利益，而是爲了利他證得佛果，也就是加行發心殊勝。皈依的時間，是從即日起直至沒有證得菩提果之間。

大圓滿前行備忘錄

如果有人想：獲得菩提之時還需要皈依嗎？到那時，本身具備十力、十自在，因此自身遠離一切畏懼，具足救度他者的力量，所以成佛時不需要皈依。

　　皈依的對境，是具四身五智的佛、大乘教法證法以及一地至十地末際之間的住地菩薩僧衆，共同外皈依境是這三寶；不共內皈依境，是加持根本的上師、悉地根本的本尊、事業根本的空行；尤其是殊勝方便金剛乘的皈依境，是處所的脉、動搖的風、莊嚴的菩提心；究竟無欺實相金剛乘的皈依境是「真實善逝三寶三根本，風脉明點自性菩提心，體性自性大悲壇城中，乃至菩提果間永皈依」。

　　法和僧是暫時的皈依境，究竟唯一的皈依境就是三寶總集、獨一無二的佛寶。彌勒菩薩（在《寶性論》中）說：「斷故欺惑故，無故有畏故，二法及僧衆，非永皈依境。」教法，需要證悟其意義，因爲在原原本本了悟意義時，詞句也就無有必要，就像已經渡過了河就不再需要船隻一樣，這是「斷故」。證法，在獲得上上道的時候，前面的道是所捨的無常法，這是「欺惑故」。「無故」，是指聲聞緣覺聖者不具備菩薩聖者的功德，聖者菩薩不具備佛陀的功德，所有凡夫菩薩仍然懷著惡趣的畏懼，故而不是永久的皈依境。究竟的皈依處只有佛陀，他是三寶的本性，如云：「能仁法身故，僧亦彼究竟。」其中的「能仁」是指本師佛寶，「法

不共內前行

164

身」是指證法身以及教法身兩種，與佛心相續功德的法不可分割者，即是僧衆，實際上究竟的皈依處只

是唯一的佛陀。關於三根本和風脉明點在下文有闡述。這裏講的本體自性大悲是大圓滿的皈依境，所依是風脉明點，能依是自性菩提心光明智慧，如果歸爲一種，即是顯宗裏說的如來藏、密宗講的自然智慧唯一明點。倘若分爲兩類，則是本來清淨大空智慧和任運自成顯現智慧。如果分成三類，即是本體空性智慧、自性光明智慧、大悲周遍智慧。大悲周遍智慧，又包括外明大悲與內明大悲，內明大悲現空無別的本性，是（本體、自性、大悲）三者無二無別。皈依的時間：依照因相乘而言，在沒有安住在外菩提果菩提樹下之前，在沒有現前內菩提果覺性如來藏之前皈依。或者按照密宗的講法，在沒有蘇醒本尊本體之前皈依。大士道具足以上三種特點的皈依，包括因皈依和果皈依兩種，因皈依分爲相似的承諾皈依和真實的隨修道皈依兩種。相似的承諾皈依，通過了知佛是本師、法是道、僧是助伴具足三特點而皈依，念誦十萬遍皈依偈。真實隨修道的皈依，依照上面的承諾，通過實地運用佛是本師、法是道、僧是修道助伴的方式修行。

果皈依，是指顯宗所說的願菩提心或這裏的特殊意樂。密宗的果皈依是三種自然智慧無二無別，如果證悟了這樣的實相，那就正如所謂的「簡便迅速救護心識是

大圓滿前行備忘錄

密宗之法相」，所有相執分別念都自然滅盡、自然解脫、自然斷絕、自然融入、自然清淨於無相無分別的境界中，得以救護，即是果皈依。或者說，因相乘，緣於他相續前已經現世的三寶而希望在自相續中獲得的一種立誓；密宗果位道用，也就是通過二色身道用方便生起次第、法身道用智慧圓滿次第的途徑使果位三身事業道用，由此稱爲果皈依。

以上三士道的皈依方法，在這裏講大士道的皈依法，不是爲了自我利益而是爲了其他一切有情獲得三寶總集本體的佛果（意樂差別），從今日起直至沒有證得圓滿菩提之間，皈依現證的佛陀、聖者及他們相續中具有的一切法。

特別是殊勝方便金剛藏乘等，作爲粗大因的風脉明點雖然自己原本具足，自性清淨，但還沒有現前，這一對境就是密宗所說的智慧勇識，把粗大因的風脉明點觀修爲誓言尊者，細微智慧的風脉明點觀修爲智慧勇識，依靠這所有對境而成就清淨現前的佛陀。

有關脉的分類，共稱主要有三脉五輪。三脉即中脉、左精脉、右血脉。五輪即頂上大樂輪、喉間受用輪、心間法輪、臍間幻化輪、密處護樂輪。如果分爲七輪，就再加上所燃火輪、能燃風輪。或者按照大圓滿的觀點，頂上莊嚴輪有三百六十脉瓣；喉間集味輪有十六脉瓣；心間憶念莊嚴輪有八脉瓣；臍間能生輪有六十脉

不共內前行

瓣，這所有脉瓣上口朝下。共稱的金剛身，處所是脉，脉中運行的是風，風的本體即五大種風，它包括根本的五風和支分的五風，根本的五風是持命風、上行風、下行風、平等風、遍行風。支分的五風是運行在五種有色根中的風。如果以因的差別來分，拿一個正常的壯年人來說，一晝夜風運行二萬一千六百次，是外行風。向內運行在細脉支分中的風，有十二萬六百次，它屬動搖風。明點依靠風，也就是莊嚴菩提心紅白明點依賴於風，如芝麻遍油一般遍及於一切脉。實相金剛乘的皈依境，所依是風脉明點，能依是菩提心，關於分爲一類、兩類、三類的內容，正如前文所說。這樣的風脉明點如果與清淨法相對應，脉清淨爲僧寶和化身，風清淨爲法寶和報身，明點清淨爲佛寶和法身，本體空性即是佛陀，自性光明即是正法，大悲周遍現空雙運的智慧不可分割，即是僧衆。前文中所講的三根本、風脉明點、本體自性大悲都可攝集在三寶當中，并且不超出三寶的範疇。

大圓滿前行備忘錄

如果對三寶加以分析，每一寶都有本體、分類和功德三個方面。

其一、佛寶：

一、佛寶的本體，斷證究竟就是佛陀的本體。那麽，佛陀的斷證是如何達到究竟的呢？聲聞緣覺證悟了人無我，滅除粗大的法我執而斷除了所斷業和煩惱障，

而并沒有斷除所知障和習氣障。作爲菩薩，一地見道證悟法性諦，頓然斷除遍計的障礙，在五百大劫中入定以後，在其後得斷除各音煩惱，究竟布施度。隨後從二地開始，依次跨地，斷除所斷，證悟所證，他們的證悟與小乘相比，更有所提高和進展，因此直接斷除了煩惱障。所知障，是從一地開始間接減少，到獲得七地時，無餘斷除剩餘的煩惱障，從三清淨地開始斷除一切粗細的所知障，到了十地相續末際，以金剛喻定的智慧將細微的習氣障盡摧無遺，從而無餘現前剩餘的智慧，自此再沒有所斷，所證方面再無所提高、無所進展的，因此斷證究竟就是佛陀的本體。

二、佛寶的分類，分爲所依身體、能依智慧、所爲事業三種。

（一）所依的身體，也分爲本性身、法身、報身、化身四類。有關佛陀本性身，新派舊派所持的觀點，新派認爲是遠離五蘊的空性，它的這種空性的空分是一種斷空，因此他們承許佛陀沒有遍知智慧。舊派認爲，佛陀的本性身是法界、智慧雙運空性智慧藏。

法身，是自性空明的智慧。梵語爲嘎雅，引申出來，就稱爲聚者。也就是聚集二十一種無漏法的體性。本性身和法身這兩者都是意——一切種智的智慧，因此是從佛陀自身側面來安立的。報身和化身是從所化他衆的角度來安立的，所化有清淨不清淨兩種，在清淨者的

面前，依靠佛陀的自性大悲、願力以及所化十地菩薩們的福德力，而顯現具五決定的報身。所謂的五決定，處所決定是密嚴剎土；本師決定，即是五部佛，每一部也都有小部的五部眷屬，虛空遍及之處，法身周遍，法身遍及之處，爲了調化清淨所化有情，報身周遍；法決定，是遠離言說的大乘法；眷屬決定，是十地菩薩；時間決定，即恒常相續。也就是說，不是本體常有，而是相續恒常。不清淨的所化眾生面前，依靠受用圓滿身的發願力和所化眾生善法增上福德力，顯現佛陀殊勝化身。

化身包括殊勝化身、投生化身、工巧化身和種種化身四類。其中佛陀的殊勝化身，只有住於大資糧道和加行道四順抉擇分者才能得以拜見。還有一種觀點認爲，佛陀現於世間之際，青蛙、烏鴉等也得以朝見。不管怎樣，圓滿示現十二相的佛陀，就是殊勝化身。

投生化身，是指在六道之處的六能仁和上師善知識們。依照《涅槃經》中所說的「阿難莫哀傷，阿難莫哭泣，末時五百世，我現善知識，饒益汝等眾」，佛陀的投生化身就是上師善知識大德們。

工巧化身，一種觀點認爲，是指化現爲嘎瑪布秀等工巧王；另一種觀點認爲，是指土匠、石匠、銅匠等等，泛指從事鑄像、畫像、雕像等增上善法的能工巧匠。

大圓滿前行備忘錄

種種化身，船舶、航船、橋梁、臺階，甚至在炎熱逼迫之時的涼風，嚴寒逼迫時的暖流，凡是成爲給衆生帶來利樂之因的事物都屬佛陀的種種化身。

（二）能依智慧：就像我們的心一樣無所不現，佛陀的智慧也包括法界性智、大圓鏡智、平等性智、妙觀察智和成所作智五種。法界性智，現前萬法實相勝義諦。大圓鏡智，就像清澈的鏡面上能映現一切影像一樣，在法界性智面前，輪涅法顯現澄清的部分不滅，就是大圓鏡智。平等性智，例如，鏡子裏不管映現什麼影像，都沒有好壞之分，同等只是影像而已。同樣，以平等一味一體的方式照見輪涅二者，就是平等性智。妙觀察智，儘管從法性的角度而言，一切法都是等性的，可是從有法的側面，毫不混雜了了洞悉輪涅的萬法，就是妙觀察智。成所作智，比如，醫生的責任就是通過把脈認清疾病，依靠藥物治療疾病。同樣，佛陀考慮到如何調化所化衆生，而如如不動、不加勤作任運自成調化所化有情，這就是成所作智。這些智慧可以歸納爲兩種，法界性智、大圓鏡智、平等性智屬如所有智，妙觀察智和成所作智屬盡所有智。所有的智慧都可以概括歸集在一切種智當中。

（三）所爲事業：佛陀將所有惡趣衆生安置於善趣，將所有善趣衆生安置於三種姓聖道中，將三種姓聖道的衆生，逐漸安置於佛地。聲聞緣覺菩薩們只能把衆

不共內前行

170

生安置在他們各自的果位，而不能把他們安置到佛地。佛陀，根據所化眾生各自的意樂，指示正道，把他們安置在究竟佛地的事業，超勝聲聞緣覺菩薩的方面有三法，即恒常、周遍、任運的事業。恒常：佛陀沒有先前利益眾生現在不利益的情況，因此是恒常。周遍：佛陀沒有只在東方行持事業、在南方不行持事業的情況，而是遍及於十方三世。任運：佛陀的事業是不加勤作任運自成的。

　　三、佛寶的功德：佛陀的功德有法身的功德和色身的功德兩種。其中法身的功德，就是十力、四無畏、十八不共法等二十一種無漏法的自性。佛陀色身的功德，身體具足三十二相、八十隨好，語言具足六十梵音，意具足智悲力的功德。智慧的功德，就是現量照見輪涅諸法的法性，這是如所有智；互不混淆現量照見世

俗有法的萬事萬物，如同濕的庵摩羅果放在手掌中一樣，這是盡所有智。慈悲的功德，晝夜六時關注眾生，看誰興盛、誰衰落等等，猶如獨子之母一樣，無有遠近親疏照見一切有情。威力的功德，如經中說：「大海與波浪，縱會有越時，所化佛子前，佛不會越時。」聲聞、緣覺、菩薩們，儘管在調化眾生的時機成熟時，也可能有因懈怠、忘記等沒有及時調伏眾生放棄的情況，可是，佛陀即便是在最後涅槃，仍然使人類中的遍行極喜、非人中的乾達婆極喜現見真諦。往昔，五百名

大圓滿前行備忘錄

商人去大海取珍寶，結果出乎意外的狂風把船隻捲到鯨魚口裏，當時其餘所有人都祈禱山神、林神、樹神等等，商主菩薩對大家說：「我們要皈依佛陀。」於是眾人大聲念誦「皈依佛陀」。就這樣，那條鯨魚聽到佛陀的名號，驚恐不已，沉入大海，閉上大口，饑餓而亡，由於它聽到佛號的緣故，轉生到三十三天，得見聖諦。僅僅聽到佛陀的名號也能救脫輪迴惡趣的恐懼，佛陀具有如此救度眾生的事業。

其二、法寶也包括本體、分類和功德三個方面。

一、法寶的本體：成爲斷或能斷煩惱障、所知障、習氣障的方便，就是正法的本體。所謂的斷或能斷，「斷」是指聲聞緣覺菩薩斷除煩惱的滅諦，「能斷」是指道諦。

二、法寶的分類：分爲教法和證法兩種。關於教法，因相乘認爲：它分爲八萬四千法蘊，歸納起來是二十部，再進一步概括，攝集在三藏當中，教法只是存留在僧眾心相續中，外在的所有法本，是教法的所依。密宗裏，有詮法、詮相、詮稱三種。詮法，是指佛典；詮相，是指僧眾心相續中顯現的教法；詮稱，是指所有語言文句。實際上，所謂如來的教法證法寶，舉個例子來說，「戒殺」的這個詞，在心裏決定下來，這是教法；實地修行它的意義，是證法。證法，就是勝道三學。小乘聲聞緣覺的教法，能詮是三藏，它的所詮是三

不共內前行

學，大乘的律藏是能詮，其所詮——二十根本墮等是戒學；經藏是能詮，經藏的所詮——慈心、禪定等是定學；廣中略般若等對法是能詮，其所詮大中觀是慧學。密宗的所有灌頂、戒律、儀軌是律藏，它的教義——誓言的一切次第是戒學；四續部或六續部的法是經藏，其教義——共同生起次第圓滿次第是定學；大圓滿的所有續部是論藏，其教義——本來清淨直斷和任運自成頓超是究竟的慧學。總而言之，所有能詮詞句的部分就是教法，一切所詮意義的部分就是證法。

三、法寶的功德：如云：「正法功德不可思。」能遣除有寂的一切衰敗，出生有寂的一切圓滿，就是正法的功德。

其三、僧眾，包括本體、分類和功德。

一、僧眾的本體：具足智慧和解脫兩種功德就是僧眾的本體。其中，現見、智慧、證悟是同義異名，聲聞緣覺的四果，依次以自性現見自性，不同程度解脫所斷。菩薩見道，以法性現見、證悟真諦，不同程度解脫所斷。從見道起到十地相續末際之間，不同程度解脫煩惱障、所知障、習氣障，就是僧眾。

二、僧眾的分類：分為小乘僧眾和大乘僧眾，或者共同僧眾和不共僧眾。

（小乘僧眾是聲聞緣覺，大乘僧眾也有菩薩僧眾和持明僧眾。每種僧眾都有凡夫僧眾和聖者僧眾之別。）

大圓滿前行備忘錄

共同僧眾是聲聞緣覺菩薩，不共僧眾是指持明內僧眾。

共同僧眾又包括凡夫僧眾和聖者僧眾兩種。小乘聲聞凡夫僧眾，受以出離心爲本體的八種別解脫戒以後守持清淨戒律，修行禪定，增長智慧，一直到沒有見諦之前安住加行道、資糧道者。小乘聲聞聖者僧眾，是在差別基——四諦上，以差別法無常等十六行相的方式見諦，即是預流聖者；還沒有完全斷除欲界九品煩惱，仍舊需要在欲界中受生一次，即是一來聖者；欲界煩惱無餘斷除，不需要再來欲界受生，即是不來聖者；無餘摧毀三界煩惱敵，即是阿羅漢。阿羅漢分爲有餘阿羅漢和無餘阿羅漢兩種。

緣覺，在一開始學道時，有如聲聞一樣，在一百大劫中積累資糧以後，在最後有者時，發四種願：第一願，投生在佛陀沒有現世的空刹；第二願，在沒有上師的情況下自證菩提；第三願，不以語言音聲說法；第四願，以身體神變令所化眾生增長福德。結果他們轉生在沒有佛陀、聲聞的刹土，具足少許的相好莊嚴，不喜在家而渴求寂靜，依靠俱生所得智慧知曉把尸陀林的糞掃衣裁剪、縫製成三法衣，穿戴在身，進而觀尸林的骨鎖，這個骨架是由什麼形成的？是生所形成的，生又來源於什麼？是從有中產生……通過順式逆式緣起的方式瞭解推到是由無明中產生，無明中產生行，行中生

174

識……一直到老死之間，是順次十二緣起。再認真觀察，老死由什麼中滅，由生泯滅而滅……滅次第的逆次十二緣起，無明泯滅而使行泯滅，以滅的順次，直到老死滅之間。結果現見了順次和逆次緣起的法性，從而與預流聖者等聲聞相同依靠基礎的四禪，不需要道友助伴的利根者，像獨角犀一樣離群索居，需要道友助伴的鈍根者，如鸚鵡一樣眾多群居。緣覺也包括有余阿羅漢和無餘阿羅漢兩種。

菩薩僧眾也有凡夫僧眾與聖者僧眾兩種。

凡夫僧眾：希望一切有情證得佛果，發殊勝菩提心，進而受甚深見派和廣大行派二派任何一種的菩薩戒，以自宗的清淨戒律守護相續，修學六度所攝的圓滿、成熟、修行法門——住於資糧道、加行道勝解行地的凡夫。從現量見到見道法性諦以上是聖僧。從一地開始現見法無我，斷除見斷的所有遍計部分，親睹百尊佛陀，成熟一百有情，前往一百剎土，光照一百剎土，以神變能震動一百剎土，獲得禪定百門，顯示一百自身，每一身體也都幻現百數眷屬，獲得十二種百數功德。之後從二地開始，對以往見道暫時現見的入定境界繼續加以護持并串習，從而次第斷除了修斷所有俱生部分，獲得十二種十萬功德……直到不可言說等同微塵數的功德之間，能成熟如海有情，修行如海剎土，令如海佛陀生起歡喜，而不厭煩，以此圓滿如海二資糧。總之，令有

情愉悅，不起厭煩，令諸佛歡喜而不厭煩，趨入如海二資糧之門，獲得不可估量禪定門，以不可思議功德莊嚴，這就是菩薩聖者僧眾。

持明內僧眾：事續、行續、瑜伽續這外三續中，首先入於事續之門，作為密宗，誓言或入門就是能成熟的灌頂。因此，事續，最開始得受共同明覺灌頂，包括不動瓶水、寶生冠冕、無量光金剛杵三種灌頂，結行作沐浴、擦拭、護持。接下來，以事續自道的清淨誓言守護相續，是能成熟。實修能解脫的教授，分為有相和無相瑜伽，除此之外并沒有生起次第圓滿次第的名詞。首先有相瑜伽，按照寧瑪派修四無量，以「藏巴拉」咒把萬法觀成空性，由空性大悲雙運中，觀修事續六尊瑜伽㉝，并且把自己誓言尊者和智慧本尊，觀修成主僕的形式，也就是把誓言尊者和智慧尊者觀成他體，祈送本尊，誓言者攝於無緣之中。後得時，享用三白三甜的食品，以沐浴、清潔行為為主。一直到修行所依的畫像笑逐顏開、油燈自然燃起、芳香四處散逸等等成就相紛呈，這之前是凡夫。隨後，取受悉地的同時，成就欲界色界的持明果位，面見三部本尊，與之同時修行殊勝悉地，一直到十六世之前修道，最終獲得三部金剛持果位。這般實修的行人，取名為密宗持明內僧眾。

㉝六尊瑜伽，密乘事續中，修習本尊為瑜伽體，攝為六本尊相：空性本尊、文字本尊、聲音本尊、色本尊、手印尊者和相本尊。

不共內前行

行續，入門在前面的三種灌頂基礎上，再得受不空成就鈴灌頂、毗盧遮那佛名稱灌頂，隨後以自道的清淨誓言守護相續。實修能解脫的教授，與瑜伽續一致來修，將誓言尊者和智慧尊者觀成平等兄弟或朋友的形式，在沒有面見本尊容顏之前，是凡夫密宗僧眾。當成就與欲界色界本尊身體、受用等同緣分的持明之後得見本尊容顏，成就殊勝悉地，自此至七世之間修道，在沒有最終證得四部金剛持果位之前，是聖者男女密宗瑜伽行者。

瑜伽續的能成熟或者入門，得受共同覺性五灌頂、金剛王權灌頂以及結行八瑞相、八瑞物的灌頂。以自道的清淨誓言守護相續。能解脫的教授，不以沐浴、清潔行爲爲主，而以內在觀修五現前㉞的方式把誓言尊者和智慧尊者觀成無二無別，通過修行的所依（佛像）閃閃發光、面露笑顏等驗相而取悉地，成就欲界色界持明以後，親睹本尊容顏，按照顯宗所說獲得見諦，或者是成就密宗的殊勝悉地，自此至五世之間修道，直到沒有獲得最終五部金剛持果位之前，稱爲凡夫聖者密宗瑜伽行者。

這以上是外三續的持明內僧眾。

無上瑜伽續，按照寧瑪派而言，此續包括瑪哈、阿

大圓滿前行備忘錄

㉞五現前，密乘生起次第修證本尊五法：月輪現前、日輪現前、種子現前、手幟現前和全身現前。

努、阿底三種。

瑪哈約嘎（大瑜伽），入門或者能成熟或者誓言儀軌，即續部寂猛本尊灌頂或修部八大法行的灌頂，如果沒有得受這些灌頂，以其餘的灌頂可以代表道灌頂，却不能代替基灌頂。

依照續部必須要得受外十利的灌頂、內五力的灌頂、密三甚深的灌頂。起初，上師要成熟弟子的相續，自開始作準備起到受皈依戒、菩薩戒之間的所有事宜就相當於釀酒一開始要煮青稞一樣，堪爲灌頂的法器，弟子明觀成本尊的三處三文字，清楚地觀成身語意三本尊，從中放光周遍虛空，由浩瀚無邊的十方刹土尤其是密嚴刹土等處以身手印、語文字、意標幟的相迎請智慧尊者，融入弟子。如果是上等者，就會證悟灌頂義智慧。假設是中等者，會生起明樂無分別的覺受，即便是下等者，也將對三門是三金剛這一點產生不被他奪的定解，這就相當於青稞發酵。接著依次進行四灌頂，結尾時，歸納所有誓言，讓弟子以「主尊如何囑，我亦如是行……」進行承諾。這個過程就相當於平酒。如果自此之後沒有持執灌頂的命脈——以清淨的誓言守護相續，那就如同酒雖然開始經過煮青稞、發酵、壓平的程序却以魔障和客人沖犯等變腐了一樣。《金剛手現前灌頂續》中云：「秉持灌頂命脈即誓言，如若失毀則如種子被火焚。」儘管一開始得受了真正的灌頂，但如果中間

不共內前行

沒有守護清淨的誓言，那就沒有利益可言了。其實，具誓言和破誓言兩者之間并無太大的差距，把地看作地就是破誓言，把地看成佛眼佛母就是具誓言。本來，後代的諸位密宗行者境界裏應該顯現本尊、密咒、智慧的游舞，如果一切景象都呈現爲妖魔鬼怪，那使自他都不舒暢，如此一來，他們沒有一點密咒的味道。別解脫戒主要注重外在身體語言的業，所以容易守護。菩薩戒，單單依賴於善噁心的分別念，較前相比稍有難度。密宗的所有誓言都必須在智慧上看待，就更爲困難。可是，當今時代的大多數人認爲別解脫戒難以守護，反倒覺得密乘戒隨隨便便就可以，但實際上這是顛倒妄執。

以瑪哈約嘎自宗的清淨誓言守護相續，能解脫的教授，瑪哈約嘎主要修行方便生起次第，智慧圓滿次第，只是修風和明點圓滿次第中的風圓滿次第的一部分。

方便生起次第：通過觀修平庸不清淨的相分別的對治——方便生起次第，使三境清淨，首先意的對境前了然呈現自己的本尊；第二觸覺的對境自己的手能明顯接觸到本尊及其裝飾、標幟等有觸礙的形象；第三根的對境前，別人也說見到修生起次第的上師是大吉祥怙主和大威德等等。在這樣的生起次第明顯穩固的八種量達到標準、五種覺受尚未究竟之前一直修習，結果，雖然平庸的相分別依靠生起次第能歸攝爲本尊的本體，可是由於還沒有離開執著本尊的耽著分別念，所以必須修行耽

著殊妙本尊的對治法——智慧圓滿次第。圓滿次第包括風和明點的兩種圓滿次第。其一，風的圓滿次第，如果風沒有堪能，那麼明點就無法切中要點，一開始生起次第趨於究竟得以穩固的行者，除了外在身體空朗朗呈現本尊以外，平庸人的身體并不明顯。當然，僅僅是修氣并不代表圓滿次第，因此起初生起次第得以穩固至關重要。隨後，修具四種雙運的寶瓶氣，使風心入於、安住、融入中脉。所謂的四空，風入於中脉，依次根識融入意識爲空，意識融入染污意爲大空、染污意融入阿賴耶爲極空，阿賴耶融入智慧爲一切空，由這四空引發的喻光明在相續中生起以後，以三現作爲光明的因，風五光作爲緣，從而使不清淨的幻身，能如幻般起現成唯以風心所成的真實本尊身。這樣的喻智慧，能修成義光明，增進的行爲，有需要不需要瑪哈遠道六月會修儀軌兩種。實際上，正如前文所說，所有上師全部是生起次第、風得以穩固、證得加行道暖智者，要符合壇城聖聚的數目而聚會。具備三層壇城，裏面驅敵兵器、除病妙藥、維生食品、修行聖物要樣樣齊全。在衆會之中，即便是有一個破根本誓言的人，也使得其餘所有人的修行都成枉然無義，不會修成殊勝悉地，只有可能會得到些許共同悉地，除此之外會修沒有實義。正如恩札布德所說：「一位破戒者，能毀諸行人，如一有傷蛙，能壞諸餘蛙。」如果衆會之中的所有人都是具誓言者，那麼六

不共內前行

180

月儀軌需不需要酬補，也要看根基的差別。六月圓滿之時的黃昏，紅黃藍交錯的光芒散射，由本尊處取受悉地，中夜由怨敵處取悉地，具足三種滿足而降伏并取悉地。黎明時分，依止她身手印的道，依靠上降明點，相續中生起真實俱生智慧，即不離樂覺受的智慧，依靠下固明點，最後在相續生起自然俱生智慧遠離一切明樂無分別覺受耽著的義智慧。在那時，佛父相續中現量生起樂智慧，佛母相續中現量生起空智慧。其後，能起現有學雙運清淨的幻身，也就是能起現身意雙運真實圓滿次第的本尊身。就這樣，從資糧道逾越到加行道，由加行道逾越到見道，見道越到二地……

　　如果大家都具足誓言，那麼掌握時間的鷄和犬、犏牛等也能走向持明地。倘若會修者全部獲得了暖相，那在六個月期間，頂位忍位圓滿取悉地時，繼勝法位刹那智慧之後，得到顯宗所說的見道或密宗所說的大手印殊勝悉地。按照教部索瓦派的觀點，誠如《道次第論》中所說：「得未得能力，見道爲二種。」依靠禪定的火能清淨庸俗的身體，使它變得澄清，證得無生無死壽自在，即是壽自在持明；沒有能够清淨身體，儘管心成熟爲本尊身，可是由於未能清淨身體，就是異熟持明；從二地到九地之間，是大手印持明；任運持明，是沒有得以成佛的究竟道部分。依照全知無垢光尊者的觀點，安住大資糧道邊際者，身體還沒有成熟爲本尊身，心已成

大圓滿前行備忘錄

181

熟爲本尊身，即是異熟持明；之後見道是大手印持明，身體成爲澄清以後壽命得以自在，勝法位道圓滿，即是壽自在持明；如果沒有得到壽自在，那麼在即生當中證得見道，中陰越到二地，後得起現有學雙運境界，一直到十地末際以上是大手印持明，達到究竟現前佛地，即是任運持明。安住於以上四種持明地者，就是大瑜伽續的勇士勇母，也就是持明內僧衆。

　　阿努約嘎（隨類瑜伽）能成熟的灌頂，十種外灌頂、十一種內灌頂、十三種修灌頂，加上兩種密灌頂，獲得這三十六種根本的最勝灌頂以後，以自道的清淨誓言守護相續，實修能解脫的教授，生起次第的部分、圓滿次第瑪哈約嘎中講的風圓滿次第爲前提，在這裏主要切中要點修行明點的圓滿次第，具足自身方便，脉直、風清淨、明點堪能以後，依靠她身手印之道，首先憑藉明點上降的力量引發出真實的俱生智慧，在下固明點之際生起假立自性的俱生智慧，然而在初學階段，難以生起遠離耽著覺受的智慧。當喻智慧在相續中生起時，後得所謂不清淨的幻身，實際上能起現唯風心所成的本尊身。當相續中生起義智慧時，能起現清淨的幻身，也就是智慧相中呈現的本尊身。在希求心的資糧道，辨別大種姓的加行道，獲得大授記的見道，得大安慰的修道，圓滿大妙力的無學道，安住以上五種持明地者，就是阿努約嘎自道的空行和空行母，即持明內僧衆。

阿底約嘎（最極瑜伽）能成熟的灌頂，得受下面兩種灌頂的四種句寶灌頂中特別分出的有戲、無戲等四灌頂，以自宗的清淨誓言守護相續。實修能解脫的教授包括懈怠者無勤解脫的本來清淨直斷和精進者有勤解脫的任運自成。如果從法的角度而言，必須把法性現量相安立爲見道。然而，以修行者作爲出發點，法性現量相立爲資糧道覺受增上相即加行道；覺性如量相爲見道；在法性盡地時，外所取境、內能取心、密覺受增上都逐漸滅盡，是聖者有學道；圓滿滅盡時，即是無學道。安住在以上道位四相中者，就是持明內僧衆。

三、僧衆的功德：具備戒、定、慧、總持、辯才等不可思議的如海功德。這以上所有皈依境，歸納起來彙集爲上師，如果廣義來講，就是暫時的九種。由於把他們作爲皈依境，尤其是本身具全風脉等，所以在皈依時脉清淨爲化身⋯⋯

大士道的意樂，是以爲遣除有寂一切衰敗的心願而皈依的。這樣的心態，按照因相乘來講，既是意樂差別，也是果皈依。因皈依是以具足三種特點（即佛爲本師、法爲道、僧爲助伴）而皈依的。關於這個問題有兩種觀點，按照中轉法輪的意趣，以因皈依作爲因，獲得佛果，就承許是果皈依，承認（因皈依和果皈依）是真正能生所生的因果。末轉法輪以上承認：「如來藏智」在基位有情的相續中以基住自然智慧存在著，它是恒常、不變、

大圓滿前行備忘錄

本體空性，如來三身的一切功德以無改任運的方式存在著。由於離基如來藏的智慧被客塵所障蔽，因此需要遣除它的方式或者二資糧的緣，然而并不承認它們是真正能生所生的因果，認爲（因皈依）是能現前的外緣。

首先因皈依，包括相似的承諾皈依和真正隨修道的皈依兩種。

其一、相似的承諾皈依，以本師、道、助伴的方式念誦十萬遍皈依偈。

其二、真正隨修道的皈依：繼因承諾皈依之後，邁入積累二資糧的所有門，就是隨修道的皈依。這樣的自然本智，是無則不生的因，沒有認識它的本來面目之時就是眾生，認識之後現前時就是佛陀。從一地開始，片面證悟了這一本智，從此以後次第證悟、修習，最終在十地相續末際，依靠道位的證法和十地相續末際的對治金剛喻定的智慧無餘斷除剩餘的所斷而成佛。本體本來清淨、離客塵清淨的佛陀就是果證法。佛陀心相續中具有的甚深和廣大之法就是它，它包括抉擇滅和非抉擇滅兩種。非抉擇滅在眾生的相續中，以如來藏智慧本體本來清淨的方式存在著。抉擇滅，是離客塵清淨的部分——佛陀法身。這樣的本智在眾生相續中是如何存在的呢？就像劍存於劍鞘裏、寶珠被淤泥所遮蔽一樣，被客塵所障蔽著，消除它的方便——因皈依和果皈依分別是因和緣。

不共內皈依境三根本三寶到底是怎樣的呢？

按照顯宗的觀點承許，殊勝化身是佛寶。在密宗的講法中，一種承許是佛陀的受用圓滿身是佛寶，認爲上師是僧衆，有信心的本尊和有緣的本尊是佛陀。還有一種觀點，認爲上師是佛寶，本尊是法寶，其餘傳承上師是持明內僧衆。

關於上師是佛的道理，必須以教證、理證來證實。有關的教證，《五次第論》中所說「此即自然佛，唯一大本尊，盡賜諸竅訣，金剛師勝佛」等等。理證，上師的意是大智慧（法身），上師的現象顯似身體，傳出語音，心現動念（是色身），法身的現象是色身，色身的本體是法身，這兩者不可分割、無二無別就是雙運金剛持。

關於本尊是法寶的道理，通常而言，新派舊派共同有四續部，瑜伽續部又包括外瑜伽和內瑜伽。內瑜伽中，寧瑪派有甚深內三續部，新派有《勝樂金剛》、《喜金剛》、《密集金剛》，這所有法都包括教法和證法。其中教法，外密宗的教法是現聲、聞聲、表示，事、行、瑜伽外三續部。證法是能成熟的灌頂和能解脫的教言。恩賜能成熟和能解脫之教授的上師是佛，上師所恩賜的成熟、解脫之教授是法，實修的行人是持明內僧衆。恩賜內三續部之入門的灌頂和能解脫之教言的上師是佛，能成熟和能解脫的教授是法寶，如此實修的行者是持明內僧衆，三根本歸集在三寶的自性中。

大圓滿前行備忘錄

類別暫時可以分成九種，但歸納起來，就攝爲獨一無二的上師。

以上稍稍解釋完皈依的含義，接下來實際修行，分爲入座與座間兩個階段。入座，白天兩座、夜晚兩座四座或八座都可以。入座也包括入座的前行、入座的正行和入座的後行。入座的前行，身的要點、語的要點、心的要點和祈禱這四項在所有入座時都要運用。身的要點，作毗盧七法，解脫道的七法，身體放鬆、跏趺端直。語的要點，除垢氣，除三次垢氣或九次垢氣，根據自己的信解而行。在除垢氣時，觀想自他從無始輪迴以來所積的業、墮罪、破誓言、深道的一切障礙違緣通通變成黑氣的形象，向外排放。心的要點，就是調整發心，首先去除所有惡劣的發心，改變無記的發心，以菩提心意樂扭轉發心。祈禱，上師的形象改不改變都可以，觀想：在頭頂上十萬瓣白色蓮花的紅黃色花蕊中央，日輪墊上獅子座層層叠放的柔軟綾羅墊上，把自己的根本上師觀成出家相或密咒師形象。必須以將上師視爲真佛情不自禁的虔誠恭敬信心祈求所想之事，在修暇滿難得時，祈禱上師加持自相續生起實現暇滿人身價值的功德。隨後，上師化光融入自己，再入定。同樣，不管是修共不共任何加行的時候，就需要祈禱上師心相續中的所有功德在自相續中生起，自己的心與上師的智慧融爲一體而入定，要知道這些內容類推普及所有入座。

入座的正行：一切菩薩的圓滿、成熟、修行三種功德中，這裏屬修行剎土，清清楚楚地觀想：整個大地是珍寶地，繪製成格，在自己對面的遠方，奇珍異寶組成的如意樹五枝的中央一枝上面，獅子座層層疊放軟軟的綾羅墊上，本體是根本上師，形象是鄔金仁波切蓮花生大士，他的頂髻五光圓明點環繞之內安住著所有的傳承上師，法座周圍，是自己得過灌頂等法的所有上師，它的周圍是四續部或六續部的本尊聖眾。右邊的樹枝上，佛陀等周邊環繞男性護法，他們的面向外觀，從而完成不許外敵魔障入內的事業；所有女性護法面向內看，完成不使內在悉地失散向外的事業。在護法的周圍，是財神寶藏主等，把這一切的一切都觀成上師大智慧的幻現，幷沒有高低賢劣，均具足遍知的智慧，以超越人的明目照見，以超越人的耳聽聞，以超越人的心垂念，成爲我們的引導商主。

大圓滿前行備忘錄

要皈依的眾生，把父親等觀想在自己的右方，如同在地面上集會一樣，穿衣佩飾，黑壓壓一片。其後，自己隨著維那師的腔調念誦皈依偈。這裏不與頂禮在一起修，自他眾人身恭敬合掌，語恭敬念誦皈依偈。心恭敬發自心坎深處思維：從今天起，直到沒有獲得究竟佛果之間，無論我被拋到上面的佛地也好，被拋到下面的地獄也罷，不管是吉是凶、是病是痛、是樂是苦，既不向父親詢問，也不和母親商量，又不自作主張，就是祈禱

上師三寶您明知、您垂念，除您之外不尋找其餘指望處和皈依處，修的是您，念的是您，依的是您。這樣全心依附念誦皈依頌。特別是以本師、道、助伴的方式皈依，首先要呼喚「本師佛陀出有壞」接著說：「從此年此月此日此時起，直至沒有獲得究竟菩提果之間，您是我的本師，不依止除您之外的其餘本師。」再次呼喚「本師佛陀出有壞，我發誓從今日起，直至沒有獲得究竟菩提之間，將您親口所說教法證法體性的妙法，作爲實修解脫菩提的道，不依止除正法之外其餘的邪道外道。」又再次呼喚：「本師佛陀出有壞，我發誓以通過講修途徑受持您親口所說之妙法的引導聖僧作爲修道的助伴，不依止除此之外俗世中背信棄義的朋友、胡言亂語的朋友、爲非作歹的朋友。」

這以後供養上師等內容㉝容易理解。

入座的後行：接下來到了收座的時候，觀想皈依境的所有尊衆身體放射紅光，照耀自他一切有情，從而清淨遮蔽斷證功德的一切煩惱障、所知障、習氣障，衆生界中本有的如來藏種姓或界性轉依而現前智慧。我與一切衆生猶如鳥雀被石簧擊中一般「撲楞楞」飛到皈依境中，最後上師也從足、墊、座和頭依次收攝，消失於心間，在這種狀態中入定，就是實相義的皈依。就這般觀察、安住輪番交替而修。其後在又開始起心動念的後得

㉝不知是否是指《前行》裏，在座間觀想皈依境作供養的內容。

時，如前一樣明觀福田等等。念誦「以此善……」作迴向，并發清淨願。座間吃飯、睡覺、行走、安坐的一切時分裏，明觀皈依境的福田……

當準備再度入座時，首先解手、擤好鼻涕、洗好臉，將外面的院門、裏面的房門都關好，總之凡是該辦的事都完成，保證不中斷入座。隨後心裏想：如果座間的一切繁雜妄念沒有中止下來，那後一座也就難保修得成功。所以要發誓：現在這一座裏，我絕對不能放任這顆心隨著迷亂煩惱所轉，寧死不捨此誓願。接下來，心不跟隨過去，不迎接未來，不持續現在的分別念，盡可能安住，這相當於是修生起次第和圓滿次第時的驅魔、修護輪，身的要點等在所有引導中都相同。

當一座結束時，要觀察一下是否履行了前面發的誓願，如果履行了諾言完全是生起善分別念，那就會滿心歡喜。要對治這種心態，就要在心裏這般提醒自己：啊，你是因為小小的福德才導致如此的，你真的這麼好嗎？我還要看你下一座。從而鏟除傲慢心。如果沒有履行諾言，心隨著迷亂所轉，而認為現在我什麼也修不成，進而悲觀失望，這時就要打起精神、提高心力，自我鼓勵：啊，你有什麼可悲觀的呢？如果你從一開始就不曾迷惑，那現在你為什麼沒有成佛，如今這一座已經隨著迷亂所轉，我在下一座裏誓死也不放縱你遺失在迷亂的控制中。除非沒有閉關一座，也就另當別論，只要

大圓滿前行備忘錄

閉關一座，所有的加行、正行、後行必須完整無缺。早晨起來時，以自己是本尊的佛慢起來時，觀想整個虛空到處是勇士瑜伽母眾，他們用長腰鼓和金剛鈴的聲音、元音輔音的自聲喚醒自己。有關入座的前行等內容與前面是一模一樣的。

皈依戒：簡單地講，正法就是不害他眾，別解脫戒、菩薩戒、密乘戒都必須斷除害他的一切事，從來沒有說過正法是害他眾。作爲一名內道佛教徒，務必斷除害有情。別解脫戒也要從這一點做起。也就是說，我們必須去除損害有情的心態和行爲。密宗當中，上師是一切皈依處的本體，所以，凡是與上師身語意相違的自己身語意所行均要斷除，要依止上師身語意所攝的身語意所行。如果讓上師心情愉悅，就是令如海皈依境歡喜，如果違背了上師的意願，那從此之後就無藥可救，同時也與如海皈依境的心相違背。所以我們一定要斷除令上師不歡喜的事，即生當中實修這唯一的皈依務必達到究竟。一個人在一生當中，要麼是痛苦要麼是快樂，另外再沒有什麼出路。痛苦也有苦果與苦因兩種。苦果是指受到疾病折磨，著魔中邪，晦氣所罩，當遭遇諸如此類不幸時，千萬不要認爲「我不該遭受這樣的痛苦」而要想到，這也是三寶以大悲賜給我滅盡惡業的方便，後世將要感受的業，如今依靠三寶的大悲，使我現在就受報，從而使之窮盡，我真是高興。苦因是指貪嗔痴的分

別念，當萌生這些煩惱時，要想到：這也是三寶的大悲所至，爲什麼呢？是三寶以大悲在警告我：我的相續中有這樣的煩惱隨眠存在（，一定要捨棄）。從而把這些看成是值得歡喜、大有必要、必不可少的事，想到是三寶您以大悲關照使我的相續中不能生起這種不善的心行，由此滿懷喜悅之情。

快樂也有樂因與樂果兩種。樂因，就是生起諸如信心、出離心、菩提心之類的善分別念。華智仁波切親口說過：如果生起一念善心，那也值得高興。我們必須生起強有力的善念，使它與日俱增。誠如《入行論》中所說：「猶如烏雲暗夜中，刹那閃電極明亮，如是依佛威德力，世人暫蒙修福意。」爲了使這樣的善念蒸蒸日上，一定要虔誠祈禱上師三寶。

樂果：如果自己豐衣足食，十全十美，要知曉這并不是來自於我了不起的魄力，而是三寶的悲心所致，進而對三寶感念恩德，報答恩德，精進供養。最起碼，不管自己吃什麼、喝什麼，應該準備一個供養獻新用的獻新杯㊱，可後來的人都只是把它看成是供鬼供神的，高低強弱的人誰也不曾想過它本是用來供養三寶的。（我們無論享受什麼飲食，首先）在獻新杯裏加一點獻新，口裏念誦「無上本師即佛寶，無上救護即法寶，無上引導

大圓滿前行備忘錄

㊱獻新杯：也叫獻新碗盞，向佛菩薩、護法神等供茶新、酒新、食新等所用的小杯或高碗。

即僧寶，供養皈處三寶尊」，少少供上一點，這就代表不間斷定時供養三寶、感恩圖報。而且，身體受用都要供養三寶，權勢財富要用在正法方面，就像所說的「辛勤如山王，不如積微福」。我們需要累積福德，而積累資糧的對境就是僧眾。噶舉派的教言中說：「活生生的佛陀、活生生的佛法、活生生的僧眾。」供養僧眾能夠獲得供養三寶的福德，供養佛、法雖然能得到供養的福德，卻得不到對境接受的福德，而供養僧眾既能得到供養的福德，也能得到接受的福德。尤其是，如果供養上師，就是供養第四寶，能獲得無量福德。

四、皈依的功德利益，包括暫時的功德利益和究竟的功德利益。今生今世，能救離病魔、國王的懲治、饑荒的威脅等等八大災難和十六難，得到增上生、決定勝的一切安樂，這就是暫時的功德利益。皈依的究竟利益：皈依佛陀將獲得佛果；皈依法能轉三次法輪；皈依僧，能成為本師調柔、眷屬調柔，本師寂靜、眷屬寂靜，本師極寂靜、眷屬極寂靜的聲聞和菩薩僧眾眷屬。

二　發殊勝菩提心

大乘之根本——發殊勝菩提心引導，如果修行人的意樂廣大，那麼即便所修的法是小乘法，也就成了

大乘法。從諸位初學者的側面安立大乘小乘，就是看具不具備世俗菩提心，而并不是以法來安立大乘和小乘的。所以，世俗菩提心居於主導地位，見解作爲助伴。了義、究竟的目的地就是勝義菩提心，而依靠世俗菩提心并不能獲得究竟的果位。也就是說，在初學階段，必須有一顆善良的心。如云：「心善地道亦善妙，心惡地道亦惡劣。」如果具有菩提心的意樂，那麼地道都必然善妙，也就是會經行五道十地。如果居心不良，那麼地也惡劣道也險惡，必然走向三界九地，必然步入五道。爲此，在初學階段，不看見解，不看修行，就是看菩提心意樂，除此之外什麼也不依賴。談到見解，其實聲聞緣覺也有證悟的，正如薩迦班智達所說：「諸聲聞修空性法，彼之果即滅盡定。」所以說，依靠菩提心意樂和積累資糧這兩者才能獲得佛果。新派主張世俗發心位居於首。舊派把菩提心分成不了義、相似了義和了義三種。不了義，具備世俗菩提心。相似了義，世俗和勝義菩提心需要雙運。聲聞緣覺沒有證悟三大的見解，了義就是最終要達到的究竟勝義菩提心。龍樹菩薩說：「菩提心即大乘……」月稱菩薩在《入中論自釋》㊲中說：建立究竟

㊲《入中論自釋》：藏文原文是《入中論》，但《入中論》頌詞中建立究竟一乘的只有「此證真實慧，亦非有別異，故佛爲衆說，無等無別乘」及「佛令諸弟子，念趣寂滅樂，心修遠離已，次乃說一乘」這兩個頌詞。在《入中論自釋》中作了如此解釋的。

一乘，只有以勝義菩提心來證成究竟一乘，而以世俗菩提心無法建立究竟一乘。

這樣的善妙意樂——菩提心，只有心地善良的人才會生起來，而心腸歹毒的人不會生起。

生起菩提心的方法，包括修四無量心、發殊勝菩提心和受願行菩提心學處三個步驟。

首先需要修四無量心：如果沒有依靠四無量來修心，那麼就斷不了謀取自利的心行。牟取自我利益（想要大有作為那純屬痴心妄想），不管是佛教裏還是世間中，都從來不曾有過謀求私欲而成功、成就的實例。我們從耳聞目睹的現量加以權衡，在這個世界上的帝王將相、達官顯貴凡是自私自利的人，到頭來無不淪落到最悲慘的境地，都是以毀壞自他而告終。從佛法方面來講，謀取一己私利的聲聞緣覺們，既沒有獲得佛子菩薩地的功德，更不會得到佛陀出有壞果位的一切功德，這歸根到底就是這個私心在作怪。

現在，我們絕不可以牟取私利，一定要發起菩提心意樂。寂天菩薩說：「菩提心妙寶，未生令生起，已生勿退失，日日而增上。」所謂的「菩提心妙寶」，就是指希望一切有情獲得佛果的心願。「未生令生起」的方法就是修四無量心。「已生勿退失，日日而增上」的方便，就是發起殊勝菩提心和修學它的學處。關於「未生令生起、已生勿退失、日日而增上」的方便方法，如果

不共內前行

想廣修，就要修四無量心；中等修法，就修慈心和悲心；假設略修，就只修這獨一無二的悲心。

這樣的菩提心，沒有生起讓它生起的方便就是四無量。四無量與四梵住之間有一定的差別，四梵住是指梵輔天等四處。轉生到四處的因是緣於慈悲喜捨四種心，但它并不是無量心，只是局限性地修行。四梵住不叫無量的原因是，簡略地說，由於慈、悲、喜、捨既沒有以出離心攝持，也沒有以菩提心攝持，又沒有以空性見攝持，更沒有以證悟無我的智慧攝持，爲此才叫梵住。打個比方來說，一個好心腸的老婦女，她的所緣、行相是局限性的，她一心想：我的這個孩子快樂幸福等等。如果這種意樂入到遍知之道上，那就是四無量。道位時三十七菩提分法中居於首位的就是四無量，果位時是佛陀的四無量。正因爲四無量心所緣的對境無量、有境的心無量，它的果無量，爲此才稱爲無量。就講理論的順序而言，先從慈心講起；按照竅訣的觀點，如果首先沒有從捨無量開始修，那麼其餘所有修法就成了梵住，所以最初必須從捨無量心修起。

具體來說，希望衆生具足樂因及樂果，是慈心的本體或法相或行相；希望衆生遠離苦因及苦果，是悲心的本體或法相或行相；希望衆生不離安樂，即是喜心的本體或法相或行相；希望衆生遠離貪嗔，即是捨心的本體或法相或行相。

大圓滿前行備忘錄

四無量心也分爲有緣的無量心與無緣的無量心兩種。在修有緣的無量心時，要對應所緣、行相來修。

慈心的所緣境：「願等同虛空的一切老母有情具足安樂及安樂因」，這顯然是以不具安樂的有情作爲所緣對境，希望他們具足樂因及樂果即是行相。

悲心：以痛苦有情作爲所緣對境，希望他們遠離苦因及苦果是行相。

喜心：以具足樂因及樂果的有情作爲所緣境，希望他們不離其安樂是行相。

捨心：以自相續的貪嗔、他相續的貪嗔作爲所緣境，希望平等息滅貪嗔心而具饒益心即是行相。

以上是四無量心，就這樣對應所緣、行相來修。

無緣的無量心，作爲初學者，以如夢如幻等幻化八喻來修煉內心；如果是一個開悟者，那就以「無分別智行諸事」入定，修行它的妙力慈悲心等。

要修四無量心的人，如果一開始沒有從捨無量修起，那麼慈悲喜就不能成爲無量。修法有觀察修與安住修兩種。「慈心與慈等持，悲心與悲等持，喜心與喜等持，捨心與捨等持」是指修寂止和勝觀中的修寂止。修寂止也包括理論的修法和竅訣的修法，這裏依照竅訣的修法，入座的所有前行法如前一樣。

正行：把怨敵觀想在自己的右側，把親友觀想在自己的左側。一開始要對自己的親友生貪心，對仇人起嗔

心。接著對此從三個時間來思維：敵人、親人這兩者包括我自己在內在輾轉生死的過程中，沒有不當過父母親朋摯友的，如今的這個仇敵在以往做父母親朋好友的當時，曾經給予過我不可估量的幫助，保護我免遭無量的加害。所以，他是利益我的親人。今世，我把他當作仇敵，他也不一定反過來也把我看成仇人，假設互相仇視，那麼在彼此之間發生爭鬥等等情況下，勢必會以英勇、得勝作爲美名傳揚的因。或者，他沒有把我看成仇人，或者即便對我敵視，但經過其他的中間人從中調解，或許會變成親友，也有可能變成比自己親生骨肉更近的親人。就算沒有別人調和，但是雙方互相坦誠相待，互相認錯說：「你不對，我也有錯，現在開始我們不該像以前那樣了。」或者，以財物來坦白認錯，或者通過對話坦誠道歉，這樣一來，也會彼此和睦，成爲親友。

大圓滿前行備忘錄

從修行的角度來說，正是因爲被敵人搶劫一空的外緣才使我遇到佛法，如果有這樣的外緣出現，那這回我就是一個佛子菩薩了。再者說，百年布施不如一日守戒，百年守戒不如一日修忍，佛陀的所有相好就是通過安忍而獲得的，而且修安忍的對境就是仇敵，如果我能够修行安忍，那怨敵就是饒益我的人，所以他并不是敵人。

將來，這個敵人也會變成親人而幫助我。

還有一種情況：這個仇人從無始以來的生世中作爲我的怨敵加害於我，現在也是作爲怨敵加害於我，未來也將作爲怨敵加害於我。

由此可見，這個敵人對我既有利也有害。

接下來對這個只是一味貪戀的親人也加以思維，要經過一番詳詳細細的思索而斷定他是仇敵。前世當中，這個親人也害過我，他作爲怨敵曾經無數次掠奪過我的財產、剝奪過我的生命、砍斷過我的頭顱肢體。今生，他也成爲我修行正法的違緣，孩子成爲父母的痛苦緣，父母成爲孩子的坑害者，父母爲孩子迎娶作爲終身伴侶的妻子，這實際是把我們捆縛在輪迴的繩索上，并且教給他們如何制伏敵人、如何扶助親友、如何做生意、搞欺騙各種各樣作惡的方法，這無疑會導致我根本無法從輪迴中獲得解脫。

從正法的側面來講，我起初幸逢了了不起的上師，中間修行妙法，最後守持戒律等等，可是爲了成辦父母雙親等這些親人的利益，我的戒破了、禪定退失了、智慧一敗塗地了，這就是他們所造成的。所以說，前世的敵人因討債變成今生的親人，今世的親人因爲討債後世也會成爲仇敵。這個親人在三時裏做我的仇敵。

還有另一種情況，這位親人從無始輪迴以來，曾經當過父母等利益過我，現在也作爲親人，從衣食、住所等方面來幫助我，將來也會變成親人饒益於我。

不共内前行

可見，親人對我也是既有利也有害。

綜上所述，其實，親人敵人都是利害兼而有之，通過如此觀修，結果心裏既不會有想要加害敵人的念頭也不會有想幫助親人的欲望。如果停留在這樣的狀態上，就叫做無利無害的愚捨。所以，必須進一步觀想親怨兩者是母親，是該幫助的對象。那要怎樣來觀修呢？虛空遍及的地方充滿有情，有情遍及的地方充滿業感痛苦，被業感痛苦折磨的一切有情從無始時以來無一不曾當過自己的父母親友等等。從更親密一層的關係來講，就像如今的這位生身母親一樣，這個敵人也當過我的母親，并且不只是一次而是不可思議次當過母親。（龍樹菩薩曾說：）「地土搏成棗核丸，其量不及為母數。」比如說：在無所不知的如來面前，坐著我母子二人或者敵人和我，佛陀告訴我們說：這個怨敵和你，在前世是這個人的母親，再前世當一個天人的母親……於是，我把這個大地的土搏成棗核丸來計數，結果這個大地的土已經用完了，可是單單這個怨敵做母親的邊際還沒有算盡。這是什麼原因呢？因為我們從無始以來迄今為止一直流轉，可想而知，在巴掌大的地上，不曾多番出生、不曾多番死亡的地方是沒有的。除了天界與地獄的多數眾生是化生以外，基本上都是胎生，如果需要從胎中出生，那沒有母親就無法出生。當然，假設只是一個眾生作為母親，那倒也僅此為止，但事實上并不是這樣，一切有

大圓滿前行備忘錄

情彼此之間都曾無數次做過母親，這個敵人當母親的次數就相當可觀。

這以上是知母。

接著就要念恩，只要是母親，就必然有著深恩厚德，無恩無德的母親是不存在的，哪怕是變成了鷂鷹和豺狼等凶殘猛獸的崽兒，當母親的它們是殺害別的眾生來深情養育自己的孩子。不用說轉生爲豐衣足食應有盡有的富家子弟，就算是投生在乞丐之家的時候，恩重如山的母親，以啓明星做帽子，用白霜當鞋子，以畢宿星做鞭子，腳上的血流在地上，手上的血灑在石頭上，臉肉給人，小腿肉給狗。也就是說，母親披星戴月，早出晚歸，孜孜不倦，嘔心瀝血，歷盡艱難，飽經滄桑，甚至不顧臉皮，用痛苦和罪惡換來的乞討食物當中，哪怕有指頭大小的油脂，她會馬上給我，即便只是得到了一個破破爛爛的墊子，她也會把稍微結實的地方給我做成衣服或補丁，諸如此類。母親就是這樣以深情厚愛來養育我的。

現在的這個敵人在作母親時，當我自己徘徊在中陰中的尋香近取神識，聞到食物的香氣而奔去的時候，依靠以往的業力和父母做愛的因緣而入胎，母親她懷胎九個月零十天，忍痛受苦，暗地裏流著酸楚的淚，付出血肉之軀的一切代價，全然不顧滔天罪惡、艱難困苦、惡言惡語。母親享用飲食的營養和身體的所有精華通過臍

不共內前行

200

道來養活我的生命，使我身體得以成長，這是生身之恩。

接著是出生時候的我，說活著，連頭都抬不起來，說死了，氣還沒有斷，就是這副要死不活、蔫蔫巴巴的樣子，是深情的母親，要死的沒讓死，要爛的沒讓爛，要幹的沒讓幹。母親滿懷著生子的最大喜悅，以慈愛心撫育，臉上散發出含笑的光彩，用親昵的愛稱來呼喚，展開雙手摟在懷裏，不讓我死去，這是賜命之恩。

漂泊不定的中陰神識口裏無食、手中無財、背上無衣，不知何去何從，當來到一個全然陌生的家裏，是那深情似海的母親，用最初的食品——甘甜的乳汁喂我，乳汁的精華落到眼裏，人在命終之時，眼裏瑩瑩流的淚水就是它，糟粕留在體內吸取所有食物營養，使身體茁壯成長，待到死亡之時，上吐下瀉身體元氣的東西就是它。母親，用自己的體溫當作我最初的衣服。當我稍稍能吃東西的時候，母親總是先把好的食品給我吃，不管是白的紅的，凡是有營養、香噴噴的食物，她就用嘴來喂我，用手給我擦拭髒物，用手輕輕撫摸我的肚子看我餓了還是飽了，用指頭測試食物的冷熱，用最好最柔軟最暖和的布給我做衣服。母親她自己却總是捨不得上供三寶，捨不得下施貧乞，捨不得給亡者作佛事，捨不得給生者食物，捨不得吃，捨不得穿，不顧一切罪業、痛苦、惡言所積累，通過邪惡、欺騙的手段所攢下的一切

大圓滿前行備忘錄

201

財產通通給予我，就算是讓我登上轉輪王位，她也不覺得給予得太多。我要食馬上給食，要財馬上給財，身上無衣給我衣裳，從無吝嗇心和捨不得的心，母親把自己所擁有的一切受用通通給予了我，這是施財之恩。

當我剛剛會吃東西、會走路的時候，母親教我吃飯該怎麼吃，穿衣服該怎麼穿，衣服哪是上哪是下，腰帶拴的鬆緊程度、鞋帶該怎樣繫。不會走路教我怎麼走，不會說話教我說「媽媽、爸爸……」，耐心地教我世間的所有知識。當我們在搖籃裏的時候，母親真的好像把自己的心掏出來放在平原上一樣把我當成心肝寶貝，極其寵愛，視爲掌上明珠，一直到我長大成人，這是教世間知識之恩。

以上生身、賜命、施財、教世間知識四種，是感念世間法方面的恩德。

從佛法的側面來說，具足十八暇滿的這個珍寶人身也是大恩母親所生，再者衣服飲食、住所資具等修行菩提的這些助緣，如果沒有母親，單憑自力一樣也是實現不了的，由此感念母親的恩德。佛子菩薩道，首先發殊勝菩提心，如果沒有母親，也無法發起，中間修學如海的菩薩行，如果沒有母親，也無有修學的對境，倘若不具備菩提心、菩薩行，就不會有最終現前圓滿佛陀的果位。可見，從佛法方面來說，母親對我也是有著大恩大德。

不共內前行

以上從佛法和世法兩個角度來憶念恩德，就是念恩的修法。

接下來心裏思維：對我具有深恩厚德的母親，既然在這以前是將利益勝利奉獻我，虧損失敗自取受，以深情養育了我。我這回有幸遇到大乘佛法，承蒙上師善知識攝受，明曉道的利害，以往是媽媽關注我的苦樂，現在該輪到作爲孩子的我要關注母親的疾苦。心裏有渴求報恩的想法，這就說明產生了想要報恩的念頭。

隨後，從自己的親生父母、兄弟姐妹等逐步觀修，在臨收座時，對一切有情無有親怨貪嗔，平等觀成中等的對境，這就是修捨無量心。

在這般觀察修的過程中，心感疲憊，不想繼續的時候，不跟隨過去的妄想，也不迎接未來的希求，又不持續現在的分別念，不加改造悠然安住，這就是捨等持。

當再度想起心動念時，又進行觀察，就這樣通過觀察、安住輪番交替來修寂止。結座與前面一模一樣。隨之進入座間，以有貪嗔的有情作爲所緣境，知母、念恩等觀修法與前相同，心想：但願此人遠離相續中的貪嗔；如果他能離開貪嗔之心，那該多好；我一定要使他遠離貪嗔之心。爲了使他遠離貪嗔而虔誠祈禱三寶。

在此之後，修無緣的捨心，自他的身體可分成微塵，心刹那間生滅，不會停留到第二刹那，在勝義中自性不成立，名言中在一切皆非的空性中緣起不滅，對空

大圓滿前行備忘錄

性和緣起不滅平等引生定解，在不加改造的狀態中安住，這是生起勝觀的方便法。

另外，在所有座間階段，再針對有貪心、嗔心、有爭論的有情，第一與發願相聯：但願這些有情隨時隨地都能遠離貪嗔之心。第二與希求心相聯：如果他們能遠離貪嗔之心那該多好！第三與立誓相聯：我一定要使他們遠離貪嗔之心。具足以上這三種相聯。第四祈禱：爲實現以上願望虔誠祈禱三寶。反反復復觀修。

儘管在入座期間捨無量修得不錯，使心相續稍微有所改變，可是如果在座間沒有思維，那麼又會落入以前殘存的惡習痕迹中。打個比方來說，當鐵放在火裏燒的時候是紅彤彤的，一旦從火裏取出放在地上，它又會變得黑乎乎的。因此，在座間觀修入座所修的內容這一點相當關鍵。如此這般修行之後，在座間，對怨敵放下嗔心，對親人拋下愛戀，要對所有衆生一視同仁，等如父母。

修慈無量心，當借助捨心息滅了貪嗔之後，就必須對平等是父母的有情修慈心。在入座的開端要局部性觀修，結尾時，對一切有情觀修。開始，在前面直接觀想自己親生母親的音容笑貌。心裏思維：現在的這位母親，不止一次做過我的母親，而且當過無數次我的母親，做母親的邊際沒有盡頭……這是知母。

接著念恩：我并不是從天上突然掉下來的，也不是

不共內前行

像地上長花一樣自然冒出來的，而是母親九月零十天懷胎，給予了我的生身性命。凡母親享用飲食的營養成分，就如同油燈裏放燈芯一樣，經過母親的臍部，滋養著我的身命。這是感念生身的恩德。在後來分娩的時候，母親除了頜骨的關節以外的所有關節部位全部分離，七天之間，飽嘗著「想到做愛都會膽戰心驚」的痛苦。當時的我感受著「從鐵砧眼裏牽引出」般的痛苦。出生時候的我，說活著，連頭都抬不起來，說死了，氣還沒有斷，就是這副要死不活、蔫蔫巴巴的樣子。回頭看時，不知從六道什麼地方來，往前瞧時，不知來到了什麼地方，在當時，如果不是深情的母親做我的母親，也許我就死了。母親首先剝去我身上的胎盤，用乳汁的溫流給我沐浴，剪斷臍帶，要死的沒讓死，要爛的沒讓爛，要幹的沒讓幹……感念賜命的恩德。其後，母親以最初的食物——甘甜的乳汁餵養我……感念施財的恩德。母親把我當成心肝寶貝，滿懷慈愛心隨伴著我，以利益心養育我……凡是她會的、她懂的都通通教給我，這是感念教世間知識的恩德。

接下來從佛法的方面憶念恩德，母親是饒益我的恩田，她把住所、床榻等一切日用資具給予我。修慈心的福田也是這位大恩的母親，母親對我是這般利濟的，而我以前從來沒有給予母親這樣的利益，甚至母親在世間法方面教誨吩咐時，我非但不聽從，反而恩將仇報罵

大圓滿前行備忘錄

她：「老太婆，老糊塗，你怎麼還不死！」這完全是沒有憶念恩德導致的。

　　現在想到母親的恩德以後就要報答恩德，心裏思維：母親到底有什麼所求、想要什麼呢？其實她所求的、想要的無非就是快樂，衣裳、食品、住宅、臥具等等今生今世的快樂一直到善趣天、人的一切安樂，甚至曬一天熱乎乎的太陽，喝一碗香噴噴的茶，諸如此類的快樂她都想求得，而不願意受苦。可是，她卻不具有信心、出離心、菩提心這些安樂的因以及增上生人天之樂直至佛果的大樂，而接連不斷造作苦因，以不具樂因及樂果的深恩母親作為所緣境，心裏想：但願這位母親現世及生生世世，具足珍貴的信心、出離心、菩提心——安樂因；如果母親能具足珍貴的信心、出離心、菩提心——安樂因，那該多好；我一定要使母親具足珍貴的信心、出離心、菩提心——安樂因。為了使母親具足安樂因而虔誠祈禱三寶。但願母親具足增上生人天果報直至圓滿佛果之間的安樂果；如果母親能具足增上生人天果報直至圓滿佛果之間的安樂果，那該多好；我一定要使母親具足增上生人天果報直至圓滿佛果之間的安樂果；為了使母親具足安樂果而虔誠祈禱三寶，念誦「奇哉三寶大悲尊……上師如來眾生怙……勇士您具悲心力……」。當心裏稍有安樂之感的時候，不遮止分別念也不跟隨它，心悠然安住。

不共內前行

206

相信因果的誠摯信心是善趣的因，出離心是解脫的因，菩提心是圓滿佛陀的因。

以上從知母一直到希望他們具足樂因及樂果之間，是觀察修；不遮止分別念也不跟隨它，心悠然安住，是慈等持。

在所有座間階段，需要奉行一切仁慈的身業和語業，心業就是懷有「必須成辦一切老母暫時和究竟的一切安樂」的心念。具體來說，我們對於父親叔伯等長輩，包括家畜在內，要慈愛有加，斷除毆打等行為。語言上杜絕口出粗語和刺耳的話，心裏想到凡是眾生所求的暫時究竟的一切安樂，只要能辦一定要成辦。

無緣的慈心，就是引生三輪現而無自性的定解。

修悲無量心：按照華智仁波切和阿底峽尊者的觀點，從自己的親生母親開始觀修。如果依照持明無畏洲的意趣，那就觀想羊只等待宰的眾生，或生病的患者或是痛苦者，把他當成自己或者自己的母親來觀修。不管按照哪種方式修都可以。就初學者從自己的親生母親開始觀修而言，把母親的身體了然觀在自己的前面。首先知母，她不只是一次而是許許多多次當過自己的母親，對我有生身、賜命之恩……而且，給予我財產：深情的母親含辛茹苦，歷經萬難，不分晝夜（白天當哨兵，晚上當巡邏）撫養呵護……教世間知識：我不會說話母親教我說，不會走路教我走，不會吃飯教我吃，不會穿衣

教我穿。從我孩提時代、少年時代、青春美滿⋯⋯凡是她會的懂的都通通教給我。

從佛法方面來說，難得的暇滿人身也是母親所生⋯⋯生起想要報恩的渴望，對我恩重如山的母親有什麼所求、她想要什麼呢？她所求的想要的無非是快樂，可是她却不知道修行快樂的因——信心、出離心、菩提心，也沒有宣說的善知識，即便是有一位法師，可她也不會依照其言教修行，而把快樂之因的一切善法視為不共戴天的敵人一般摧毀無餘。正如《入行論》中所說：「愚人雖求樂，毀樂如滅仇。」盡管她不想受苦，但是却糊裏糊塗地造痛苦之因的不善法。如云：「眾生欲除苦，反行痛苦因。」不願意感受三有三界輪迴的一切痛苦，甚至微微火星落在身體上或者扎小小刺兒之類微不足道的痛苦也不想遭受，可是却屢屢造作痛苦的因不善業，身體所行是不善業，口裏所說是不善業，心裏所想是不善業，如此一來，心中所想與實際所行背道而馳，直接受著苦諦損害，間接受著集諦危害，今生的痛苦作為護送者，後世的痛苦作為接應者，中陰的痛苦作為連接紐帶。母親她不僅僅是具足這樣的苦因及苦果，而且單單為了我，也是和人厮打、和狗拼打，甚至僅僅因為弄死我頭上虱子的果報就要漂泊在地獄那漫無邊際的痛苦中。對痛苦之因的不善過患一無所知，對善法的功德利益也全然不曉，夜以繼日連續不斷遭受痛苦的大恩母

不共內前行

親真是悲慘！實在可憐！這是悲心的所緣或者對境。但願母親離開三有三界輪迴的苦果；如果母親能離開三有三界輪迴的苦果，那該多好；我一定要使母親離開三有三界輪迴的苦果；為了使她離開苦果，虔誠祈禱無欺的皈依處三寶，願您以大悲關照。但願母親離開一切業和煩惱的苦因；如果母親能離開一切業和煩惱的苦因，那該多好；我一定要使母親離開一切業和煩惱的苦因；為此虔誠祈禱三寶。就這樣，觀察、安住輪番來修。

隨後，從父親、姊妹……父族親屬……逐步觀修，最後普及到虛空所遍的一切有情，這所有眾生都充斥著三苦，也就是遍及三惡趣的苦苦、遍及人天善趣的變苦、遍及色界無色界的行苦，尤其是人類被怨憎會苦、愛別離苦、求不得苦、不欲臨苦及生老病死等等今生的痛苦所追趕著，被後世的痛苦等候著，由中陰的痛苦銜接著。但願一切有情都遠離這樣的苦因及苦果；如果一切有情都遠離了這樣的苦因及苦果，那該多好；我一定要使一切有情都遠離這樣的苦因及苦果；為此而祈禱三寶。

修無緣的悲心，就是引生出三輪現而無自性的定解。

修喜無量心：首先也是對自己的母親，從知母、念恩、想要報恩開始修，再修希望她具足安樂的慈心和希望她遠離痛苦的悲心。接著，再觀想自己的母親，有吃

大圓滿前行備忘錄

有穿、有住宅有臥具，有財産有受用，有權有勢，有地位有名聲，擁有點點滴滴的幸福快樂，這是所緣或者對境。行相或心態：把這看作是值得歡喜、大有必要、不可缺少的，修歡喜心。但願母親所擁有的微乎其微的樂果及善業的樂因，永不失去、永不衰落而蒸蒸日上，永不離開善業的樂因及樂果；如果母親不離開善業的樂因及樂果，那該多好；我一定要使母親不離開這一切；爲此虔誠祈禱三寶。但願母親不離開如此所擁有的一切樂因及樂果，蒸蒸日上，直至暫時增上生人天果報、究竟決定勝解脫及遍知佛果之間與日俱增；如果能够與日俱增，那該多好；我一定要使其與日俱增；爲此虔誠祈禱三寶。就這樣，觀察、安住輪番交替而修。

無緣的喜心：就是引生出三輪現而無自性的定解。

在座間階段，隨時隨地對凡是幸福安寧的有情不生嫉妒，而滿懷欣喜。對於具備聞思修行的道友等眾人，也但願他們不離開這樣的所有安樂功德，但願他們永不離開這些功德而蒸蒸日上，如果他們不離開這些功德那該多好。這般修喜心，有使自相續聞思修行不衰不退的必要。一切有情是母親，我作爲孩子，本來，母親的一切安樂該由子女來實現，對於不需要我去成辦而有情各得其樂，只能是滿懷喜悅之情，而根本不會有嫉妒之心。

第二、發殊勝菩提心。

發殊勝菩提心包括本體、分類、發心方法三個部分。

其一、菩提心的本體：具備兩個條件或兩層含義就是發菩提心的本體，正如補處彌勒菩薩所說：「發心為利他，求正等菩提。」第一個條件或第一層含義就是心想：一切有情遠離苦因及苦果，以悲心緣眾生。後一個條件或後一層含義就是心想：一切有情遠離苦因及苦果而獲得珍貴的圓滿佛果，這是以智慧緣正等菩提。具全這兩個條件，必須具備既不雜有只想到眾生離苦而沒有想到獲得佛果的一般悲心，也不雜有沒有緣眾生痛苦而只是想到要獲證佛果的慈心這兩個條件或兩層含義。

其二、菩提心的分類：依靠心力的差異有三類，這三類在以悲心緣眾生的條件上沒有差別，而是在後一個條件（以智慧緣佛果）上安立的，一是希求我先成佛，這是大希求或者如國王之發心；二是希求我與眾生同時成佛，我不先成佛不把眾生遺留在後一起成就佛果，即是如舟子或妙智慧之發心；三是我從無始以來一直在作意自利、牟取自利停滯不前，導致漂泊至今，如果仍舊牟取自利，那必然無有盡頭地漂泊下去。所以現在不管我何去何從，先要將一切有情安置在圓滿佛位，我不管獲不獲得佛果都可以，以珍寶菩提心降伏作意自私自利的這個妖魔鬼怪而希望其餘眾生獲得佛果，這是無喻之發心或如牧童之發心。所有的比喻都簡明易懂。如此一

大圓滿前行備忘錄

211

來，下根者在三十三大阿僧祇劫證得佛果，中根者歷經七大阿僧祇劫證得佛果，上根者歷經三大阿僧祇劫證得佛果。

按照地的界限來分，在資糧道和加行道，稱爲信解行發心，因爲儘管相續中生起了真真切切的世俗菩提心，可是對於勝義菩提心，只是以總相的方式理解或領受，而并沒有現量證悟，爲此叫做勝解行發心。從一地到七地之間，稱爲增上清淨意樂之發心，入定時滅盡染污意而在後得時偶爾萌生細微的我執，然而不會成爲道的違緣，所以叫做增上清淨意樂之發心。三清淨地的階段稱爲異熟之發心，先前資糧道、加行道時所發的一切願現在得以實現，就像秋季莊稼成熟一樣，是成辦廣大他利的時間，爲此稱爲異熟之發心。佛地稱爲斷障之發心，因爲煩惱障所知障連同習氣通通斷盡，雖然以前發世俗菩提心「乃至菩提果」的承諾之時已過，可是由於勝義發心以得而不失的方式上具存在，另外還因爲是令無量有情發心的開端，由此才叫發心的。

資糧道加行道，雖然有清淨的世俗發心，但勝義發心，作爲資糧道者只是瞭解，加行道者只是領受。本來，見解有現量的見解和比量的見解，在資糧道、加行道階段屬比量的見解，爲此是勝解行發心。加行道勝法位是無間智慧，相續中生起它的後一刹那就步入見道，如果按照三大阿僧祇劫成佛，從資糧道到見道之間需要

不共內前行

212

一劫，見道就是現見法性真諦的第一「極喜」地，自利方面現量證悟智慧，他利方面等持神變運用自如，依靠劫轉變成剎那、剎那變成劫的自在神變能成辦廣大他利，爲此稱爲極喜。在不清淨七地時，直接斷除煩惱障，間接減少所知障，所以在七地以前并沒有斷除染污意，由此叫做不清淨七地，在後得時會出現個別細微的自利分別念，但它自然而然清淨或者消失，行爲上并沒有成辦自利，爲此是增上清淨意樂發心。所謂的三清淨地，由於刹土、行境清淨，在三清淨地，煩惱障無一遺留，從第七地已經斷完，在三清淨地階段，斷除所有粗細的所知障，到了十地相續末際，無餘斷除殘餘的習氣障，這是異熟發心。其中第一刹那依靠對治法——金剛喻定的智慧無餘斷除剩餘的習氣障，接著在第二刹那轉依成一切種智，即是斷障之發心。此處說它是刹那并不是以自本體來講的，是從對對境起作用方式的角度而言的。關於二障，自宗的觀點，《寶性論》中說：「吝等分別念，許爲煩惱障，三輪分別念，許是所知障。」貪心等煩惱是煩惱障，對三輪耽著實有，承許是所知障。新派認爲，煩惱障和所知障是同體存在的，實執是煩惱障，如此一來，煩惱障變得越來越細微，就是所知障，所知障變成越來越細微就是習氣障，比如，麝香（表示煩惱障），裝麝香容器上的氣味（表示所知障），容器上的氣味變得越來越微弱（表示習氣障）。

大圓滿前行備忘錄

從本體的角度來分，有世俗菩提心和勝義菩提心兩種。如云：「世俗勝義別，二種菩提心。」世俗菩提心是在分別念上發起并收攝於分別念中。勝義菩提心，是分別念的運行隱沒於法界的智慧。

世俗菩提心又包括願菩提心和行菩提心兩類。首先爲得果位而立誓，是願菩提心；想要修行得果的因或方便的六度之心願，在因上立誓，是行菩提心。我必須要以這兩種誓言的鐵鈎鈎住。

世俗菩提心需要依靠儀軌生起，勝義菩提心，雖然密宗裏說依靠儀軌生起，但那是指勝解道用，而并不是指真正的勝義菩提心。真正的勝義菩提心，必須借助三殊勝而修行的力量才能生起。關於三殊勝，《經莊嚴論》中說：「令佛生歡喜，積累福慧資，不分別法智，生故許殊勝。」[38]殊勝包括攝持殊勝、隨修殊勝和證悟殊勝三種。其中攝持殊勝包括內外兩種，外攝持殊勝是從加行道開始至見道之間，常常令上師和圓滿佛陀滿懷喜悅之情，而不令其心生厭煩。內攝持殊勝，是以大悲、智慧攝持。隨修殊勝，即積累資糧，也就是積累有現福德資糧和無現智慧資糧。證悟殊勝，生起不分別其邊的智慧，是指現見見道的智慧。可見，勝義菩提心必須憑藉真正修行的力量才能生起，也就是依靠攝持殊勝、隨修殊勝和證悟殊勝來產生。

---

[38]唐譯：親近正遍知，善集福智聚，於法無分別，最上真智生。

世俗菩提心必須依靠儀軌生起。儀軌有中觀和唯識或者甚深見派和廣大行派兩種，不管按照哪一種儀軌，都包括加行前行法、正行立誓和結行自他歡喜三個步驟。

第一、加行前行法：先積資淨障，按照寂天菩薩的意趣，要施捨自己擁有執取的身體、受用、善根這三種事物。中觀宗承許世俗菩提心由積累資糧中產生；唯識宗認爲它是由澄清的心中所生。也就是說，通過七支供積累資糧，隨後修四無量心，接著再施捨三種擁有執取的事物，對這三種事物斷掉執著，就是斷派的實修法，也是這裏講的修心法。

正行立誓：在沒有祈禱三垂念之前，要從虛空遍及之處充滿衆生……知母、念恩、想要報恩，具備以悲心緣有情和以智慧緣菩提這兩點而觀修。再進一步歸納，就是爲了一切有情遠離苦因及苦果獲證珍貴的圓滿佛果，我發殊勝願菩提心，盡己所能修學行菩提心，隨之祈禱三垂念，即「祈請十方一切出有壞正等覺、十地菩薩摩訶薩衆及諸位大金剛持上師垂念我」，接著是具有三種特點的皈依，念誦「乃至菩提果，皈依諸如來，正法菩薩衆，如是亦皈依」，以三皈依作爲基礎。

以上這兩者是加行法。

第二、正行立誓包括三個步驟，念誦：「如昔諸善逝，先發菩提心，復此循序住，菩薩諸學處。如是爲利

大圓滿前行備忘錄

生，我發菩提心，復於諸學處，次第勤修學。」其中第一頌的前兩句是說佛菩薩往昔如何發殊勝願菩提心，後兩句講發殊勝行菩提心，所以指明了我們所效仿的對境。接下來的一個頌詞是說我也隨學佛菩薩發殊勝願菩提心并盡己所能次第修學作爲其因的六度。一邊觀想一邊念誦以上兩頌三遍，結尾時觀想諸佛菩薩說「此乃方便」，自己回答「善哉」。這時心裏想到已經得到戒體。

得戒體的界限，「得界㊴三次念誦際」說明是在念誦三遍剛剛結束時生起戒體。第三、結行使自他生歡喜，「今生吾獲福，善得此人身，復生佛家族，今成如來子。爾後吾當爲，宜乎佛族業，慎莫染污此，無垢尊貴種。猶如目盲人，廢聚獲至寶，生此菩提心，如是我何幸！」就在今天的此時此刻，我所擁有的人身有了價值，獲得了人身，并不是罪得，是善得。到底是怎樣的呢？今天我的相續中生起了佛種姓的珍寶菩提心。成爲佛陀之子身的繼承人、受持語寶藏者、持受密意者，也成了能救度剩餘所化眾生的佛子菩薩。現在我無論如何，哪怕是遇到生命危險，也絕不能以自私自利的噁心歹意玷污沒有自私自利過失唯是功德莊嚴的這一尊貴種姓，必須要著手於合乎殊勝種姓的事業——菩薩行。一旦相續中生起了這種珍寶菩提心，那就好似一個雙目失

不共內前行

㊴得界：是指得戒全的界限。

216

明的盲人在垃圾堆裏得到了如意寶而萬分慶幸一樣，想到我的相續中生起了珍寶菩提心，真是喜不自禁。

　　令他生歡喜：「今於怙主前，筵眾爲上賓，宴饗成佛樂，普願皆歡喜。」我在今天的日子裏，也就是「此年此月此日此時」，於佛菩薩面前，以暫時的人天果報和究竟圓滿佛果的安樂來宴請一切有情作爲上賓，但願天、非天、人、非人等六道眾生您們皆大歡喜。隨後觀想：山神、樹神、林神等等直至色究竟天之間輾轉相告說：「在某某地點、某某人說是要把我等都安置在暫時人天果位和究竟圓滿佛果，但願普皆歡喜」。所有眾生都已聽聞。既然如此，倘若以後仍舊出現犯墮罪等情況，那勢必成了慚愧之處，被人所恥的對象。自從發起殊勝菩提心到沒有出現根本墮罪之間，名稱上也轉變成「即刻得名諸佛子」，意義上轉變爲（「世間人天應禮敬」），不僅僅成爲包括天等在內的眾生之主，而且也是本師佛陀應禮、應供的對境。金剛手菩薩扛在肩上作爲本尊、護白法的梵天等淨居天神吉祥怙主七十尊⑩等等予以保護，居於何處消除貧困諸如此類的所有功德會一舉而得。這樣的菩提心雖然容易發起，却難以生起。因此，我們一定要認認真真、踏踏實實從四無量心或慈心和悲心或者唯一的悲心開始修。如果自食其言，背棄

---

⑩吉祥怙主七十尊：藏文中說是七十尊，但在《大圓滿前行》中說是吉祥怙主七十五尊。

承諾，那并不是像破了別解脫戒騙一騙五六位親教師、軌范師，一旦退失了菩提心，那麼相續中同時犯下四黑法，也就是欺騙了應供，欺騙了所有佛菩薩，以諂誑的行爲欺騙一切有情，總而言之就像騙狗一樣欺惑所有聖者和凡夫，犯下非常嚴重的彌天大罪。

菩提心的功德利益，如云：「若有成佛彼足矣，若無成佛無計施，成佛無誤之種子，勝菩提心願生起。」意思是說，如果具備了菩提心，那麼成就佛陀的條件一切齊全，如果沒有菩提心，那就無計可施了。其中的「種子」是指佛性，佛性有自性住佛性和隨增長佛性兩種，自性住佛性是指一切有情相續中所擁有的如來藏智慧，隨增長佛性（即修行生佛性）是指世俗菩提心。在修行佛果的過程中，自性住佛性是因，隨增長佛性是緣，因此佛性猶如種子。相續中生起這樣的一顆心，正如前文所說，就擁有名義轉變的功德、以妙樹果實比喻的所有善根都趨入大乘的功德、勝過有被菩提心攝持的所有善根如同芭蕉樹之果實只是享受一次樂果就會窮盡的功德，有這三種功德。哪怕僅僅是供一盞燈，但如果緣佛果來供養，那麼善根將因爲佛陀的功德數（不可思議）、衆生的數目（無量無邊）而與日俱增。積累了無間罪定業的人，相續中如果生起了珍寶菩提心，只需要在綫團彈起般短暫的時間裏墮入惡趣。殺人奪馬、放火燒宅之類的所有不定罪業，在相續中生起菩提心的一瞬

不共內前行

218

間就如同劫末火焚燒草堆般一掃而光。所以，它能將業和煩惱的障礙從根本上鏟除，逐漸去除所知障。有關此類的詳細功德利益，在《華嚴經》中有闡述；不詳不略的功德，在《入行論》第一品有說明；簡略的功德，誠如彌勒菩薩所說：「阻塞惡趣道，顯示善趣道，引至無老死，頂禮菩提心。」如果我們能夠做到隨時隨地憶念菩提心的功德，就不會退失菩提心，也不會出現犯根本墮罪等情況。為此，在發心開端和結尾令自他歡喜時都要憶念。

「已生勿退失、日日而增上」的方便，分別是願菩提心的學處和行菩提心的學處。已生不退失的方便是願菩提心，能失毀菩提心的因是謀取自私自利的意樂和它的助伴嗔恨心，這兩者能使菩提心退而不增。如何退失呢？如果失壞了願菩提心的兩個條件中任何一個，就已經犯了根本墮罪，即使支分的其他墮罪沒有失毀，也無濟於事，就像樹根已斷樹枝自然傾倒一樣。如果失壞了根本，則難以恢復，假設失壞了支分，則容易恢復。怎麼才算失毀兩個條件呢？也就是捨棄有情和捨棄遍知。

捨棄有情：對於加害自己或者殺害父親的凶手，或者雖然不是凶手，卻是自己不喜歡的某人說「你對我如此這般……」，當時終歸是由自私自利心念所引起的。當生起嗔恨心之際，就會互相捨棄。可見，自私自利的心態和嗔恨心這兩者能失毀以悲心緣有情這一條件，比

大圓滿前行備忘錄

如從許多捆在一起的棍棒中取出一個，那其餘所有的棍棒自然東離西散。同樣，捨棄了一個有情，即便沒有捨棄其他有情也於事無補，已經犯了根本墮罪。

捨棄遍知佛果：就拿一個布施為例，所布施的事物頭顱、肢體，布施的對境一切眾生，時間是在輪迴未空期間，數目是每一位眾生沒有不得到盡微塵數頭顱肢體的。依此類推，持戒等也需要如此成就。我等大師曾經在菩提樹下就布施過超過大地微塵數的頭顱肢體，在其餘地方就不言而喻了，佛陀是這樣修學六度萬行的，我們也要效仿而學修。在積累資糧的過程中，資糧道、加行道者，也會因為害怕魔障而嘆息道：唉！我實在修不了如此大的成就，還不如修行聲聞緣覺阿羅漢的果位呢！沒有領受見道的所證萬法如幻境界而捨棄遍知佛果，歸根到底也是從資糧道加行道起首先就謀求私利的心行所導致，顯宗的別解脫戒和菩薩戒，也會依靠這一己私欲的念頭而失掉。與密宗的上師和道友發生矛盾而破誓言，歸根到底也是由謀求自我欲望的心行所致。所以，我務必要念念想到前面所說的謀求私利的過患和珍寶菩提心的功德。

簡而言之，就是寂天菩薩所說的「何須更繁敘？凡愚求自利，牟尼唯利他，且觀此二別」。能仁圓滿佛陀出有壞全心全意追求的是利益他眾，結果證得了圓滿佛果，而所有凡夫俗子從無始以來一直成辦自我利益，結

不共內前行

220

果仍舊停留在成辦一己私利上面，到頭來還是沒完沒了地流轉。世間出世間的一切快樂是由利他菩提心的功德利益所得，誠如月稱菩薩所說：「聲聞中佛能王生，諸佛復從菩薩生，大悲心與無二慧，菩提心是佛子因。」今生後世大大小小的痛苦，也就是三界輪迴的一切痛苦通通歸結於成辦私利的心行。為此，把這個自私自利取名為厲魔。就算是母牛的奶沒喝到嘴，人們也會習慣性地認為那是妖魔在作怪，那麼自私自利的這種心念使暫時佛子菩薩地的功德和究竟遍智果位的一切功德到不了我們自相續中，它才是真正的大魔頭。要驅逐這個厲魔，就該把菩提心立名為驅魔的儀軌。那要怎麼驅逐它呢？就是修煉自他平等、自他交換和自輕他重的菩提心，從而能達到不退失菩提心幷把成辦私利的魔王驅逐出境的目的。

其一、修自他平等：正是由於從無始以來沒有做到自他平等，才導致對我和我方貪戀，對仇敵和敵方憎恨，現在必須要對我和我方放下貪愛，對他和他方放下憎恨。這兩者的根本實際上就是牟取一己私利的心態和行為。所以，認識到它的過失以後，就絕不能再一如既往，而務必要做到自他患難與共、風雨同舟。如何做到患難與共、風雨同舟呢？心裏思維：天邊無際的有情是我的母親，我作為孩子，我們之間是獨母獨子的關係，我們母子二人該同甘共苦，同舟共濟。如果想到這一

大圓滿前行備忘錄

221

點，就不會有成辦自利的心念，自私自利的心態自然銷聲匿迹。一切有情都是我的家人，我們母子平等渴求快樂，同樣不想受苦，要懷著大慈心一起成辦我和一切有情的安樂，心裏務必具備「有福同享、同難同當」的願望，行爲上必須一起成辦快樂。一切有情雖然都希求快樂，可是却對修行快樂之因的善業和正道一無所知，也沒有如理宣說的善知識，即便是有善知識，他們也不依教奉行。我如今有幸得見善知識，遇到大乘法，與瞭解取捨道理的上師善知識善友朝夕相處，也算得上是個修行人了，如果能做到，那我一定要去成辦一切有情的快樂。

首先發願：但願一切有情具足增上生人天果報直至圓滿佛陀之間的快樂——樂果和信心、出離心、珍寶菩提心等樂因。隨之希求：如果他們能够具足樂因及樂果，那該多好。接著發誓：我一定要使他們具足樂因及樂果。然後虔誠祈禱三寶。首先緣於增上生等快樂之果而具備三種關聯幷虔誠祈禱，隨後緣於信心等快樂之因而具足三種關聯幷虔誠祈禱。從今日起，就必須依靠意樂和行爲來平等饒益我和一切有情。心裏想著「我和衆生一起成就佛果」，實際行動上，也一同修行佛果，也要一起遣除痛苦。虛空遍及之處充滿有情，有情遍及之處充滿業感痛苦，被業感痛苦逼迫的一切有情從無始時以來無一不曾做過父親、母親等，從更親密的關係而

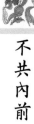

不共內前行

222

言，未曾當過母親的眾生一個也沒有。當母親的次數不僅僅是一次，而是不可思議次。假設把這個大地的土搏成棗核大小的丸子，當整個大地的土已經用完，可是作爲一一眾生母親的邊際還沒有到頭。作爲母親，全部是以深情養育我。接著需要感念母親的恩德：一是生身之恩，二是賜命之恩，三是給財之恩，四是教世間知識之恩。從而生起想要報答恩德的念頭：這些有情雖然所求的就是快樂，可是對快樂之因的善法和正道全然不知，也沒有指引宣說的善知識，即便是有，他們也不如理奉行善知識的言教，以至於快樂之果的增上生人天安樂直至圓滿佛陀之間的一切安樂，他們一無所有。儘管所有眾生都不想受苦，可是却遭受著三界輪迴三苦的苦果直接危害、集諦業和煩惱間接危害，緣於這一切眾生而平等觀作母親，這是捨無量心；緣於不具備快樂的眾生希望他們具足樂因及樂果，這是慈心；緣於具足苦因及苦果的眾生希望他們遠離苦因及苦果，這是悲心；我和一切有情是母子關係，作爲孩子的我必須要關注母親的疾苦，如果个需要子女關注，作爲母親的有情各得其樂，那麼我絕不會悶悶不樂而大發嫉妒，必然感到歡喜，而不會無動於衷，會滿懷喜悅之情，這是喜無量心。

以上四無量心入定後得時，知母、念恩必須一一修行。隨後，再想到，這些有情的痛苦就是我的痛苦，比如，我的頭痛那是天人的痛苦；喉嚨痛，那是非天的痛

大圓滿前行備忘錄

苦；心臟痛，那是人的痛苦；腹部等下身疼痛，那是三惡趣眾生的痛苦。爲此痛苦是一定要去除的，正如脚痛需要用手來消除一樣，有情所求的是快樂，而不想受苦，所想所行背道而馳的有情真好似徘徊在空空荒野中舉目無親的盲人一般，我如今遇到了大乘上師和大乘佛法，由此明曉利害關係，但願他們遠離苦因及苦果；如果他們遠離了苦因及苦果，那該多好；我一定要使他們遠離苦因及苦果；爲了使他們遠離苦因及苦果，虔誠祈禱三寶。心裏要想到一起遣除自他的痛苦，行爲上必然一起去解除痛苦。如果眾生的頭痛，作爲菩薩必然會痛心疾首。行爲上，比如，當在雪裏行走時，我自己有一雙鞋，如果另一人沒有鞋，那就要把一雙鞋分給他一隻，自己一隻，（他的一隻脚和我的一隻脚）兩隻脚同時在感受痛苦，另兩隻脚在一起享受安樂。所以，有情的快樂我必須要成辦，有情的痛苦，我必須要遣除，不需要我關注，他們各享其樂，就如同我的幼子在享受增上生的快樂，中子在享受聲聞緣覺的安樂，長子在享受佛陀的安樂，無需我兢兢業業，無需我下功夫，對於眾生享受的快樂之果要滿懷歡喜之情。對於眾生得到的信心等快樂之因要滿懷歡喜。心裏想：如果他們的這種幸福安寧永不失去、永不衰落與日俱增，那該多好。從心態方面這般修歡喜心。從行爲上，也需要這樣一起去成辦快樂。如果廣修，那就完整無缺地修四無量心。或

不共內前行

224

者，如果略修，就修慈心與悲心二者，或者只是修希望離苦的唯一悲心。

這以上是世俗菩提心。

勝義菩提心，引生出三輪現而無自性的空性定解。

簡而言之，華智仁波切親口說過：「如果快樂，同樣做花喜鵲，如果痛苦，同樣當黑烏鴉。」意思就是說要有福同享，有難同當。修自他平等是道位時從心態和行為兩方做到平等和果位時證悟自他一切法為等性的方便。因此，自他一切的一切從法性空性的側面是平等，從空性顯現的側面是平等，從世俗顯現的側面是平等，從現空雙運的角度是平等，這是修行顯宗的等性義。如果自他平等的菩提心已經修行很成功，那就該修自他交換菩提心。㊶華智仁波切這樣講道：打個比方來說，成群的牧童如果只有一個氈子，那在自他平等的時候，就相當於自他一起來蓋這個氈子的階段。到了自他相換時，就要把那個氈子給其餘所有人蓋，自己跑到外面呆在雨裏。所以，在修行「有福同享、有難同當」時，如果有什麼過失災難，主要由自己來承擔。現在必須要驅逐我執這個厲魔，就把自他交換的意樂，取名為驅魔儀軌。修行自他交換時，最初，先要知母、念恩、生起想報恩的心念，一直觀修達到標準為止。這位母親，起初在我

㊶本來，藏文此處，有一句「在涉及到自他交換之際」，但根據上下文似乎不合適，因為華智仁波切所說的內容涉及自他平等和自他交換。

大圓滿前行備忘錄

無衣可穿時，她得到一件衣裳也給我，我口中無食，哪怕有一點點兒美食也是給了我。所有財產受用毫不吝惜地給予了我，就算是讓我登上轉輪王位，她也不會覺得給予得太多。一切幸福安寧、快樂的事物通通圍繞著我。苦難罪業惡語等一切苦楚，母親她自己默默承受；所有虧損失敗母親自己承擔，一切利益勝利奉獻給孩子。

現在，該輪到作為孩子的我了，母親的痛苦，務必要由我來遣除，以大悲心來代受，想一想母親有沒有快樂、有沒有痛苦，她無有快樂只有痛苦，她被現世的生老病死的痛苦追逐著，中陰的痛苦連接著，轉生後世的痛苦在等候著，她正被三苦之果所折磨著，還有貪嗔痴和它所產生的十不善的痛苦。但願她遠離這樣的苦因和苦果。如果她遠離了苦因和苦果那該多好；我一定要使她遠離苦因及苦果；要遠離苦因及苦果必須虔誠祈禱三寶，通過念誦「奇哉三寶大悲尊……上師如來眾生怙……勇士您具大悲力」來祈禱心想事成。當然，只是遙遠地呼喚起不到有利的作用，但願深恩母親的苦因及苦果，速在當下、就在此地、就在此坐墊上成熟於我身；如果能成熟於我身那該多好；我一定要使她的苦因及苦果成熟於我身；為了做到這一點，虔誠祈禱無欺皈依處的三寶，願您以大悲威德力關照。但願我現在微乎其微的快樂直至暫時佛子菩薩的安樂和究竟圓滿佛果之

間的一切安樂，速在當下、就在此地、就在此坐墊上，成熟於大恩母親的相續中，如果能得以成熟，那該多好，我一定要使之成熟，爲了做到這一點而虔誠祈禱三寶。

爲了便於更容易修成，應該這樣結合呼吸來觀想：老母的苦因及苦果，以黑氣的形象向這邊呼過來，與之同時和我自己的氣一并從鼻孔吸進體內，如此一來，我就具有了苦因及苦果，老母離開了苦因及苦果，如同太陽脫離了羅睺羅的危難一般，母親的痛苦要由我來承受。心裏要想：母親的痛苦我要承受，在行爲上，母親的痛苦我來遣除。反反復復加以思維。

之後以大慈心施捨：但願母親具足增上生決定勝之間的安樂；如果她具足這些安樂那該多好；我一定要使母親具足這些安樂；爲了使她具足安樂，虔誠祈禱三寶。但願母親具足信心、出離心、珍寶菩提心這些樂因；如果她具足這些樂因那該多好；我一定要使她具足安樂之因；爲了使她具足樂因，虔誠祈禱三寶。僅僅是這一點也不能饒益她，還要觀想：我身體的快樂、內心的快樂等增上生決定勝之間的樂果和信心、出離心、珍寶菩提心的樂因一并奉獻給慈母，迴向給慈母。在觀修「我來奉獻、母親獲得」的時候需要結合呼吸來觀修：我的福壽榮華、身體受用、幸福安寧一切快樂的事物以白氣的形象就如同香、烟冒出一樣，從鼻孔中出來，氣

227

向外排散運行的同時，母親一幷向內吸氣，由此我離開了樂因及樂果，母親如同身上穿衣一般獲得、擁有了樂因及樂果。心裏要想：爲老母謀取樂因及樂果，行爲上必須從細微的快樂起爲老母成辦。

之後對自己的父親、同胞兄弟等等，逐步修行慈心，希望他們具足暫時增上生等直到究竟決定勝之間的安樂；如果他們能具足這些安樂那該多好；我一定要使他們具足這些安樂；爲了使他們具足這些安樂，虔誠祈禱三寶。但願他們具足信心、出離心、珍寶菩提心這些快樂之因；如果他們具足這些樂因那該多好；我一定要使他們具足這些樂因；爲了使他們具足這些樂因，虔誠祈禱三寶。再觀想自己的身體受用及善根施捨給他們。在結座時修三種關聯：但願遍布虛空際的一切有情身體的病痛、心裏的痛苦、意願的違緣、墮落的罪業、一切障礙速在當下成熟於我的相續；如果能够成熟於我

的相續，那該多好；我一定要使他們的所有這些罪業、痛苦成熟於我的相續；爲了能做到這一點，虔誠祈禱三寶。隨後觀想：衆生的一切墮罪以黑氣的形象從自己的鼻孔而入，滲透融入到內心中愛重執著我的這個厲魔當中，就好似氆氌放在染料中一樣，它具足了苦因及苦果。對一切有情愛重、珍惜，把他們看作至關重要、至珍至愛、大有必要、必不可少的。最終，爲了容易修成，結合呼吸等觀修法都與前面是相同的。

接著修喜心，心裏想：我們母子二人中母親的快樂，作爲孩子絕不會心生嫉妒，因此心中滿懷喜悅，行爲上只會爲她去謀取快樂，而絕不會以嫉妒心驅使給她造成痛苦，所以必須要成辦快樂。把牟取一己私利的心態和行爲，看成是不足愛重、無足輕重、不值珍惜、不足爲喜、無關緊要的，務必要驅逐牟取自利心行的這個膚魔。但願一切衆生具足安樂；如果他們具足安樂那該多好；我一定要使他們具足安樂；爲此虔誠祈禱三寶。心裏觀想：我的福壽榮華、身體受用、幸福安寧所有快樂的事都回向給一切衆生，布施給一切衆生，施捨給一切衆生，但願他們獲得；如果他們能够獲得那該多好；我一定要使他們獲得。爲此虔誠祈禱三寶。在觀想時也結合呼吸來修，以上修法必須從心態和行爲兩方面來修行。

自他交換歸根到底就包括在「虧損失敗自取受，利益勝利奉獻他」當中。既然它是菩提心，那必然具備兩個條件。所以，以大悲心取受（虧損失敗），是以悲心緣有情的第一個條件，以大慈心施捨（利益勝利）是以智慧緣正等菩提。

交換包括四個方面：

一是執著相交換，一切衆生是我，三善趣是身體的上身，三惡趣是身體的下身，必須把衆生執著爲我。或者，一切衆生是我的母親，我作爲孩子，「一切衆生是

大圓滿前行備忘錄

229

「我的母親」是把眾生執爲我所。

二是愛重交換，要放下以往愛重自己的心態，現在要珍視一切眾生，把他們看成是至關重要、至珍至愛、大有必要、必不可少的。

三是苦樂交換，以往，一切利益勝利通通圍繞著自己，所有虧損失敗都圍繞著他眾，一切溫暖自己去取受，所有寒冷給予別人。現在，也就是從今天起，要將一切利益勝利通通奉獻給他眾，所有虧損失敗全部自己取受，一切溫暖奉獻給別人，所有寒冷自己面對。總而言之，凡是幸福安寧快樂的事都給予其他眾生，其他眾生的所有痛苦由我來承受。結合呼吸等觀修法依然如前。

（四是自他交換㊷，）本來無有自己，我們却執爲自己，原本無我反而執爲我，這種執著實際上是不存在的。我的心是前世在天界等漂泊不定的神識，如果想到身體的因，那就是因和緣，因是前世之因，也就是善不善的因，緣是父母的精血，風心進入父母精血之間使身體得以形成，這顆心也是其他的心，這個身體也是將其他的身體執爲我，將以前、現在、以後執爲我的這種我執從無始以來一直串習，爲此世間八法同品方面的利、稱、譽、樂始終圍繞著自己，以至於利益勝利都是歸

㊷自他交換：本來上面說是四個交換，但藏文中沒有提到第四個。根據意思，以下這段內容似乎是講自他互換位置，本人如此理解，合理與否，請諸位觀察。

230

屬於自己，虧損失敗給予他衆，而世間八法違品方面的衰、譏、毀、苦圍繞著別人，其實就是以這種過失造成我們漂泊至今。所以，現在絕不能再這樣繼續下去，要把牟取私利的過患看得清清楚楚、明明白白，要懂得我就是他，他就是我，把自己放在他人的位置，把他人當作自己，設身處地推己及人，進而做到「虧損失敗自取受，利益勝利奉獻他」。如果能夠做到這一點，那麼依靠這所有衆生的恩德，生生世世能獲得具足十八暇滿的人身，究竟證得圓滿佛果。我自私自利的心久經熏習，以它的過患導致從無始以來迄今爲止一直漂泊，現今仍然要沒完沒了地漂泊備下去。爲此務必要深思愛重他和珍惜自己的功過。

下面通過念誦來修煉：「樂時安樂迴向衆，但願利樂滿虛空，苦時承擔他痛苦，但願苦海悉乾涸。」「但願等同虛空諸有情，離苦苦因成熟我相續，但願我之利益善資糧，爲母有情悉得而成佛。」

在吃飯、睡覺、走路、安住等一切行爲舉止中，依靠這種念誦來修煉。

再者，「三境三毒三善根」，如果擁有樂因及樂果、遇到苦因及苦果，尤其是出現破誓言等情況時，要斷除這些不幸的念頭，而依靠菩薩的善巧方便把一切轉爲道用。也就是說，在擁有快樂之因和快樂之果的時候，要道用爲菩提心的本體，以大慈心施捨樂因及樂

大圓滿前行備忘錄

果。在遇到苦因及苦果時，非但不成爲菩提道的違緣，反而以大悲心取受，我們要千方百計努力通過這種方式把快樂痛苦轉成道的本體。也就是說，把樂因及樂果奉獻給一切有情，施捨世間八法的四種同品，取受苦因及苦果，坦然接受世間八法的四種違品。

抑制妄想㊸：當自己身體感到不適的時候，包括遭受一點頭痛之類不足挂齒的痛苦在內，都要想到：但願一切有情三有三界輪迴的所有痛苦都承受在這上面，從而依靠我的這次頭痛代替一切有情所感受的苦楚；但願以我的疾病替代衆生的疾病；但願以我的疼痛替代衆生的疼痛；但願以我的死亡替代衆生的死亡。在感受苦果和萌生貪嗔痴分別念的苦因時，如果能够以菩提心攝持，那真正是落到了實處。自相續的貪欲等分別念起初萌生、引發以後，就要想到：但願我的貪欲等這種分別念替代一切有情相續中的貪嗔痴等不善分別念驅使下的不善業等一切痛苦之因，一切有情的貪欲妄念成熟於我的相續，一切有情的嗔恨、愚痴分別念由我的這個分別念所替代，成熟於我的相續。但願一切有情離開苦果及貪嗔痴等苦因，所有苦因及苦果都成熟於我的相續，以此替代一切有情的苦因及苦果；但願以我的疾病承擔起衆生的疾病；但願以我的疼痛承受起衆生的疼痛，但願以我的死亡替代衆生的死亡；但願以我的苦楚代受衆生的

不共內前行

㊸抑制妄想：也就是說，在遭受痛苦時，要轉爲道用，不能顛倒執爲不幸。

232

痛苦。這樣觀想取受到自相續中。

再者，凡是與菩薩結緣者無不獲益，結善緣者即生成佛，即便是結惡緣者，也必然不再流轉輪迴。在前面施受法的基礎上，要慷慨布施自己所執著的（身體、受用和善根）三種事物，使它們成爲一切眾生得樂的資本、離苦的條件。

首先是布施身體：心裏這樣思維：我以往的所有身體都是毫無價值枉然空耗過去了，從今天起到證得究竟圓滿佛果之間，大到巍巍梵天帝釋，小至區區螻蟻在內，但願我所受生的上上下下的任何身體，不管是以信心、清淨心結善緣還是以貪嗔痴結惡緣的一切眾生，無論是眼見色相、耳聞聲音、身體接觸、心裏憶念，甚至僅僅領受到腐爛屍體的氣味，也願他們當中有病的病愈，著魔的除魔，身痛的消痛，內心痛苦的解除痛苦，意願有違緣的消除違緣，總之願消除三有三界輪迴的一切痛苦，也但願能滅除作爲痛苦之因的貪嗔痴等煩惱及煩惱引發的一切不善業，簡單一句話，但願能使一切有情離開苦因及苦果！再者，但願凡是眼見、耳聞、憶念、接觸我身體的眾生相續中産生增上生人天之樂直至圓滿佛陀之間的大樂——樂果，以及萌生信心、出離心、珍寶菩提心——樂因。

接著是施捨受用，心裏思維：以往的一切受用都是毫無意義白白浪費掉，從現在起，從今日起，凡是我所

擁有的下至乞丐手拿的木棒直至最終虛空藏的受用之間大大小小的一切受用，不管是以信心、清淨心結善緣還是以貪嗔痴結惡緣，凡是結善緣、惡緣的眾生以六根見聞覺知等，但願都能滅除他們的苦因及苦果，有病者病愈，著魔者除魔，消除身體的疼痛，去除內心的痛苦、解脫意願的違緣，消除貪嗔痴分別念的苦因，獲得增上生直至佛陀之間安樂的樂果，相續中萌生信心、出離心、珍寶菩提心的樂因。但願一切受用成為見解脫、聞解脫、觸解脫。願依靠三寶諦實力加持使這些發願能得以實現。

再有，三時積累的一切善根也是同樣，從小至微乎其微的隨福德分善直到究竟一切種智浩如烟海的無漏善之間的善根，不管是以信心、清淨心結善緣，還是以貪嗔痴結惡緣的眾生，凡是他們以六根結上緣，都如前一樣發具有實義的大願，虔誠祈禱三寶。

這以上自他交換的內容已經講解完畢。

接下來修自輕他重，在思維自他交換的基礎上，進一步屢屢串習，達到純熟程度以後，就要在付諸實踐上行持自輕他重，處在凡夫位也有能夠做到這一點的，就像仁慈瑜伽上師那樣，這來自於世俗菩提心修煉達到純熟的力量。而真正的自輕他重，（登地以上才能做到，）證悟見道的智慧同時現前四平等性義，也就是證悟到自他勝義離戲平等性、證悟世俗如幻平等性、證悟

佛與衆生平等性、證悟我與佛陀平等性，在那時，才到了能直接成辦他利的開端。如果頭顱被砍斷帶走，也只是視爲糞土而別無他想，因此到了那時真正能做到自輕他重。在初學者的階段，必須通過修煉世俗菩提心來實現自輕他重。

斬斷我執的方法，包括以方便斬斷和以智慧斬斷兩種，首先要以方便斬斷我執，也就是通過修自他平等、自他交換、自輕他重的途徑，最初依靠方便來斷掉自私自利的分別念，隨後憑藉依靠方便的方便生證悟勝義的智慧把我執斬草除根。起初，反反復復修行、抉擇世俗菩提心，然後要著重修煉勝義菩提心。對於一己之私的心念，是通過世俗菩提心壓制、依靠勝義菩提心根除。作爲一個行人，畢生當中的實修法僅此菩提心就已足够。

我們要清楚，不管享樂受苦都要轉爲道用。身爲一個人，絕不會永恒快樂或恒常痛苦，都是偶爾快樂偶爾痛苦，苦樂交織。當我們擁有快樂或遭受痛苦的時候，要把它變成菩提道的本體。倘若痛苦沒有成爲行道的障礙，那就是菩薩的善巧方便。因此，身爲菩薩，如果自己幸福安逸，會看成是不歡喜的事。當我們自相續萌生信心、出離心、珍寶菩提心這些安樂之因時，不可執此不放，要想到：這些會因爲我一念之嗔而毀於一旦，所以爲了使之永不失毀，提前就要布施給有情。當處於痛

苦之中，受到麻風、天花等疾病折磨，著魔中邪，被晦氣所逼，諸如此類的不幸此起彼伏，也要像在修皈依時那樣，認識到這是三寶的大悲所致，心裏想：我生生世世當中所積下的不善因、後世所要感受的一切業果，依靠三寶的大悲，在今生今世就得以成熟，但願以我一人的這種災難替代天邊無際一切有情感受的所有苦楚。當生起貪心嗔心等苦因時，也要想到這是三寶以大悲警告暗示我還有要捨棄的煩惱，但願依此承擔起一切有情的貪心等所有煩惱，從而使一切眾生的貪欲等所有煩惱和業成熟於我的相續。這樣一來，不管是苦因還是苦果，都轉為道用，成為菩提道的助伴，進而使無數劫的罪惡得以清淨，使資糧得以圓滿。

再者，當目睹破戒等惡劣的修行人時，要對他修施受法，而且要意識到自己的守戒必須依靠對治，好比烏鴉不敢吃活蛇一樣，如果我們沒有喪失正知、正念、不放逸的對治，就不可能導致彌天大罪之因的墮落。又如當碰到死蛇時，就連烏鴉也會如同大鵬鳥一般為所欲為。同樣，如果我們離開了對治，那麼微故細過也會成為墮落的因，由此可見必須要增強對治力。作為追隨雄師般如來圓滿佛陀出有壞的菩薩我，好似幼獅，對於一切所對治的墮落，要提高心力，堅忍不拔。如果對於自己嚴守戒律等進而使別人守戒等心懷耽著、傲慢、實執，那就是魔業了，因此務必予以斷除。就這樣發自內

心自他相換。

在自他平等和自他相換菩提心的基礎上，獲得不爲八風所動的威力以後再修自輕他重，心裏思維：我從今天起，不管獲得解脫也好，沒得解脫也罷，地獄、餓鬼、旁生等六道衆生的痛苦理當由我來承受忍耐，我的幸福安寧快樂的事等博施給一切有情……

對於上從有頂下至地獄之間的一切有情，修知母、念恩，萌發想要報恩的念頭。在希望他們離苦時念念想到：但願所有衆生遠離三苦的苦果及貪嗔痴等煩惱的苦因，以及由它所引發出的十不善業、五無間罪、近五無間罪、四重罪、八邪罪等苦因及苦果；如果他們遠離了苦因及苦果，那該多好；我一定要使他們遠離苦因及苦果；隨後虔誠祈禱三寶。即便這樣也無濟於事，但願速在當下一切衆生的苦果及苦因都成熟於我的相續，以心態和行爲來取受衆生的苦因及苦果。如果有一個必定能成熟的辦法，那我甘願代替一切衆生的血肉、骨胳、病痛、死亡等，如果墮落到地獄之處，那麼地獄一切衆生的痛苦都由我來感受。

或者觀想：根據衆生一一的數目，我的身體也變得多如其數，而作爲某某衆生的替身，感受所有痛苦也甘心忍耐。

或者觀想：我的身體變成龐然大物，遍及三界六道一切處所，上身感受普及善趣的行苦變苦爲主的一切痛

苦，從而使善趣的所有眾生離開痛苦。再觀想：下身主要感受三惡趣的苦苦，從而使三惡趣的一切眾生離苦得樂。從地獄等分門別類的一一痛苦開始細緻入微加以思維，把這些痛苦承受在自相續中，使淪陷那裏的眾生遠離所有痛苦，享受人天善趣果報直至圓滿佛陀之間的一切安樂，一一眾生悉得成佛。到最後，一切眾生成佛時，想到那些眾生是依靠我的善根而得以成佛的，我實在喜出望外。

我們還要生起這樣的想法：在漫漫歲月裏，就算是爲了一個有情需要在盡恒河沙數劫裏安住，也甘心情願忍耐。心裏要想：但願一切眾生的痛苦成熟於我的相續；行爲上，我僅僅以意願和嚮往但願一切有情的痛苦成熟於我身心上。作爲痛苦之因的所有業和煩惱成熟於我身心上，我的幸福安寧快樂的事通通爲眾生的利益而迴向，奉獻給眾生。以大慈心施捨：從今天起，我的身體、受用、三時積累的一切善根無不奉獻一切眾生，其數量盡大地的微塵數、極其可觀，是以想布施的意願奉獻、迴向。既然布施了這一切，那就不能再出爾反爾，對於這個身體，一切眾生把彎頭放進口裏，把鞍子鞴在背上，諸如此類，不管做什麼不樂意的損害，都是理所當然的事，一切都取決於那些眾生，如果再說「我的身體……」把它執爲我所，那顯然不是菩薩的風範。如果把身體受用以及善根，毫不吝惜、毫無貪戀地施捨給一

切衆生，那麼直接是利益衆生，間接是利益自己。

以上這些是不退失願菩提心的方便法。

不退失行菩提心的因就是修學六度萬行，我們自從發起了願行菩提心以後，就必須修學願行菩提心的學處，願菩提心的學處已經宣講完畢。行菩提心的學處，儘管有浩瀚如海的佛子行，但這一切歸納而言，就包括在六度當中。六度再進一步概括，布施等前五度是有緣福德資糧或者方便行爲分，後面的智慧是無緣智慧資糧或者見解分。

「度」（即波羅蜜多）的含義，成爲能到達涅槃彼岸的方便，爲此稱爲「度」。它包括到達聲聞緣覺地的寂滅涅槃彼岸和抵達圓滿佛地的涅槃彼岸。具體來說，如果六度以出離心攝持、以證悟無我的智慧攝持而沒有以空性見攝持，那就是相似的六度，是獲得聲聞緣覺寂滅果位的因。佛果不住二邊，因此獲證佛果的方便是以見解制止三有之邊，以大悲制止寂滅之邊，能到達不住有寂二邊的彼岸，爲此稱爲六度。換句話說，如果方便智慧不相脫離，以方便大悲和智慧空性攝持，就是以方便制止寂滅邊，以智慧制止三有邊。修學六度的行者，凡是入於勝解行道者所行持的六度就叫假立的六度，原因是：在當時還不能夠做到直接布施頭顱肢體等，只能在心裏觀想布施，行爲上加以護持，空性方面，僅僅是以總相的方式證悟空性，而沒有直接現見。所以，在當時

大圓滿前行備忘錄

只能是誠心誠意觀想布施頭顱等、行爲上予以護持，否則如果直接布施，就會成爲墮落的因。對於布施等和智慧只不過是以勝解行持，爲此是假立的六度。

真正的六度：現見見道法性真諦、以智慧現量見到、得見真如、現前真實際，這些都是同一個意思，只是不同名稱。從證悟見道的所證時起，到十地相續末際之間，入定是離戲的境界，後得需要圓滿十度。作爲一地菩薩，在布施等方面，能够直接施捨頭顱肢體，呈現出現空無別的境界，以入定無現境界與後得八幻喻的形式足能圓滿一切度。到那時，布施等并不是單空，儘管本體是空性，但從行相的角度，能起到呈現布施持戒等相的空性作用，這些都是空性的游舞、是現空無別，依此能圓滿從暫時的十地之果直至究竟的佛果，所以從一地到十地之間的一切度均是名副其實的真正度，是二資雙運，入定無現，後得如幻的游舞，因此是真正的波羅蜜多。六度，必須依靠遠道、近道和捷徑來修學才能使圓滿、成熟、修行功德達到究竟。通過六度能圓滿如海二資糧，借助六度能把一切有情安置在三菩提道中進而成熟如海有情，要依靠六度修行如海刹土。修行刹土有清淨和不清淨兩種。根據自己的願望，以此六度的善根，「願我未來在自己想修成的清淨不清淨這樣的刹土中出世」，這需要以善根作爲因、以發願作爲緣來修行。清淨的刹土，就像文殊刹土、極樂世界一樣，不清

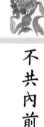

不共內前行

240

淨刹土，諸如我等大師的娑婆世界。

　　對於這樣的六度，作爲初學菩薩，需要在日常生活實際行動中，不離開布施等範圍而行持，在心態上屢屢修煉，在行爲上從小到大，循序漸進，量力而行。尤其是，有吝嗇心的一類人，先把東西從右手移到左手幷觀想布施，一步步串習，漸漸地，直接施捨葉子、蔬菜等，逐步修行到最後布施頭顱肢體。從初地到十地之間的菩薩，心態和行爲中，主要是以行爲學修六度。身爲初學者，要著重行持見解，其原因是，我執和我所執能把我們束縛在三有之處，對治它的道就是三學，道中居於首位的是道諦，憑藉證悟無我的智慧來觀察人我與五蘊是一體還是他體，從而認識到人我無基，再觀察設施處五蘊是微塵和刹那的自性，由此決定蘊無自性。而分析法無我和人無我，主要進行觀察修。見道依靠現量的見解證悟真如，從修道開始串習它的相續。在初學階段，樹立見解是至關重要的一環。

　　六度分爲本體和分類兩個方面，這裏所修的都是修本體，所有分類是在座間思維。

　　修行時分爲入座和座間，入座的前行與其餘引導相同。在虔誠祈禱時，要觀想上師心相續中修行布施等六度的功德在自相續中生起，思維自己的心與上師的智慧渾然融爲一體，心盡可能入定安住。

大圓滿前行備忘錄

布施

　　入座的正行，修施捨心，所布施的事物，是身體、受用、三時所積累擁有的一切善根。首先，對一切衆生，修知母、念恩，生起想要報恩的念頭。再思維：我從今天起到沒有獲得究竟佛果之前，把這個一尋四肘之軀、受用及一切善根合而爲一、綜合起來施捨給老母有情，成爲成辦他們暫時究竟樂因及樂果的順緣、遣除一切痛苦的順緣。這是布施，是迴向。布施給誰呢？布施給一切衆生。布施什麼呢？布施身體、受用及善根。爲了什麼目的而布施呢？爲了獲得暫時增上生和究竟佛果。以怎樣的方式布施呢？以不求今生回報和來世果報的方式布施。不管是對我的身體進行毆打等心懷惡意、行爲粗暴，以貪嗔痴結惡緣，還是對它信心十足等，以信心清淨心結善緣，但願凡是結緣者全部受益。入座裏要在心態（即意樂）上反反復復修施捨心。

　　座間階段身體力行，開始的時候，行爲上從小到大，逐漸逐漸來修學。

　　上供下施這兩者都屬布施度。先以財物之類的東西爲例，當看到乞丐前來，作爲菩薩，內心感到無比歡喜，當聽到乞丐的呼喚聲「行行好吧、給點東西吧」，要喜不自禁地拿出自己一樣要布施的東西給他。當時，如果有吝嗇的苗頭出現，就要想到吝嗇的過患，憶念

「吝嗇轉生餓鬼處，投生爲人亦貧窮」㊹，這樣對治了吝嗇之後慷慨解囊。如果自己所布施的食品等有優有劣，施捨其中劣質的物品，那很明顯違背了布施戒。所以，不管物品大小，都要以一顆純淨的心施捨優質的東西。把自己財物中的某件東西放在完好無損的容器裏，心想：雖然現在我只有這件物品，除此之外再沒有什麼可布施的，但以後再將身體受用及善根奉獻給這個乞丐爲主的一切有情。在心態上調整母子之想的動機，先面帶微笑，再雙手奉送。如果對方再次乞討，要心平氣和，假設條件允許，就根據經濟狀況施捨；倘若經濟條件不允許，就實言相告、以誠相待。之後，應該像母牛後面跟著牛犢一樣，把布施的因果迴向給接受者爲主的一切有情并發願。

　　供養時，僅僅把佛像作爲所緣境，明明了了觀想如海的皈依境，哪怕只是供一盞燈，都要具足加行、正行、後行作供養。

　　正行，引生出所布施的對境、布施的事物、布施的目的三輪現而無自性空性的定解。

　　作這些上供下施，都要是在不求自我今生回報和來世報應的情況下進行，懷著慈心、悲心，以悅耳溫和的話語來布施。布施成爲吝嗇的對治，不求回報的財施是在資糧道的階段；大布施在加行道；極大布施是在見道

㊹吝嗇轉生餓鬼處，投生爲人亦貧窮：這是《般若攝頌》中的頌詞。

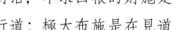

的階段。作爲初學者，對於身體，要在心裏觀想布施，行爲上加以保護。受用方面，凡是對治吝嗇心的受用盡可能布施，還要施捨善根及果報。法布施的界限：以法布施直接饒益衆生是從一地菩薩開始，在這之前，無力做到以法布施直接利益有情，就去往高高的山頂等處，調整清淨的發心，誦經、燒熏烟焦烟、修施身法，以這些作爲隨法布施，觀想使不可估量的鬼神相續得以解脫，這就代表初學者的法布施。

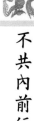

不共內前行

持戒

持戒：務必做到不分入座和座間而不離開戒律。

在修行時，首先將入座的前行法完成。戒律被承許是斷罪的心相續及種子，如果在心上具有斷罪的心，那就是戒律。假設心上面沒有斷罪的心，即便斷了十不善，也不是戒律。所以，如果心裏具備了斷心，那就有戒體，倘若心裏沒有斷罪之心，就不具備戒體。因此，我們必須要具足斷心（即第一個誓願鐵鉤），并用誓言（也就是指不捨斷心誓願）的第二個鐵鉤鉤住。

入座的正行：從十不善開始到大圓滿的誓言之間，每一項都要具備「不造罪業」的斷心，并用「寧死不捨此誓願」的第二個誓言鐵鉤鉤住。首先對一切有情，知

母、念恩、生起想要報恩的念頭，這一切修法在此與下文都要應用。

1、不殺生：心裏想：爲了使一切有情獲證圓滿佛果，我從今天起直至沒有證得圓滿佛果之間，寧死不殺衆生！寧死不唆使別人殺衆生！寧死不隨喜殺生！必須具備這一分斷心，并且用「縱然遇到生命危險也絕不捨棄此誓願」的第二個誓言鐵鈎鈎住，下文所有內容依此類推。我們不僅要守不殺生的戒，而且還要行持其同品——救護生命。

2、不偷盜：心裏發誓：即使我饑餓而死，也絕不偷盜！發誓絕不唆使別人偷盜！發誓不隨喜別人偷盜！

3、不邪淫：發誓絕不行持非梵行！進而奉持其同品梵淨行。

4、不妄語：斷除妄語以後說真實語，具體而言，當和某人交談時，心想「我絕不能說妄語」，要詳細觀察自相續而說真實語。或者，認清自己妄說以後，發誓從今以後，即使我舌頭被砍斷也絕不說妄言！

5、不兩舌：斷除離間語而調解糾紛，心裏發誓：寧死也不在關係和睦的兩者之間挑撥離間！如果想說離間語或者酬勞別人說，那就用巴掌搧自己的嘴巴，用拳頭捶自己的胸口，以這種方式予以斷除。

6、不說粗語：斷除粗語而說愛語。

7、不說綺語：斷除綺語而精進念咒。附帶講一下，

大圓滿前行備忘錄

在去做經懺等法事的時候，如果杜絕無關的廢話，以清淨的儀軌進行四部清淨懺悔、四精的清淨酬補，就能圓滿施主的資糧，也能清淨自己享用信財的障礙。所謂的四部清淨懺悔，身部的懺悔，頂禮膜拜；語部的懺悔，念誦百字明；意部的懺悔，處於了悟的境界中懺悔；三門平等部的懺悔，在見解的證悟境界中懺悔。所謂的四精，身體的四精是指脉、白明點、紅明點和風，用良藥、血、食子和酥油燈相對應而作供養。此時此刻，要努力守護根門、默然禁語、使心的分別憶念不散他處。

8、不貪：心裏發誓：縱然我鮮紅的心臟被掏出來，也絕不對別人的資具、三寶的財物起貪婪之心！在此基礎上還要修施捨心。

9、不嗔或不害：發誓寧死也不對衆生有加害的歹意、粗暴的行爲，絕不懷有惡毒心態！進而還要修悲心。

10、不持邪見：發誓寧死也不對因果正法起邪見！而具備誠信因果的信心。

前面皈依時我們就受了居士戒，作爲居士，所要守護的四根本戒加上酒，共五戒，發下「不犯五戒」的五種誓願，并用「寧死不捨此誓願」的五種第二個誓言鐵鈎鈎住。

沙彌、比丘、菩薩、密宗瑜伽行者，在飲酒的問題上，如果真正已獲得了依靠念誦三字咒語就足能轉變酒

的色、味、效力等禪定暖相境界，到了就算是毒物也能够轉變其色、香、味食用絕不會受害的時候，喝酒也不會有害。否則，作爲沙彌、比丘等人，誰貪愛酒的氣香味美而飲用，也就斷絕了本師和你之間的師徒關係，佛陀親口說過：「飲酒者非我弟子，我非彼之本師。」

　　對於沙彌的四根本戒，加上酒，一一要發誓「縱遇命難也不再犯」；支分的細微惡作有三十種，要發下「不犯惡作」的三十種誓願。對於比丘四根本戒，一一發誓不犯，十三僧殘發十三種誓願，三十捨墮發三十種誓願，九十墮罪發九十種誓願，四向彼悔發四種誓願，對於一百一十二種惡作，要有一百一十二種斷心。作爲菩薩，按甚深見派的觀點，有二十條根本罪，要具足二十種斷心，支分的惡作有八十條，要具備八十種斷心。廣大行派中有四根本罪，對此要有四種斷心，對四十六惡作要具備四十六種斷心。這兩派的關鍵性要點就是願行菩提心，因此我寧可斷掉頭顱，也絕不捨棄眾生，有兩個誓言鐵鈎[45]。如果沒有能够守護行菩提心六度，那我寧可去死，有兩個誓言鐵鈎。如果沒有斷除六度的六種違品，我寧願去死，有兩個誓言鐵鈎。

　　金剛乘的誓言，瑪哈約嘎裏有五種根本誓言，要具備五種斷心；對於十種支分誓言，要具備十種斷心。阿努約嘎身語意三種根本誓言，要發三種誓願；對於

大圓滿前行備忘錄

---

[45] 兩個誓言鐵鈎：發誓「不捨願菩提心的斷心」和「寧死不捨此誓願」

二十五支分誓言，要具備二十五種斷心。大圓滿中，對於有守護的次第誓言——上師身語意分出的二十七種根本誓言，要具備二十七種斷心；對於二十五支分誓言，要具備二十五種斷心。對於無守護的四種頓悟誓言，要具備四種斷心。對以上所守護的誓言、能守護的行者和守護的功德引生出三者均是現而無自性的定解以後，在座間階段嚴禁惡行……

首先，菩薩乘自宗，有別解脫戒和菩薩戒。別解脫戒包含在菩薩戒中，而密乘戒不包括在別解脫戒與菩薩戒中。得受三戒的人，必須要嚴禁別解脫戒、菩薩戒和密乘戒的一切惡行。歸納而言。斷除害他的一切事，即是別解脫戒；成辦利他的一切事，爲菩薩戒；了知三門是三金剛的自性，就是密乘戒。身體毆打、口出惡語、意懷害心等，總之身口意的微細損害事也予以斷除，就是嚴禁惡行戒；儘管攝集善法戒的本體是修學六波羅蜜多，但作爲初學者，身語意精進奉行包括微小之事在內的一切善法，就是攝集善法戒。當見到佛像、佛塔等三寶所依的時候，立即脫帽等，包括身體一次作禮等、口中一次懺悔等、心裏瞬間的善念等以上的善法，都勤勤懇懇去行持，這全部屬攝集善法戒。饒益有情戒，當現見見道法性真諦之際，以四攝攝受一切所化眾生，把他們安置於成熟解脫的正道中。

如果把以上三戒在一個虱子上來安立，一開始抓住

不共內前行

一個虱子，心裏便想：爲了等同虛空際的一切有情獲證佛果，不殺這個虱子，這是嚴禁惡行戒；在沒有弄死它的基礎上還救護它的生命，就是饒益有情戒；將這一善根爲利他而迴向，即是攝集善法戒。簡而言之，三戒就包含在盡己所能斷除十不善、成辦一切利益的事以及了達三門是三金剛之內。

在所有後得階段，即便身語意的一分一毫不善業，也了以捨棄，對於善事，從一點一滴做起，一切的一切均以三殊勝攝持，引生出現而無自性的定解。

安忍

安忍的本體是心不煩亂，嗔恨是一種心所，它是在心上安立的，忿怒是在身語中表露出來。世間俗人的口裏常說「一嗔能摧毀，千劫所積資。」《入行論》中所說的「千劫所積聚，施供善逝等，一切諸福善」到底能被什麼焚毀呢？能被嗔心焚毀。焚毀的是什麼呢？是隨福德分的善根。而具足三殊勝的善根不能被摧毀。

世間的所有善根，甚至對柴燼起嗔心就會摧毀掉。小乘隨解脫的善根，聲聞緣覺相互之間，如果一者對另一者嗔恨，將焚毀善根。假設聲聞緣覺對普普通通的凡夫心生嗔恨，不會毀滅善根，會使善根衰損。如果菩薩

對聲聞緣覺生嗔，單單是衰減善根，而不可能毀滅，就好比草坯不能砍斷鐵。如果菩薩對菩薩生起嗔恨，那就像以鐵斷鐵一樣，將摧毀一切善根。倘若資糧道、加行道的菩薩對得地的菩薩起嗔心，所有的善根將焚毀無遺。

再有，資糧道一開始要發心，因為「罪惡莫過嗔……」。那麼，嗔心能摧毀什麼呢？摧毀千劫之中所積累資糧的布施持戒的善根。《入中論》中說（「若有嗔恚諸佛子，百劫所修施戒福，一剎那頃能頓壞」，）焚燒百劫期間累積的布施持戒的一切善根。嗔恨心能將菩提心驅逐出境并斬草除根，就如同一個容器裏水火不容一樣，有了嗔心，就不會有菩提心，如果菩提心存在，嗔心就蕩然無存。嗔恨自身的果報終趨地獄，安忍自身的結果終得佛果。因此，我們認識到安忍的功德和嗔恨的過患以後一定要修安忍。（《入行論》中說：）「罪惡莫過嗔，難行莫勝忍，故應以衆理，努力修安忍。」安忍是一切難行當中位居第一的，修安忍，首先必須要消滅嗔恨，當遇到不稱心、不悅意的事時㊻，就要千方百計修安忍。在座間的階段，觀修安受苦忍、安受害忍、諦察法忍等所有類別。修行安忍的界限，就是遇到不稱心、不悅意之事的時候。

㊻首先必須消滅嗔恨，當遇到不稱心、不悅意的事時：藏文原義用擬人的手法說，要活活把嗔恨餓死，當它得到不稱心不悅意的食品時。為了便於理解，翻譯時進行義譯。

精進

精進，包括本體和分類。

精進的本體，就是所謂的「進即喜於善」。對塵世間的不善瑣事，興味盎然、滿懷歡喜，屬懈怠，所以喜樂善法才是「喜於善」的含義。將身體、語言的一切下等善法拋開，以最大的歡喜致力於心的善法，就是精進。

發起精進的方法，需要念念想到善法的功德和罪業的過患。有關善法的功德，諸如《佛說大乘莊嚴寶王經》的功德利益能使無間罪業得以清淨、不被嗔恨所毀等等功德利益，還有皈依的功德、菩提心的功德。如果生起了這樣的菩提心，那麼名稱、意義都有所轉變，而且通過護送勇士的比喻說明它能壓制定罪，以劫末火的比喻說明能根除不定罪，以妙樹果實的比喻說明其果不盡，這是願菩提心的功德利益，不僅果增上而且因也與日俱增，是說明行菩提心的利益，想到諸如此類的功德，必然會精進不懈。

精進的分類有披甲精進、加行精進和不滿精進。

首先發起世人誰也不曾想過的廣大意樂，心想：我把佛菩薩在盡恒河沙數大劫之中所行持浩如烟海的圓滿（功德）、成熟（有情）、修行（剎土）這一切合而為一，在每一剎那間修行，這種心願就是披大盔甲精進。

大圓滿前行備忘錄

「一切事情即模仿」，佛菩薩是怎樣行持圓滿、成熟、修行的，我也要依此修行，當聽到前輩持明者是如何歷經苦行等感人事迹時，心裏暗想：我縱然不能更勝一籌，也不該更爲遜色。在一切眾生沒有證得佛果之前，我要爲眾生一一宣說大乘法，千方百計使他們發起菩提心，行持菩薩學處，即使經久歷劫兢兢業業，也不生起一刹那厭煩之心。這就是自輕淩懶惰的對治法。這一切綜合起來，即是《普賢行願品》中所說的所有海（如：「普盡十方諸刹海，一一毛端三世海，佛海及與國土海，我遍修行經劫海……普能嚴淨諸刹海，解脫一切眾生海，善能分別諸法海，能甚深入智慧海，普能清淨諸行海，圓滿一切諸願海，修行無倦經劫海。」）以及「我於一切諸有中，所修福智恒無盡，定慧方便及解脫，獲諸無盡功德藏。」廣大等同虛空際，相續久遠乃至輪迴未空前渴求修行的意樂就是指的這一點。

如果有人認爲：在三有沒有空無之前一直修行實在無能爲力。

其實那幷沒有痛苦，誠如寂天菩薩所說：「福德引身適，智巧令心安，爲眾處生死，菩薩豈疲厭？」依靠有現的福德資糧暫時獲得如娑羅樹般的國王種姓、婆羅門種姓、施主種姓等增上生高貴種族、榮華富貴的果報，身體無有痛苦，得到痛苦轉爲安樂的禪定。憑藉證悟無我的智慧，在三有勝義離戲、世俗如幻的自性中照見一切生死苦樂，因此內心沒有自相的痛苦，爲了利他

不共內前行

縱使住在輪迴中也不會生厭煩悲傷之情。

加行精進，（包括恒常加行精進和恭敬加行精進。恒常加行精進：）在沒有證得究竟佛果之前，還有上上的所證需要證悟，仍有上上的所斷需要斷除，爲此，必須修學六波羅蜜多。我們要以這樣的意樂和行爲，白天不閑、晚上不眠，身語意三門一刹那間也不停留在沒有正法的狀態中，時時刻刻修行善法。

恭敬加行精進：我們要對外攝持的上師善知識、他所開示的大乘法以及自相續的菩提心，油然生起恭敬之心和喜悅之情。所謂的「加行」就是不離開的意思。換句話說，如果在傳法的過程中產生厭煩之心，那就要發揮捨棄助緣的作用。助緣包括恭敬的助緣、穩重的助緣、歡喜的助緣和捨棄的助緣四種。其中的捨棄，有暫時放下和永遠捨棄兩種，這裏指的是暫時放下。永遠捨棄，是指暫時所行持的法已經完成，諸如傳法已經完畢，對此，上師和弟子，上師已經完成正法，而弟子并沒有完成，因爲他還需要依照所講的法義加以修行。

不滿精進：對於布施等不能懷有滿足感，在沒有獲證佛果之前，所斷還有待於逐步斷除，功德還有待於逐漸生起，所以在這期間要持之以恒長久發起勇猛精進。

大圓滿前行備忘錄

禪定

禪定度：要修禪，一開始禪定的因緣要樣樣俱全，需要依止兩種遠離。是哪兩種遠離呢？一是身遠離憒鬧，二是心遠離妄念。

身體遠離憒鬧，塵俗世間今生今世大大小小的瑣事，通通拋之腦後、置之度外，全然放下現世當中的一切事。

心遠離妄念：捨棄謀取塵間今生的一切心態和行為，所想所念只有佛法，所修所行唯有正法，除了獨一無二的正法以外再別無所思，這兩種是共同乘的遠離。而作為不共乘的菩薩，要遠離的是自私自利的心態，如果沒有離開一己之私的心念，那就如同《般若攝頌》中所說「五百由旬之深山，布滿蛇處住億年，不知寂靜之菩薩，得增上慢雜而居」。

想做到寂靜，身體就要遠離憒鬧，心要遠離妄念，其中身體遠離憒鬧就是捨棄世間㊼，捨棄世間有兩種，一是去除對身外之物的貪戀，二是斷除對內在有情的貪戀。要想去除對身外之物的貪戀，就必須念及其過患。怎樣憶念它的過患呢？想到積累、守護、增長或者積累、守護、毀滅三種禍患。首先就積累方面來說也有修

不共內前行

㊼此段內容藏文原詞句的意思是，做到身遠離，包括身體遠離憒鬧、心遠離妄念等，其中第一分為捨棄世間與放下忘念。按照意義，似乎稍有出入，所以略作改動，是否合理，請諸位觀察。

行人和世間人兩種情況。世間人，夏天當土匪、冬季做盜賊，受苦受難、爲非作歹來積財累物；修行人，起初從學習字母時就口口聲聲說「如果懂得知識，就可以養活自己」，動機一直專注著現世，上師和僧人憑著自己的能力，拿佛法和普通財物做交易，來謀得俗世財物。

接著是守護財產，白天當人，晚上當狗，不分晝夜一直小心提防怨敵盜賊猛獸……

增長財產，人們往往當有了一分財產就看能否達到十分，有了十分就著眼於百分上，有了百分又盯著千分。我們要心心念念想到諸如此類的痛苦。

對內在有情斷除貪戀的方法，如果廣修，就是四種厭世法，倘若略修，就觀修無常四際（即生際必死等）。

如果從自身來考慮，自己最初產生時，是孤單單一人，前世追隨而來的財物受用一無所有，親朋好友等都必然留在身後，無有一人會隨你而去往後世。既然初生時、命終時自己是獨來獨往，那麼現在也應該隻身居於靜處。

我們斷除了對身外之物和內在有情的貪執，栖身於寧靜的深山，在依於靜處期間，生活資具萬萬不要墮入兩邊。住所簡陋山洞中……衣食菲薄，以化緣維生，所得微薄，穿著尸林糞掃衣便可，不能墮入縱情享樂的一邊，也不能過分疲憊不堪，歷經危及生身性命的嚴重苦行折磨。千萬不要落入這兩個極端。

大圓滿前行備忘錄

到了深山以後就要放棄妄念，一般來說需要除去所有分別散亂，尤其是愛戀沉迷在欲界的五種欲妙中而一直渴求，其中更能使人心神不定、心思渙散的就是貪愛對境女人的安樂，因此（作爲男出家僧人）要著重斷除這一點。要斷除這一點，就需要思維它的過患，如果墜落到「女人」的控制中，就無法從中脫身，所以叫女人；或者說，如同稻田裏降下燒鐵的冰雹一樣，她能把菩提善法毀成灰燼，因此稱爲壞女。要想去除對這樣的女人或壞女的貪執，就要從因難成辦、本體不淨、結果多害三個方面來思維。

　　其中因難成辦：本來沒有付出一定的資產，也得不到女人。作爲一個稍有資本的人，如果沒有給予成群的牛馬，不會娶到女人，即使是一個僧人，也需要把鈴鼓、披單、僧裙等斷送在女人手中（意思是說，要把法器、法衣賣掉）。本體不淨：這般歷經痛苦、造作罪惡而得來的女人，實際上本體是不清淨的三十六種物質組成，（男人常常）把目光盯在女人的身上，其實如果認真加以審觀，她白裏透紅的肌膚，白色的部分是黃水，紅色的部分是血液，事實上，她就是血和黃水形成的臭皮囊。怎麼會是這樣呢？如果借助智慧的寶劍將那個所貪執的女人劈得七零八落，這時就會發現：她的氣味不香，物質不淨，頭裏冒出腦漿，雙鼻孔裏流出鼻涕，眼裏淌出淚水，諸如此類都是污穢不堪的。可是，貪愛它

的因就是非理作意，正由於非理作意導致才貪執女人的形體、身色、所觸。

要對貪執形體加以對治，就要觀修女人的身體是凶暴猛獸的殘羹剩飯，修離散想；對治貪執身色，觀修紅腫想、浮腫想、青腫想、蟲啖想、焚焦想；對治貪戀所觸，按照《俱舍論》中所說「對治諸貪觀骨鎖，廣修乃至大海間，略觀稱初業瑜伽，除足半頭稱熟修，持心專注眉宇間，即是作意圓滿修」。觀想：自己或者所貪愛對境女人的身體，只是一副骨架由關節環環相扣連接在一起、沒有皮沒有肉的形象。或者，一開始就觀想貪愛的對境女人的眉宇之間明顯露出拇指大的傷疤，中間是乾枯灰白的骨架，周圍均由膿汁、黃水環繞著，漸漸地，所有外器世界和內情世界也都被前面的那個傷疤攝集，最後在沒有抵達大海之間全部成了骨鎖。又逐漸觀想從邊緣的大海開始，外器世界內情世界一步步恢復如初。一心專注於前面女人身體的一半或者半個頭之間肉和骨胳復原，半個身體已經恢復如初，心專注於另半邊身體的蒼白骨鎖。再者，如前一樣觀修自己的身體，這是小乘自宗對治貪欲的方法。

在菩薩乘當中，把年長於己的女人，作母親想；與自己同齡的女人，作姊妹想；比自己年輕的女人，作女兒想。簡單來說，把一切女人作為母親想，這就是初學菩薩的所修法。

金剛乘中，明觀所有女人都是本尊和本尊母的自性，所以不會對五身五智的幻變貪執、愛戀。如果沒有這樣來觀修，就會導致「女人能毀滅，今世生生世」的下場。如此這般經久串習，遠離貪心以後，居於山間。

如果獨自一人在山裏呆不住，就要念念回想靜處的功德：剛剛到了寂靜之地，沒有女人等對境，結果依此對境外緣所生的一切煩惱會自然而然泯滅，與飛禽走獸朝夕相伴……往昔諸佛菩薩持明眾全是身居深山而得以證果的。不共的修法要遠離自私自利的心態。依靠這種遠離才能修禪。

要修禪還必須守護心無惡作的清淨戒律。如云：「具戒者居彼。」隨後修行一心不散之因——禪定。（《入行論》中說：）「有止諸勝觀，能滅諸煩惱，知已先求止，止由離貪成。」如果從最初受戒開始一直沒有破戒，那就是摧毀魔幢者，也是樹立法幢者；假設出現了破戒的現象，沒有抱著無所謂的態度，而對以前所造的惡業追悔莫及，如理如法進行懺悔，得以恢復，那也是摧毀魔幢、樹立法幢者。在此基礎上，修行生起次第、圓滿次第幷對猶如大地般的誓言三戒開遮加以取捨。三戒清淨的人，需要修行禪定。

禪定的本體就是不散亂，在行住坐臥一切時分，用正念的繩索拴住這顆心來修。如（《入行論》中）云：「緊繫念法柱，已拴未失否？」我們一定要把念念不忘

不共內前行

258

取捨之處的正念繩索，拴在所緣對境正法的椿子或柱子上，不讓他渙散。接著正知的哨兵要察看這顆心到底安住了還是沒有安住，如果猶如新媳婦一樣謹慎行止的不放逸心已經散動，那麼心就需要數數安住於前面的對境。作爲初學者，爲了不讓心外散，要觀察、安住輪番來修慈心和慈等持，繫上正念的繩子，用正知的哨兵巡邏。一開始修禪的小坐墊大小一肘見方，後面稍高前面略低，或者這樣調整床鋪，端坐在上面，身體作毗盧七法，修寂止的時候做到身體悠然放鬆、心裏無有苦楚。

寂止包括有緣寂止和無緣寂止兩種：

其一、有緣寂止，心專注於慈心和慈等持之類善心的所緣相上，具足正知、正念、不放逸。內心不散的因，不追溯過去的足迹，不迎接未來的念頭，現在不流散到六識對境當中，自己的心，鬆緊適度，根據修行人各自的狀況而定。在鬆緊適宜的基礎上，不加改造而安住。

其二、無緣寂止，不應該全神貫注於慈心等一個所緣相上面，做到心不改造，坦然放鬆安住，時而以正知、正念、不放逸攝持。

當心越來越安住下來的時候，才對禪定類別加以分析：修慈等持等三摩地叫做凡夫行靜慮。修行的覺受越來越有進步，儘管全無歡喜的外境，然而內心一直喜滋滋、樂融融，這是樂覺受；分別念垢染澄清以後能目睹

大圓滿前行備忘錄

房舍的裏裏外外等，這是明覺受；看看心是否生起了分別念時，認爲無所生起，這是無分別覺受。以上這些單單是寂止，由於對明樂無分別覺受有著耽著的緣故，屬凡夫行禪定，因爲貪執明樂無分別不會成爲獲得解脫之因，只要心裏保留著我的明樂無分別這種「人我」與耽著明樂無分別這種「法我」的執著，就與解脫之因——證悟無我相違。這般修習，通過分析禪定支和無色定來修行，從而獲得五眼六通等，即是禪定的功德所在。

接下來是義分別靜慮，在凡夫行靜慮的基礎上，憑藉理證分析人我和法我，空性、寂止好似水乳交融般圓融雙運，在心的執著相方面，雖然不會對前面的明樂無分別耽著，但是仍舊不能放下執著空性的對治心。因此，在資糧道時著重修行凡夫行靜慮，加行道著重修行義分別靜慮。

如來之靜慮，與佛陀的禪定相類似，那是在見道時，止觀一味一體而遠離了實執、空執，達到了萬法實相真如本性中，遠離一切戲論承許。

不共內前行

智慧

智慧的本體是辨別法，所謂的法是多數詞，是指所知——輪迴、涅槃、道位所攝的一切法，關於抉擇法，

龍樹菩薩說：「諸佛依二諦，爲衆生說法，一以世俗諦，二第一義諦。」二諦的分基單單是所知的反體，分類有世俗和勝義二諦。與「世俗」同義異名的是虛假、虛妄。那麼在誰的面前是「諦」呢？在異生凡夫迷亂分別心前現似真實，所以有法因果無欺，稱爲「世俗諦」。關於世俗諦的法相，按照華智仁波切所說：「迷亂心及對境是世俗諦的法相。」或者依照卜師麥彭仁波切的觀點，成爲心名用三法⑱之對境，是世俗諦的法相。也就是說，可以作爲分別心所了知的對境，可以用語言表達，身體有可以實行的，這以上是自宗關於世俗諦的法相。按照新派的觀點，承許「以觀察名言量分析得出的結論，是世俗諦的法相」。

　　勝義諦：勝義、法界、真如、萬法實相、真相、真實際、空性、本性等等都是一個意思，只是不同名稱。在誰的面前是「諦」呢？諸位聖者各別自證智慧的對境中千真萬確或者真實不虛，爲此稱爲勝義諦。關於勝義諦的法相：華智仁波切說：「不可言思，超離心識就是勝義諦的法相。」按照上師麥彭仁波切所說：「超越心名用之對境，就是勝義諦的法相。」由於以分別心不能了知，以語言無可宣說，身體不能實行的緣故，才安立爲勝義諦。

---

⑱心名用三法：使用名言的三種情形：「此乃柱也」之想，爲分別心；呼「柱」之聲，爲名言；「是柱故，能營造家宅」爲功用。

那麼，誰才能了達勝義諦呢？是諸位聖者各別自證的智慧以對境與有境無二無別的方式照見的。具德月稱菩薩說：「未見之大見，未證之大證」。他在《入中論》中親言：「不生是實慧離生。」對境無生的行相，心識呈現無生，或者對境遠離戲論的行相，心識呈現出無戲論。「現見對境之法性」，如實現見對境有境的行相，是從建立方面來說的；「不見境和有境他體」是從遮破側面來講的。但實際上，是以全然不見戲論相的方式現見的。

按照新派的觀點，憑藉觀察勝義量分析得出的結論，即是勝義諦的法相。他們認為：只要超越了兩種名言量的對境，就不是所知，就像不可思議的世間造作者一樣，那純屬個別無念和尚的見解。

這樣的二諦，我們該在何處聽聞呢？必須在具足法相的上師善知識前聽受。誰聽聞呢？合格的弟子聽聞。聽聞什麼？聽聞有關二諦的一切道理。比如，儘管對於賽馬者來說，顯示的是同一場地，可是由馬速快慢導致各種各樣的情況。同樣，雖說大家同是抉擇對境二諦，然而根據行人智力的層次也就形成了如實證悟二諦真如、沒有如實證悟的差別。

首先，所有聲聞（有部宗）有關二諦的安立，粗大五蘊等一切法是世俗諦，關於勝義諦，他們通過觀察人我與五蘊是一體還是他體？結果一無所得。對於法我，

不共內前行

粗大的分析成部分，由此了悟微塵是無分微塵的自性、心識是無分剎那的自性。

經部宗承許：顯現而能起作用叫做勝義諦，也就是對境自相，能起作用的一切有實法，不能起作用的所有總相是世俗諦。

唯識宗認爲：一切法可以涵蓋在遍計所執法、依他起、圓成實當中，其中遍計所執法和依他起是世俗諦，圓成實是勝義諦。

遍計所執法分爲兩種，一種是相成就遍計所執，一種是差別遍計所執。相成就遍計所執法，是指兔角、石女兒、空中花等等的一切無實法。差別遍計所執，是指柱子、瓶子等有實法。

依他起有清淨依他起和不清淨依他起。不清淨依他起，就是指迷亂顛倒分別前的顯現，在眾生面前顯現的器情。清淨依他起，諸位聖者後得的相似世俗——如夢如幻的顯現。依他起，是一切心與心所，他們是因緣緣起所生。依他起的本體——自明自知的心識，也就是有法圓成實勝義諦。圓成實，是依他起的本體——自明自知的心識，遠離遍計所取能取，是三解脫門的自性，承許爲有境各別自證的智慧。遍計在所取能取的依他起的本體上不存在的空分，承許它是對境法界或法性圓成實。

中觀宗包括中觀自續派和中觀應成派。自續派，著

大圓滿前行備忘錄

重強調後得有承認的相似勝義，真實勝義與中觀應成派意趣一致。應成派一開始就抉擇息滅戲論的法界、遠離一切承認、三聖入定的智慧。因此，中觀應成派和自續派的這一差別，在印度是眾所周知的。關於自空派、他空派的說法，只是藏地的諸位上師取名的，而在印度并沒有共許。

所以，原本中觀，是如來十七母子般若的密意，按照直接宣說的空性加以詮釋的是聖龍樹菩薩的《中觀理集論》，依照隱義道的現觀予以解釋的是補處彌勒菩薩的《現觀莊嚴論》。聖龍樹的《中觀理集論》和聖天論師的《中觀四百論》關於偏向應成派、自續派哪一方展開辯論并沒有涉及。所謂的中觀應成派和自續派歸根到底都要接受「原本中觀」的密意。婆羅門種姓的佛護論師，把原本中觀派的密意以應成派予以解釋，而沒有加上自性和真實諦的鑒別。國王種姓的清辨論師把原本中觀的密意按照自續派加以解釋承許說：沒有加上自性和真實諦的鑒別，那是不合理的，原因是：這樣一來，明明有眼睛需要說沒有，因爲眼睛自性不存在，真實性中不存在，勝義中不存在。自續派論師也有上下兩種，其中吉祥密論師等認爲：勝義如幻也是虛幻，依理成立如幻。上自續派的智藏、靜命、蓮花戒論師被稱爲自續派著名的東方三師，我們要跟隨他們的見解，此宗派的二諦，如《中觀二諦論》中說：「似現起功用，能與不能

不共內前行

264

故，真實非真實，世俗之分類。」世俗諦，從對境自法相的側面而言不欺惑心識，就像火能起到取暖、水能起到解渴的作用這一點真實不欺，諸如此類從對境本身來講能發揮無欺的功用的一切有實法自相，是真世俗。不能起作用，顯現二月、繪畫的燈火等凡是不能發揮功用的一切事物承許是倒世俗。勝義也有相似勝義和真實勝義。相似勝義，是指從色法到遍知之間的萬法遠離一體多體的自性，故而說「色即是空」，這是以顯現遣除有邊。「空即是色」，由一切皆非的空性中緣起顯現不滅，所以是以空性遣除無邊。「空不異色、色不異空」，是抉擇空性緣起無二無別、不可分割的自性，所有初學者是次第遮破四邊，頓然引發定解。後代承許成實空爲應成派密意的所有見解尚且沒有超勝自續派的相似勝義，那更何況說真實勝義呢？關於真實勝義，《中觀莊嚴論》中云：「真實中彼離，一切戲論聚。」一旦修行達到一定程度的時候，就會以各別自證智慧現量照見對境法界，而承許遠離有無是非等四邊或八邊戲論的自性。有無等一切安立，是分別心的行境，至此完全泯滅二取心的一切運行，消除對單單離戲的執著，與中觀應成密意完全達到一致。

中觀應成派，關於二諦，誠如月稱論師的《入中論》中說：「痴障性故名世俗，假法由彼現爲諦，能仁說名世俗諦，所有假法唯世俗。」對於顯現分世俗的有

265

實法加以耽著，以無明所致成爲虛妄的一切假法，就安立爲世俗諦。世俗有真世俗與倒世俗兩種，關於這兩種世俗并不是像自續派那樣從對境本身的側面欺不欺惑來安立的，而主要是從心識有無損害的角度安立的。成爲無損之六識的對境，是真世俗。有損心識，也就是因患有涎病等造成錯亂的識前顯現的一切是倒世俗。勝義諦，不像自續派那樣分爲相似勝義和真實勝義，一開始便抉擇符合三聖入定的智慧也就是抉擇離一切邊的智慧無有一切承認的實相。如云：「我無承許故，唯我無過失。」并不是因爲承認有或無就會有他宗反駁的威脅才無所承認，而是萬法的實相本來就遠離承許。

　　對於二諦之間的關係，中觀應成派承許二諦之間是遮一體的他體關係。上自續派認爲二諦是一本體異反體的關係；下自續派承許二諦是異本體的關係。

　　以上總說了二諦的含義，接下來在修行的時候，分爲入座和座間，入座的所有前行法完成之後，進入正行觀修：所謂的一切法其實就是指所知萬法，這些法可以歸納在五蘊中，再進一步概括，就包含在無情法和心識兩者當中，爲此要修行法無我和人無我。首先如果從決定所破的現相爲出發點，就是所說的「相續稱人我，相執名爲法。」我從無始以來迄今爲止，緣於認爲從今世去往後世的蘊相續覺得是我，即是人我。它的執著相沒有固定性，時而說「我痛」，把蘊執爲我，問他「你哪

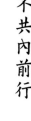

不共內前行

兒痛呀」，回答說「我頭痛」，實際上是執著爲我所。緣於相續執著人我，它的對境就是補特伽羅，其設施處是五蘊，執著法我的對境和法我實有就是法我執。人我執的執著相是執爲恒常、唯一、自在。所以，首先來分析，所謂的人我，與這個五蘊是一體還是他體？如果是一體，那麼正如我是恒常、唯一、自在的本性一樣，蘊也需要是恒常、唯一、自在的本性。或者，猶如蘊是無常、衆多、依他的本性一樣，我也成了無常、衆多、依他的本性。經過這般觀察，會得出結論我和蘊不成立一體。假設人我與蘊是他體，那麼在地點、時間、顯現沒有隔開的情況下（也就是遠離了境隱蔽、時隱蔽、相隱蔽），需要得到我與蘊不同的他體，實際上不可得，由此把我抉擇爲無基。

如果認爲儘管我是不存在的，但單單的蘊是存在的。當對此進行觀察時，蘊根本不成立。只要是無情的色法，那就不超出微塵積聚，微塵也必然抉擇爲無分的自性。再對外界中顯現的高山、岩石、房舍、家宅這些行相加以觀察。首先來審觀一間房子，開始我們會執著「房子」是一個整體，那是未經觀察所導致的。如果加以觀察，所謂的房子，只是石頭、墻壁、木料等多種物質聚集起來的自性，那個聚合體，如果被剖析開來，支離破散，那麼執著房子的分別心自會消除，之後又執著土石等等。而土石等這些物質也是衆多微塵積聚起來

267

的，就拿一塊石頭來說，把它分成四瓣，結果會去除石頭是一體的執著，接著再把這四瓣每一瓣都分成四份，這樣一來，執著一瓣的分別念自會消除。其中的一份再以方分加以分析，方分也成了無有自性，這就是《心經》中所說的「色即是空」。倘若沒有進行這般觀察，這般分析，那麼房子等行相就合情合理，一切皆非的空性中不滅顯現緣起，就叫「空即是色」。以顯現遣除有邊，以空性遣除無邊，「色不異空、空不異色」，由此產生空性緣起不可分割的定解，生起定解加以修行。

再比如說，自己的牛毛帳篷也不例外，開始我們會把「牛毛帳篷」執爲一體，這種執著通過把它分成門的一面、與門相對的一面部分便可消除。隨後又會執著這是門的一面、這是相對的一面。如果再把它們分成一片一片，那麼門的一面、相對的一面的執著又會去除。然後又執著一片片，再把每一片分成一條條，如此一來，一片片的執著消除以後，又執著一條條，每一條也各自剖析開來，那最後只是一根毛，這樣一來，一條條的執著就銷聲匿迹了。毛，也可以分成微塵方分，方分抉擇爲無有自性。如此這般分析，借助「色即是空、空即是色、色不異空、空不異色」空性的這四種雙運的理證引生出現空雙運的定解。這樣，從山川洲島、籬笆樂園直到整個金山、大海、須彌山……進行觀察。

接下來，需要對內在自己的蘊加以審觀：我們都把

「現在我的這一個身體」執著是唯一、常有、自在的，所以要對它加以觀察分析，我的這個身體是永恒常存的嗎？其實并不是，它一開始由父母的精血中形成，從白芥子的十分之一大小越來越增大，從所有變異的階段逐步使身體圓滿成形，後來降生，從嬰兒時期一直到年邁之間一直變化著，這是粗大的變化無常。細微法性的無常，是指一剎那一剎那在變動，猶如河流一般，可見身體是無常法。那麼，再想想：它是獨一無二的嗎？其實不然，它有肉有皮，有血有黃水、骨胳、鼻涕、涎液。拿一個骨架來說，也是由三百六十塊骨頭組成，骨頭也是眾多微塵的自性。另外，牙齒有三十顆，頭髮有二萬一千根，汗毫數量達三千萬，諸如此類，都是若干部分的自性。那麼，再思索一下，身體真是自由自在的嗎？事實并非如此，它是受業和煩惱控制的，身體的病痛、苦樂、美醜等都取決於業力，是一種依他而轉的法。執著的一個整體身軀，也可以剖析開來，分成五個組成部分，如此一來，對身體的執著就會消除，之後又會執著組成部分，組成部分各自剖析成肩甲骨、臂膀、小臂、手掌，結果組成部分的執著便得以消除。接著又執著每一個接頭。它也各自剖成肉、皮、血、骨等，由此接頭的執著去除之後，就對皮、肉等開始執著，皮肉等也分析成方分，方分探究到無自性，這叫「身即是空」，身體成了虛空一般。在一切皆非的空性中緣起不滅，這叫

大圓滿前行備忘錄

「空即是身」。「身不異空，空不異身」，以顯現遣除有邊，正當顯現時即一無所成，以空性遣除無邊，空性中可以呈現緣起，由此成立空性、緣起無二無別，不可分割。正如滾秋邦菩薩所說：「色聲亦離戲，離戲顯色聲，除色聲以外，離戲別不得。除離戲以外，色香別不得。」

裏裏外外的一切法，以「分析的智慧」向外觀，對對境加以分析，引生出的定解，命名爲分析慧或者叫做伺察意之見。大圓滿和大手印的見解以伺察意的見解爲前提，觀察有境心之實相的「各別自證智慧」向內觀的入定，命名爲入定智慧之見。前者（伺察意之見）是分別心，後者（入定智慧之見）是超離分別心的智慧，因此它們之間有著天壤之別。這般進行觀察修之後，再不想起心動念的時候，就隨同入定的見解，心不改造儘量安住下來，當再度起心動念時，又進行觀察、安住，觀察、安住輪番交替而修，依此能得心應手駕馭這顆心，隨意縱置（意思是隨意讓它放縱、安住），得以調柔。

接下來，觀察內心。我們一直也是把心執著成恒常、唯一、自在的法。其實如果認真加以觀察，心并不是永恒常存的，它明明生生滅滅連續不斷，是接連不斷的自性、好似河流般的無常法。再想想，它是獨一無二的嗎？并不是，貪心、嗔心、痴心、我慢、嫉妒、吝嗇等不善的念頭許許多多，信心、出離心、菩提心等善的

不共內前行

270

念頭也不乏其數。回首先前想行走、言談、吃飯等無記的念頭也爲數不少。再者說，心有八識聚，心所有五十一種，諸如此類都是衆多的自性。那麼再沉思：心真是自由自在的嗎？根本不是，它受對境左右著，當我們遇到可愛的對境時，會萌生貪心，當碰到討厭的對境時，會生起嗔心，當接觸中等的對境時，就會産生愚痴的分別念，還有對輪迴生出離心，對涅槃起信心，諸如此類都是隨對境所轉的法。再者，過去心，不存在「積於此處安住下來」的情況，所以不成立；現在心，刹那自然消逝，了無踪影，因此不成立；未來心，認爲「準備從此而來」的想法了不可得，尚未産生，尚未獲得，爲此不成立。

大圓滿前行備忘錄

這樣，利根者通過三時的分析而一無所得，會引生出「心無自性」的定解，可是鈍根者雖然經過這般觀察分析而一無所得，但仍舊不會想到「無有」，反而認爲明明正在浮想聯翩，無論如何心應該是存在啊。那就要進一步觀察心的生、住、滅。

如果認爲：貪心……這個分別念起初幷不存在，但是突然間不知從哪裏冒出來，就有了這個貪心。那要觀察心産生或者由來或者浮現的地點，只要是心産生，無外乎是由外面的六境中産生，或者由內在的六根中産生，或者由它們之間産生，只能是這其中的任意一種情況。我們先來分析第一種情況，外境，眼識的對境是

色，耳識的對境是聲，鼻識的對境是香，舌識的對境是味，身識的對境是所觸，意的對境是法界，對這六境加以探究，作爲眼識對境的這些色法，用分析的智慧把它們剖析成方分，方分也抉擇爲無有自性，剖析成微塵，從而證明自性不成立，因此沒有從中生識的對境。同樣，聲音等一切成立爲微塵自性的就是有實法，微塵組成的萬法，以分析慧分成四部分，每一分都可以分割成四分，如此加以剖析，最終，中等的日光微塵四十分之一，被承許是無分微塵，它又可以分成上下方分，由此以微塵無有自性的法是以無基離根空性法而存在著，所以從中產生心的對境并不存在。如果心想：那麼，這個生是什麼？是緣起不滅空性妙力的游舞、廣大現相的莊嚴。依此，生起緣起性空的定解，由於外界六境自性不成立，所以如同沒有母親就無法生子一樣沒辦法產生心。

　　再想想：那麼，是內在的六根產生心的嗎？并不是，六根，其中眼根、耳根、鼻根、舌根和身根，這五根緣取各自的對境，起到根本性的作用，如云：「六根滅盡之無間，即是心識彼即意。」前面的五根識滅盡之時，爲生起無分別意識提供機會，（五根）加上無分別意這六根剛剛泯滅的當下，就作爲生起有分別意識的因，由此安立「根」，五種有色根，依照前文對身體的分析那樣詳察細究，正由於微塵無有自性，所以無法由

內在的根產生心，如同沒有父親就無法生子一樣。

再考慮：那麼，心是在根境二者之間產生的嗎？并不是，根境二者中間，也只有白天光明的微塵和夜晚黑暗的微塵兩種，別無其他。明暗的兩種塵，既然是微塵，就必然是無分的自性，因此心的生處不成立。通過這般對心加以分析，如果認爲：心似乎不存在，可是心產生以後安住的對境的確是有的，所以心有住處。

心的住處也純屬子虛烏有，就像石女一開始不曾生子，中間就不會有住處，這一點無需分析，但如果還仍舊認爲心是存在的，那就要加以詳察。依然如前一樣，對外在的六境、內在的六根、根境之間加以分析，結果就會認識到心無住處。

如果認爲：雖然心沒有生、住，可是最終滅處是存在的。

打個比方來說，石女兒最初沒有出生，中間沒有安住，就不存在最終死亡的情況。同樣的道理，對外在的六境、內在的六根以及根境之間通通詳察細審，結果都分析成微塵方分，自性不成立，由此可知，心也沒有滅亡之處。

倘若認爲：以上心的生住滅儘管尋而不得，可是依舊有頓然而起的分別念，所以這是存在的吧。

并不存在，我們的這顆心如果是一個有實法，那就是形色和顯色，除此之外再不可能存在別的有實法。所

大圓滿前行備忘錄

以我們來分析一下，看看心到底有沒有圓、四方、橢圓、三角、錐、長、短、正、歪的形狀，就會得出「心無形狀」的結論。如果分析心有沒有白黃紅綠等顏色，顯然沒有顏色。倘若觀察它有沒有男人、女人、黃門、牛、馬等色相，很明顯不成立色相。如果依然認為心存在，那麼就在外境顯現、根和身體的裏裏外外觀一觀，看是否能見到心？心無色可見，用耳朵聽一聽，心也無聲可聞，作為世間的俗人們，如果沒有眼見，沒有耳聞，那就會說「不存在」，而不會說「存在」，所以心自性不成立。如果依舊看看用鼻子可否感覺到心的香氣，用舌頭可否品嘗到心的味道，用手在身體內外觀察一下，心究竟有沒有所觸，絕對沒有，由此證實「心即是空」；在未經觀察、未經分析的情況下，由一切皆非的空性中緣起不滅的自性中，可以浮現心，這稱為「空即是心」；如此空性緣起無二無別、不可分割如同水月一般，可以說「空不異心、心不異空」。我們要對四種空性雙運的道理生起不被他奪的定解。接著需要引發出「雖然這般辨析了不可得但在未經觀察、未經分析的情況下緣起不滅的自性幻化八喻」的定論。

幻化八喻其餘比喻簡單易懂，這裏講一講其中的如幻，比如，有個魔術師名叫穹波布嘎，他對著虛幻的木塊、石子等念誦虛幻的明咒「嗡特布特布索哈」，結果顯現出虛幻的馬象等景象，變幻魔術。當他又想把虛幻

不共內前行

的事物毀掉時，再念誦「嗡莫特莫特索哈」的咒語，結果虛幻的景象銷聲匿迹，又顯現出木塊、石子。與此相同，魔術師般的無明老人，對著作爲因的所取能取，念誦作爲緣的「業和煩惱」明咒，結果浮現出上從有頂下至金剛地獄之間虛幻相般的六道眾生千差萬別的景象。然而，就像木塊、石子最初沒有念咒語、最終以咒語消除的這兩個時間裏，虛幻的景象并不成立，中間依靠外緣顯現一樣，心性如來藏起始本基沒有迷亂的階段和最後現前圓滿佛果的時間，如幻般的迷亂相實不成立，可是由突然間迷惑導致迷亂成虛幻的景象，因此我們要把這些迷亂相觀想成幻術等八喻，反反復復觀察、安住輾轉交換而修。

所有結座的內容都是一模一樣的。

座間階段，參看有關智慧分類方面的書，并且思維分析。這以上行菩提心的學處已經講解完畢。

大圓滿前行備忘錄

三　念修金剛薩埵

淨化違緣罪障——念修上師金剛薩埵：

阻礙我們生起甚深正道的殊勝體悟、證悟的就是罪障，在初學階段，必須把主要精力放在淨化障礙上。所謂的罪障，障是總稱，包括業障、煩惱障、所知障和習

氣障四種。

業障，是指自性罪和佛制罪。自性罪：與佛制毫不相關，自性的意思是說諸如殺生之類，只要去做本身就屬罪業。佛制罪，作爲在家人，如果去做，不會成爲罪業，而某個出家人去操作，就成爲罪業，諸如除割青草之類的事。與佛制不相關聯的自性罪，是指十不善和五無間罪等一切罪業。既是自性罪也是佛制罪的，諸如殺生的他勝罪，其中殺生是自性罪，他勝是佛制罪。單單的佛制罪，諸如割青草之類的事，如果是平常的在家人除割青草，不會有罪，但如果是受戒的比丘鏟割青草，那就成爲墮罪，一般的在家人親手殺旁生和比丘除青草，罪業輕重一模一樣。所以，凡是與外別解脫戒、內菩薩戒、密宗誓言相違的一切遮罪，越向上罪業越嚴重。比如，在家人弄死一個虱子，就犯了一種殺生的罪業，假設某位菩薩掐死一個虱子，那他所犯下的不僅僅是殺生之罪，而且也有殺母之過。

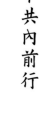

不共內前行

如果有人想：既然有殺母之過，那豈不成了無間罪嗎？

并不會成爲無間罪，因爲所殺的對境并不是今生今世的生身母親，所以不會成爲無間罪。

倘若某個密咒師擠死一個虱子，在殺生之罪和殺母之過的基礎上，還有殺金剛薩埵的過咎以及殺害分別識聚四十二本尊的罪業。可見，與前前相比，後後罪業越

來越增重。禁止別解脫的惡作、菩薩的惡行就成了戒律。

別解脫中講僧裙上下邊要齊圓，如果沒有認真穿好，就成了惡作，與菩薩乘裏的嚴禁惡行戒相違，屬根本墮，在密宗裏也成了違越如來教言的根本墮。所以，所有與自性罪、佛制罪相違的都是業障。那麼它遮障什麼呢？障礙獲得善趣人天果報。

煩惱障是由以上這些業引發的八萬四千煩惱，歸納起來，就是三毒五毒的分別念。再進一步概括，就歸集在唯一的非理作意分別念中。那麼，煩惱障障礙什麼呢？它障礙獲得聲聞、緣覺的解脫果位。

所知障是三輪實執的分別念。

習氣障，按照顯宗所講，是所知障極其細微的階段，密宗稱爲三現遷移習氣，也就是指依於格外細微的意性身，形成粗大身體的因或種子白分的習氣，形成粗大語的因紅分的習氣，形成意的因或種子紅白聚合部分——黑光或風行極度細微的所有習氣。

所知障和習氣障障礙什麼呢？障礙獲得遍知智慧。

以上這所有障礙分別遮障善趣等，總體來說就是遮障萬法的實相真如。這樣的實相取名爲法性、真如、真性、真實際、法界、萬法之無過法性、如來藏等都是顯密共同的名稱。依照密宗而言，稱爲自性清淨佛，本體本淨佛，基任運自成佛。《黑日嘎剛波續》中說：「實

大圓滿前行備忘錄

相體性基，法身無縛解。」心的本性或真性或實相，就是法界智慧無二無別，不曾有業和煩惱之垢，如同虛空或太陽般的佛陀三身一切功德未經尋覓本來圓滿存在，於眾生基位時，沒有變劣，功德無減，於佛陀果位之時，沒有變好，功德無增，也就是說功德無增無減，本性當中不著客塵，自本體本來清淨，本體本淨的自性，原本超離束縛解脫的智慧，就叫做實相體性之基或本來義阿賴耶。所謂的基，如果證悟了，就是能生涅槃——所生的真正基；倘若沒有證悟，那就是輪迴萬法無則不生的基。爲此，命名爲基。儘管本來是佛陀的自性，但并不代表成佛。如《二品續》中云：「眾生本是佛，然爲客塵遮。」不代表成佛的原因是，由倏然的迷亂二取垢染遮蔽著。客塵，如果分類，有八萬四千煩惱等等，但這一切歸納起來，就是五蘊。五蘊再進一步概括，就是這顆接連不斷的分別心，如果把它取名，那就是迷亂假立之基，是能生迷亂相輪迴萬法——所生的真正因。因此，要想在阿賴耶的鏡子裏映現出證悟的影像，必須清淨所有遮障。如云：「障礙得清淨，自然現證悟。」

初學者，主要淨化業障，能淨化的方法就是善巧方便、大慈大悲的金剛薩埵佛（念修法），有關別解脫還淨他勝僧殘等在各個的章節中有解說。菩薩乘的《三聚經》，包括頂禮聚、懺罪聚、隨喜或迴向聚，由此就叫《三聚經》。還有《大解脫方廣懺悔儀軌》等等。簡單

不共內前行

一句話，奉行善業是懺悔罪業的唯一方便法。別解脫中的真正懺悔能使自地的所有墮罪得以清淨，從墮罪之因和墮罪果報中脫離出來，菩薩的所有墮罪依靠別解脫的懺悔不能清淨，憑藉菩薩乘和密宗的懺悔，不僅能從自地的墮罪因與墮罪果脫離出來，而且也能從下面所有墮罪異熟果報中脫離出來。

顯宗密宗的懺罪方便有許許多多，其中念修上師金剛薩埵最為殊勝，金剛薩埵在往昔學道位時，曾經發願「未來時，凡持受我名者，一切墮罪得以清淨，若不清淨，我不成佛。」并且，他積累了無量福慧資糧，發下大願，結果所有發願都得以實現，上師金剛薩埵成就了佛果。我們前往十方每一位佛陀前勤求懺悔方便法，不如觀修金剛薩埵與一切壇城散攝的作者上師無二無別來作懺悔殊勝，這裏是總集寶珠的修法。

所有懺悔都必須具足四種對治力。誠如寂天菩薩說：「所淨罪六門，能淨四力治，淨法三殊勝。」首先，懺悔的所依或對境是別解脫戒的親教師、軌范師及僧眾，或者菩薩乘的上師善知識，或者持梵淨同行道友，或者《三十五佛懺悔文》中所說的三十五佛、《大解脫經》中所說的十方佛陀等，或者是密宗的上師和壇城的聖眾。在這裏，是上師金剛薩埵，這就是所依對治力，它包括外所依對治力和內所依對治力兩種。外所依對治力就是指觀修金剛薩埵。內所依對治力，是皈依、

大圓滿前行備忘錄

發殊勝菩提心，尤其是生起大悲心。所以此處調整發心相當重要。外所依對治力的本體是信心；厭患對治力的本體是悔心；返回對治力的本體是戒後心；現行對治力的本體是對正法產生希求心。

起初在修所依對治力的此時，雖然有「把自己身體明觀成本尊的頭頂或者不執著自身的頭頂上」等觀修法，但這裏，就是在惡貫滿盈、罪業累累自己的平常身體頭頂上的毛漩口處插入四指蓮花莖的十萬瓣白色蓮花，壓在其紅黃花蕊分開的三分之二位置的滿月上面，本體是無等大悲寶藏具德根本上師，形象是一寸大小的白色吽字。一心專注於它，觀想那個吽字也是朝著自己方向，對準自己的胸口。以了知「上師是佛」等五了知（上師瑜伽裏有說明）誠心誠意祈禱，結果上師的心裏生起強烈的大悲，大樂本體的吽字似乎在動搖，之後以魚浮出水面的方式從中出現上師金剛薩埵，他身色潔白，宛如十萬個太陽照耀在雪山……內容容易理解。

再觀想：他以超越人的明目照見、以超越人的耳聽到、以超越人的遍知心垂念我，面朝向我。通過耳聞、心念，上師金剛薩埵心情不悅，臉色陰沉。此後，生起你無所不知的信心、發殊勝菩提心，這兩項最爲關鍵，這僅是就外所依對治力而言，內所依對治力中信心、皈依、發心居於首位，因此必須努力增生這些心。

接著，是厭患對治力，所淨的是罪業六門：

第一時間之門，從無始輪迴以來迄今爲止所積累的罪業，今生當中犯下的自性罪和佛制罪，自己心裏能回想起來，在某年某月某日某時我自己造了這樣的罪業，唆使別人造，隨喜他人造的這所有罪業，心裏不藏，身體不覆，口裏「發露懺悔」。

如果有人認爲：自己造罪，誰也不曾見到，佛菩薩也看不見。其實幷不是這樣。如云：「未見之中造罪業，如服毒藥豈安樂？天尊具通之仙人，以清淨眼定現見。」華智仁波切說過：「惡分別毒隱腹內，命終之前必現前。」佛菩薩不可能不見不睹，如同一個盲人周圍有一百個有眼者團團包圍著一樣。凡是自己心裏能回憶起來的一切罪業，直接說出，懷著慚愧、畏懼、後悔之心進行懺悔，加上所有想不起來而成爲佛菩薩遍知智慧所見對境的一切罪業通通懺悔。

第二動機之門，是指由貪嗔痴引發的一切罪業。

第三通過之門或積累之門，身語意的一切不善罪業。

第四本體之門，自性罪的十不善和無間罪等，與佛制罪外別解脫戒、內菩薩戒、密持明密乘戒相違的一切罪業。

第五對境之門，依靠三有輪迴、寂滅涅槃所積累的一切罪業。

第六作用之門，即生當中短命多病、財物貧乏、受

到怨敵威脅等；後世漂泊在無邊無際的惡趣中，成爲諸如此類之因的一切墮罪，要像服了劇毒一樣，懷著痛心疾首的強烈懊悔心觀想，在上師金剛薩埵您耳聞目睹，垂念於我，我今天對您無有好的呈稟，我從無始以來迄今爲止所積累的一切罪業在您面前不覆不藏發露懺悔，深感內疚，追悔不已，進行懺悔。祈求您垂念，令我的此罪，速在當下就在此地此坐墊上得以清淨。我們必須要急不可耐地懺悔。比如，一個人要給我半個銅錢一類的微薄之物，我都會急不可耐地催他，那麼要清淨罪業，爲什麼不需要迫不及待地懺悔呢？

返回對治力：如同院子的籬笆以前破損後來恢復一樣，破了別解脫戒、菩薩戒、密乘戒，後來通過懺悔得以恢復，發誓從今以後縱遇命難也不再犯。我們這些人，都已經受了別解脫戒、菩薩戒、密乘戒，對此本不該有什麼區別，可是單單口裏大唱高調說「今後不犯」是沒有什麼用的。現在的上師僧人們，一邊口頭上念誦「發露懺悔，不敢覆藏，從今此止，永不再犯」一邊所行似乎都是不善業。

諸如拿殺生來說，如果一開始就立誓「我不殺所有殺不了的衆生」，那麼就具備了不殺生的戒律，并且獲得功德利益。如果沒有這樣立下誓言，那只是自性無罪，而不會得到戒殺的福德。因此，在家人，不管是男是女，假設能發誓「我不殺獅子、龍、大象等殺不了的

不共內前行

282

眾生」，那就得到福德。身為出家人，最初也要發誓「縱然我生命遭難，也絕不殺獅子」，再加上「縱然遇到生命危難也絕不捨此誓言」，一定要用這兩個誓言的鐵鈎鈎住。再者，從一一眾生做起，這樣用戒殺的兩種誓言鐵鈎鈎住。

同樣，不予取等剩餘的九種不善，都一一發誓不犯；即便是我的肉被揪成一塊一塊而死，也絕不捨棄此誓言。每一個都應該用這兩個誓言鐵鈎鈎住。同樣，發誓不造五無間罪，共有五種誓言，發誓不造近五無間罪，有五種誓願。發誓不造四重罪，有四種誓願。所謂的四重罪，1. 居智者之首位；2. 享用密咒師的財產；3. 不居比丘頂禮之前；4. 享用修行人的食物。當然，享用修行人的食物并不是指所有修行人的食品，但如果某個修行人心裏決定期限「依靠此食品我在這個月裏修行」，假設享用了他那寥寥無幾的食品中的一點兒，那麼在他所想的期限裏，飲食就不足了。八邪罪：如云：「詆毀白法讚黑法，減低行善之資糧，擾亂信士之內心，捨棄上師尊道友，脫離壇城對治八。」1. 誹謗白法；2. 讚嘆黑法；3. 對行善者積累資糧從中作梗，減少他們的資糧；4. 對修善的信士說難聽之語而擾亂其心。後四種邪罪：5. 已入密宗金剛乘壇城以後在會眾行列中發起爭鬥、惡語相罵、爭吵不休，背棄上師；6. 已入密乘者遠離本尊；7. 已入密乘者脫離道友；8. 已入

283

密乘者捨棄壇城。心裏立下不犯此八邪罪的八種誓言。

外別解脫戒斷除的學處，首先居士的四根本加上酒，立誓不犯有五種誓願；沙彌籠統的十戒，詳細的三十戒，一一發誓不犯相違的戒條。比丘戒第一是四根本罪，立誓縱然遇到生命危險也不違背，有四種誓言。隨後是十三僧殘，發下不犯的十三種誓言。三十捨墮、九十單墮、四向彼悔、一百一十二種惡作，都要一一發誓不違背不就犯，以兩個誓言鐵鈎鈎住。接下來是菩薩乘甚深見派的十八種根本墮，加上願行學處共二十種，八十惡作，要立下「不違背這些」的二十種誓言。對於廣大行派的四種發心、八種加行、四十六惡作，都要一一發誓不犯。密宗裏的二十五條禁行戒，共同內外五部的內外兩戒，十四條根本戒、八支分粗罪，大圓滿根本誓言有二十七條，二十條支分誓言，無有、平等、唯一、任運四大誓言，心裏一一發誓絕不違背；遇到生命危難也不捨棄這樣的誓言。我們必須做到以這兩個誓言鐵鈎鈎住。心裏要想：對於自己能守護的所有戒，發誓絕不犯，對於不能守護的所有戒律，我要盡可能守護，祈禱上師金剛薩埵您加持令我相續完全得以清淨。如果真正立下誓言，那麼相續就會越來越清淨。相反，只是粗枝大葉、浮皮潦草地說「發露懺悔，不敢覆藏，從今此止，永不再犯」起不到任何作用。

現行對治力，一般是指成為不善業對治的一切善

284

法，但在這裏，是觀想金剛薩埵甘露降下、淨化的修法。自利法身的念誦之時，對所有上面的對境生起誠摯的信心，觀想上師金剛薩埵放射光芒，他利色身念誦的時候，對下面的有情觀修知母、念恩等等，從而萌生於心不忍的強烈悲憫之情，觀想金剛薩埵放光、收光。

四　積累資糧

　　單單是違緣的罪障得以清淨還不足够，仍舊需要積累資糧的順緣。因相乘道位時，要以在一個阿僧祇劫期間積資淨障作爲前提，方可現見見道法性真諦。這裏也同樣不例外，要想在相續中生起甚深道的殊勝證悟，積累資糧、淨除罪障要兼而有之。淨化罪業的方法在念修金剛薩埵品已經講述完畢。關於積累資糧，盡管佛子菩薩的行爲浩如烟海，但此處就是指有現福德資糧和無現智慧資糧兩種。有現福德資糧，是指從布施到禪定之間的方便行爲五個部分，智慧屬智慧資糧。這兩種資糧是獲得二身果位的方便法。按照新派的觀點來講，以有現福德資糧作爲近取因，以無現智慧資糧作爲俱有緣，獲得佛陀色身；以無現智慧資糧作爲近取因，以有現福德資糧作爲俱有緣，獲得佛陀法身。依照舊派的觀點而言，本體本淨的佛陀三身的一切功德，不經尋覓原本圓

滿具足，然而如果不依靠二種資糧的外緣就不會現前，就像天空中的太陽雖然本身固有光芒，可是被雲遮蔽就不會發光，驅散雲霧需要起風，儘管起風是雲消霧散的一種因，但是它并不是能生太陽的真正因。同樣的道理，如果不曾累積二種資糧，終究不會得到二身的果位，然而二資糧并不是產生二身的真正因（而是一種緣），只是把緣取名爲因罷了。

所以說，從聲聞、緣覺到圓滿大菩提之間的所有果位，不積累資糧不會獲得。積累二資的所有方法也并不是千篇一律的。聲聞、緣覺的有現福德資糧，是持戒、修禪；無現的智慧資糧即是證悟人無我和粗分的法無我，他們承許無分微塵的所取和無分刹那的能取爲勝義。這種觀點，并不是以理證無法分析，而是因爲不敢再繼續分析才這樣安立的。他們認爲，如果所取無分微塵不成立，那麼組成器情的因就不存在了，倘若沒有能取無分刹那，業果輪迴的所依就不復存在，爲此才安立「這些成立」。

不共內前行

菩薩乘，有現福德資糧是方便行爲的五度，無現智慧資糧是智慧度，或者說，布施等每一度，從方便顯現的角度命名爲有現福德資糧，從智慧空性的角度命名爲無現智慧資糧。作爲初學者，二資糧只能是輪番交替，而達不到二資雙運的境界。從聖者得地開始，就能呈現出現空無別的六度相，因此顯現方面是福德資糧，遠離

286

三輪執著的空性方面是智慧資糧。

如果有人問：聲聞緣覺和菩薩的二資糧都是相同的嗎？

并不相同，從作爲因的意樂、行爲、所得果的方面都有著懸殊的差異。

密宗，外三續的一切有相瑜伽，是有現福德資糧，所有的無相瑜伽都是無現智慧資糧。內續瑪哈約嘎的所有方便生起次第是有現福德資糧，智慧圓滿次第是無現智慧資糧。阿努約嘎的生起次第部分和觀想風脉明點的特殊觀修法，以及後得起現爲虛幻本尊身，都屬有現福德資糧，此方便所生的四喜引發出的智慧是無現智慧資糧。阿底約嘎的本來清淨直斷中，將本體空性的智慧立名爲智慧資糧，把自性光明的智慧取名爲福德資糧，實際上也并不矛盾。或者，任運自成四相是福德資糧，本來清淨直斷是智慧資糧，這是以作爲獲得究竟二身之因位居主次來安立的。然而，身爲初學者，也可以生起相似的二資雙運境界。

顯宗的布施等，每一個經過分析爲空性，這是前提條件，以幻化八喻的方式加以修行。外三續通過修行有相無相瑜伽二資糧雙運的果位，就是三部本尊。瑪哈約嘎，本體空性、現相大悲、觀想從因文字與變化中，生起所依能依的壇城。阿努約嘎，身是幻身，意是喻光明和義光明雙運的清淨不清淨幻身起現爲本尊身，這是二

大圓滿前行備忘錄

資雙運。阿底約嘎的本來清淨直斷，內明大悲本體空性、自性光明智慧不可分割的部分，以及本來清淨的現相任運自成頓超、其本體本來清淨大空，法界與智慧雙運，雖然所有這些都屬二資雙運，但真正的二資雙運只有聖者才能擁有。

所以，顯密之道積累資糧的途徑有七支供等多種多樣，各自道的本體都是積資的方便，然而在這裏宣講的供曼茶羅，囊括了積累資糧的所有法門，并且最簡便易行，是初學者容易實修的法。曼茶羅，提醒我們憶念如來三身刹土一切莊嚴，就像在指頭上繫線㊾一樣，我們要在自己心裏觀想三身刹土的一切莊嚴來作供養。依照華智仁波切和班多堪布的教言所說「現相化身曼茶羅，實相報身曼茶羅，能遍法身曼茶羅」。

第一、共同化身曼茶羅：毗盧遮那佛的頂髻到手結定印持鉢內，中間有二十五層蓮花，第十三層對準心間的蓮花花蕊中央，有十億娑婆世界，四大部洲、須彌山連同天界，一個兩個……一直計算達到千數，就叫做一千小千世界。它的周邊由等同離諍天的一個鐵圍山環繞。以一千小千世界作爲基數，一個兩個……一直計算到千數，稱爲二千中千世界，它的周邊是由等同一禪天的一個鐵圍山環繞著。再以二千中千世界作爲基數，一個兩

不共內前行

㊾指頭上繫線：藏族的一種傳統，當受別人委托轉口信時，因怕忘記而在指頭上繫上線來提醒自己。

個……一直計算到千數，即稱爲三千大千世界，它的周邊由高度等同四禪天的鐵圍山環繞，是一位化身佛的所化刹土。以此爲例，儘管五部佛或者以部所分的二十五部前面的所有蓮花花蕊和花瓣一一微塵中，互不混雜顯現不可思議的刹土，甚至髮尖範疇的部分，也現出盡微塵數不可思議的化身刹土。以此爲例，身體的每一毛孔中香水的一一極微中，也有如海刹土，這些佛化身刹土莊嚴加上天界、人間的榮華富貴這一切，我們通通在心裏觀想取來，在此基礎上，連同自己所有最珍愛最寶貴的福壽榮華一同供養，這就是化身曼荼羅。

第二、不共報身曼荼羅：以上都是不清淨化身的刹土，而實相清淨的報身刹土是具五決定的自性，處決定爲密嚴莊嚴等智慧寶自現刹土以無量莊嚴而超勝。本師決定，中央是毗盧遮那佛，東方是金剛薩埵佛，南方寶生佛，西方無量光佛，北方不空成就佛，即五部佛。再以小部來分，中央是身五部，東方是金剛五部，南方是功德五部，西方是蓮花五部，北方是事業五部，共二十五部佛。眷屬決定爲一地至十地的菩薩。法決定是大乘法。時間決定爲相續恒常的自性。以如此一佛具五決定的報身爲例，十方三世的一切佛具五決定的報身刹土莊嚴、無量殿、地基、材料、裝飾、莊嚴，以及優美的欲妙天女手捧雲霧繚繞般不可思議的供品，這些都是五部自性，這一切用心觀想取之而來，在此基礎上連同

自己的金剛蘊風脈明點清淨爲智慧自性的一切，一同供養，這就是報身曼茶羅。

第三、周遍一切的法身曼茶羅：能周遍於以上顯現不清淨的化身刹土、處於清淨的報身刹土就是法身曼茶羅。法身不偏於輪涅任何一方，也不墮於有無任何一邊的智慧大妙力游舞的莊嚴，不清淨輪迴的法、清淨道與涅槃的一切法，尤其是任運自成四相聖聚的許多莊嚴相本來圓滿存在，這一切的一切全部用心觀想取來，在此基礎上，連同自己心性無生中妙力不滅浮現出的一切分別識聚均不捨棄而現爲智慧的所有莊嚴，一并供養，這就是法身曼茶羅。

共同化身曼茶羅時，高山洲島等的說法，《集密意續》中對曼茶羅的講解，只是作爲參考罷了，而并沒有宣講的傳統。

隨後在供曼茶羅的時候，先要灑水壓塵，清掃住舍，這是積資糧的第一個條件。所需的供品力求齊全，供水、神饌、燈、香等，根據自己的經濟狀況，相應籌備完整，要求在沒有完成曼茶羅修法期間一直不間斷。在所修的曼茶盤裏安放供堆，明觀福田，按照皈依時講的那樣。尤其是釋迦牟尼佛佛像身所依、《般若攝頌》、《密藏續》（即《大幻化網》）等語所依，噶當佛塔等意所依，包括借來的在內，都安放在供桌上。供養用的曼茶盤和放置供堆用的材料，根據自己的經濟條

件，不被吝嗇所染。由於這屬修行剎土，所以要做到不雜有石子、燕麥、鳥糞等髒物，所有五穀雜糧要完好無損，純淨清潔，以香水浸潤放置。

修法時分為入座和座間，入座的前行法完成之後，進入正行：遵照閉關上師和華智仁波切的傳統，要求每一座廣的念誦完成一遍，依照雅仲活佛的傳統，早晨時廣誦一遍前行法，後座時，《明朗念誦集》中所講的從「暇滿人身極難得……」一直到「宛若入瓶蜜蜂旋」之間四厭世法所包含的內容要略修一遍。接著從皈依、發心、念修金剛薩埵所有引導，也需要相應觀修。這也必須瞭解入座的時間長短。所以，不管什麼時候修什麼法，首先都要求略微觀修厭離心等（指四種厭世心），後面的所有內容也要稍加修行。曼茶羅以上的厭離心到金剛薩埵之間的所有修法，大概地觀修。隨即誦《隨念三寶經》、《彌勒願文》，從「加持地基」直到「迎請供墊」，按照《明朗念誦集》來念誦。隨後，念誦十二相頌以及自己有信心的一偈佛讚或兩偈佛讚，接著（《普賢行願品》中的）「所有十方世界中……」念到「讚佛甚深功德海」。其後一邊念百字明一邊用手腕擦拭曼茶盤，右繞擦拭曼茶盤三遍，左繞擦拭三遍，其實，我們的手腕部位有能開發智慧的脉。與之同時觀想本基法界無生的曼茶盤上，基現無明的一切垢染，依靠道諦證悟無我的智慧拭去，從而得以清淨。接下來，念誦「爲持珍寶心，我今供

大圓滿前行備忘錄

如來，無垢妙法寶，佛子功德海」。

（這樣的供養具備三種清淨：）意樂清淨，不是爲了今生今世救畏和求善等，而是爲了自相續中擁有珍寶菩提心；對境清淨，供養的對境不是外道的本師等，而是三寶尊；供品清淨，如云：「物品清淨善供養。」供品要做到優質、潔淨、美觀。

首先優質，如果自己擁有黃金和白銀，那麼優質的物品就是黃金，所以要把它供養三寶。以此爲例，自己的所有財富中要供養上等的。

第二潔淨，如果你擁有黃金和白金，那麼黃金是潔淨的，因此要把它供養三寶。以此爲例，絕不能把有辣味的酥油、發黃的菜葉、發黴的油餅作供養，要將白白的酥油、青青的蔬菜、香香的油餅供養三寶。

第三美觀，供桌不管是分層還是沒有分層的，就算是在一塊平臺上面，也要仔仔細細擦淨灰塵，依次擺放神饈、花、水。供水杯，要認認真真陳列，不能東倒西歪，要整整齊齊，數量爲七，大的供杯之間有一指距離，小的供杯之間有一粒青稞的間隔，供水要根據容量而定，既不能過滿，也不能過少，確保不溢到供桌上面，諸如此類。隨後放燈、香。簡而言之，所供的燈光不能把神饈裝飾熔化，香灰不能沾染供水。供養時從自己的左方——對境的右方開始陳設供品。在撤供水的時候，從自己的右側——供境的左方開始收，也要懷著慚

愧、畏懼、恭敬、不放逸的心態來撤下供品。當今時代大上師們應供時，供養的碗罐尚且需要頂在頭上，那麼爲什麼供養諸佛菩薩不需要恭恭敬敬呢？之後，帶著供堆拿著曼荼盤，廣供三十七堆，接著念誦下文：

ཨོཾ་ཨཱཿ་ཧཱུྃ།　སྟོང་གསུམ་འཇིག་རྟེན་བྱེ་བ་ཕྲག་བརྒྱའི་ཞིང༔

嗡啊吽　洞色 傑 定 謝瓦差 傑揚

嗡啊吽　百數俱胝三千世界刹

རིན་ཆེན་སྣ་བདུན་ལྷ་མིའི་འབྱོར་བས་གཏམས༔

仁 親 那登 拉莫 救 爲 達

充滿人天七寶等財富

བདག་ལུས་ལོངས་སྤྱོད་བཅས་པ་ཡོངས་འབུལ་གྱིས༔

大 利 龍 秀 吉 巴 永 簸 記

以及我身受用悉供養

ཆོས་ཀྱི་འཁོར་ལོས་བསྒྱུར་བའི་སྲིད་ཐོབ་ཤོག༔

秋 戒 扣 路 結 爲 這 透 秀

願獲轉法輪王之國政

འོག་མིན་བདེ་ཆེན་སྤྲུལ་པོ་བཀོད་པའི་ཞིང༔

慪 曼 得 親 德波 够 波 揚

報身佛處大樂密嚴刹

ངེས་པ་ལྔ་ལྡན་རིགས་ལྔའི་ཚོམ་བུ་ཅན༔

愛 巴 哼旦 熱 哎 措哦堅

具五決定五部供堆者

293

འདོད་ཡོན་མཆོད་པའི་སྤྲིན་ཕུང་བསམ་ཡས་པ༔

鬥 運 秋 波 震 碰 薩 益 巴

供養無量欲妙讚供雲

ཕུལ་བས་ལོངས་སྐུའི་ཞིང་ལ་སྤྱོད་པར་ཤོག༔

破 爲 龍 給 揚 拉 秀 巴 秀

願獲圓滿報身之果位

སྣང་སྲིད་རྣམ་དག་གཞོན་ནུ་བུམ་པའི་སྐུ༔

囊 這 那 大 運 訥 哦 波 哥

現有清淨童子瓶佛身,

ཐུགས་རྗེ་མ་འགགས་ཆོས་ཉིད་རོལ་པས་བརྒྱན༔

特 即 瑪 嘎 秋 聶 肉 被 堅

大悲不滅法性游舞飾

སྐུ་དང་ཐིག་ལེའི་འཛིན་པ་རྣམ་དག་ཞིང༔

哥蕩 特 利 怎 巴那大 揚

供養持身明點清淨剎

ཕུལ་བས་ཆོས་སྐུའི་ཞིང་ལ་སྤྱོད་པར་ཤོག༔

破 爲 秋 給 揚 拉 秀巴 秀

願獲殊勝法身之果位

　　在沒有供到三萬遍之前，一直用左手握著曼茶盤，右手一邊帶著念珠計數一邊獻上供堆。其後，念誦雅仲活佛所說的「自他三時受用善，浩瀚三身剎供聚，觀想取之供師尊，納受賜予二悉地」及「嗡革日波達布德

薩索日阿那曼札拉布匝美嘎薩莫札薩帕繞那薩瑪雅阿吽」。

還要補足七萬遍。之後到了收座的時候，念誦阿裏班智達所說：「大地無量殿……」「珍寶金子松石曼茶羅……珍寶身心莊嚴……大地香水……令喜美妙曼茶羅……」接下來，從「以諸最勝妙花鬘，伎樂塗香及傘蓋，如是最勝莊嚴具，我以供養諸如來……」一直到發心儀軌完成，隨後從革薩里積資到上師瑜伽之間完整念誦。

入座的後行與其餘所有引導相同。

五　革薩里積資

頓斷四魔積累革薩里資糧，除了吃飯、睡覺、解手的事情之外再沒有其餘瑣事的瑜伽行者放下今世，獨自深居寂靜的山間，無法用身外之物來積累資糧，而要以拋棄內在身體的愛執來累積資糧。《般若攝頌》中說：「四因菩薩具智力，四魔難勝不能動，安住空性不捨悲，如說而行佛加持。」這個偈頌講了甚深斷法的一切綱要。其中的「四魔」是指所斷的內外四魔；（「安住空性不捨悲」）以空性悲心斷除我執傲慢魔，包括以智慧而斷、以方便而斷兩種方式，或者表示以大悲心懷柔

攝受、以大智慧加以制服兩種。「如說」是指實修甚深斷法加行、正行、後行的一切事宜，或者是說所有誓言次第。「佛加持」說明甚深斷法的所有能成熟的灌頂，但這些必須要聆聽甚深斷法傳承上師的親傳。這裏，只是講解施身觀想次第。

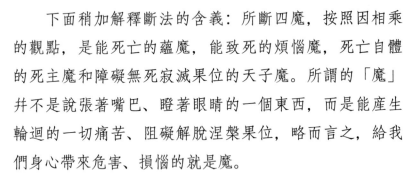

下面稍加解釋斷法的含義：所斷四魔，按照因相乘的觀點，是能死亡的蘊魔，能致死的煩惱魔，死亡自體的死主魔和障礙無死寂滅果位的天子魔。所謂的「魔」并不是說張著嘴巴、瞪著眼睛的一個東西，而是能產生輪迴的一切痛苦、阻礙解脫涅槃果位，略而言之，給我們身心帶來危害、損惱的就是魔。

1、蘊魔：輪迴的一切痛苦是由什麼產生的？如果沒有這個內在的五蘊，就不存在一切痛苦的處所或基礎或器或所依，只要這個蘊得以形成，那它就相當於是一切痛苦的來源、基礎、器皿、所依，所以它就是蘊魔。

2、煩惱魔：煩惱有八萬四千之多，歸納起來就是五毒三毒，再進一步概括，就歸屬在以非理作意將蘊看成是常樂我淨當中。正是由非理作意的我見驅使，才產生了一切貪嗔痴煩惱的分別念。正是由煩惱的引發，才積累下不善業，從而依靠業感在這個輪迴中不由自主地生死，導致死亡的就是煩惱魔。

3、死主魔：死亡自本體的死主魔，對於粗大法而言，有生就有滅，這是自然規律，所有眾生身不由己，

因死亡而苦，受死亡所害。細微法性的無常是一剎那一剎那在變遷，是無常的自性、痛苦的法相，爲此叫做死主魔。

4、天子魔：對無死寂滅果位從中作梗，令人散亂放逸的天子魔，就是指在解脫與遍智之道上設置障礙，使心識隨著外境渙散的分別念，它如影隨形地跟著我們，按照因相乘的觀點，是指魔王波旬及其一切眷屬。依照密宗裏講，所謂的「極喜自在魔（即魔王波旬）」是色界天人，但由於貪戀欲境，以遠離城市的方式居於兜率天境。

四魔的含義按密宗觀點來講，就是所說的「有礙無礙魔，歡喜傲慢魔，彼根即慢魔」。

有礙魔：火水險地天降霹靂等外界的灾難和怨敵盜匪、毒蛇猛獸、食肉鬼神殘暴凶狠有情的威脅，諸如此類給我們身心造成損害的，都屬有礙魔。

無礙魔：內在的貪嗔痴等八萬四千煩惱，因爲這些能給我們帶來三有輪迴的一切痛苦。歡喜魔：當游歷險地、深山等處的時候心裏想：我的上師與其他上師截然不同，我的那種教授與其他教授完全不同，我的實修與其他人迥然不同，我的金剛道友兄弟姐妹都勝過別人，從而喜不自禁。總之，稍稍得到一點內在的禪定暖相和能力，便特別執著、貪愛，那就是歡喜魔。

傲慢魔：前面所有這些魔的根本就是內在我慢的執

著，也就是對這個五蘊執爲我和我所的分別念。如果斷絕了這一點，那麼所有外魔不攻自破、不除自斷。例如，假設砍斷了樹根，那麼所有枝葉自然傾倒。上述的四魔之本歸根到底就是內在的我慢魔，所以它是所要斷的，能斷的方法包括依靠方便而斷、依靠智慧而斷兩種。

聲聞、緣覺憑藉相似的方便智慧，摧毀了粗大的魔而獲得了解脫果位，可是他們并沒有消滅細微的無明習氣地、意性身、無漏業、不可思議的死歿等微細的四魔。

所有菩薩必須要摧毀一切巨細的四魔。盡管菩薩和密宗持明者都要毀滅所有粗粗細細的四魔，可是這兩者摧毀的方式方法迥然有別，差異格外懸殊。

我們先以方便斷我執：從無始時以來，就是這個我執產生了迄今爲止的所有痛苦，現在如果仍舊沒有斷除它，那麼它還將無有止境帶來灾害。所以，要認識到我執的所有過患，而依靠珍貴的菩提心寶能獲得暫時善趣、菩薩地的功德和究竟遍智果位的一切功德。知曉了它們的功過，就要生起珍貴的菩提心，修行四無量心、自他平等和自他交換菩提心，在沒有將自私自利的藤根除之前一直觀修，對一切有情作母親想，把自己當成孩子想。爲了成爲一切眾生暫時究竟的安樂順緣，將自己執著的身體、受用和三世積累的善根一切的事物慷慨博

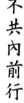

施，如果能够斷除了對所執著的這三種事物的耽著迷戀，那麼除此之外再沒有其他執著爲我的基礎。倘若通過如此修煉自心而斬斷愛重自我的魔，那就叫斷法，而不需要搖鼓，也不需要晃鈴，又不需要吹脛骨號，頭上不需要留長髮，手裏不需要帶托巴。睡時，內在傲慢的這個我執被菩提心驅逐出境、斬草除根，這就被人們稱爲「如牛躺臥般的上等斷法者」。與之相反對需要斷除的內在傲慢魔連理解層次也沒有，顯現妖魔鬼怪，認爲所斷的在外界，嘴裏喊著「啪達」，瞪著忿怒的眼睛，吹脛骨號，搖晃鼓，鬧得人心惶惶，攪得雞犬不寧，與鬼神之間成仇，這就是人們所說的「如狗狂叫般的下等斷法者」。

　　瑪吉拉尊空行母授記邪斷法魔教即將出現。當今時代的一些腐敗斷法者，明明沒有見到本尊，妄說見了本尊，沒有見到鬼神宣稱看見了鬼神，沒有獲得成就揚言獲得了成就，吹牛皮說大話，跑馬射箭，喝酒帶女人，口口聲聲說：「按照成就者的行爲去做，自他都會獲得成就。」沒有理由而裝出一副有信心的模樣，這是把自他拋向地獄的錨，這所有的斷法屬九種黑斷法，是邪斷法，是魔的幻變，稱爲惡知識，叫做邪導魔，所以我們務必遠離。

　　以智慧斷我執的方法：我們務必要斷掉內蘊傲慢魔的這個我執，斷掉它的方式，雖然有直指般若的意義，

大圓滿前行備忘錄

通過修行護持其境界，以行爲增上境界，但這裏從簡單易懂出發，緣於內在的蘊執爲我和執爲我所這兩者就是所斷的魔。要把它們抉擇爲無基離根，觀察所謂的「人我」與五蘊是一體還是他體？結果發現一體他體均不成立，確定我原本無基，猶如虛空。作爲我執的設施處五蘊，粗大的剖析成部分，細微的剖析成方分，并對剎那生滅的自性，從時間的角度，形狀、相狀、顏色等方面加以觀察，結果一無所得，一切有實法的實相抉擇爲如虛空般遠離言思、離戲離心──般若波羅蜜多的自性。之後，護持證悟此理的智慧相續，并進一步修習。得受灌頂、誓言清淨、稍稍得到見修暖相，或者即使沒有達到這種境界，但是該誦的咒語已經念完、修生起次第稍得穩固者，冒然而進，鋌而走險（指特意去到不敢去的地方），所有的障礙違緣通通轉爲道用，使違緣變爲成就，惡兆成爲福運。

在去往險地、深山等處，當依靠外在的真實鬼神和威脅的挑釁任意一種情況而感到驚恐萬分之際，借助巨大恐懼感的力量使一切分別妄念泯滅之餘，心的實相般若波羅蜜多脫離分別念的染污而赤裸裸呈現出來，所以我們一定要認識它，這對自利方面有著沒有生起證悟境界能令生起、已經生起者能得以增進的要訣，他利方面，以慈悲菩提心將所有妖魔鬼怪當成母親，爲了報恩，將自己的身體獻給鬼神享用，使他們相續轉向正

法，而利益無形的鬼神。身體布施以後，如果還不能使他們相續轉向正法，那就要對這些凶神惡煞，懷著悲憫心實行粗暴威猛措施，比如，母親一開始用食品等來引誘孩子，看他能否走向正道，如果辦不到，那麼就懷著悲心，怒氣衝衝地打他。作爲從根本上鏟除了內在傲慢魔的瑜伽士，要以大悲心懷柔攝受所有鬼神，以大智慧予以制服。首先，對一切鬼神，知母、念恩，萌生想要報恩的念頭，發起希望他們遠離苦因及苦果的強烈悲心，把這種悲心的相明觀金剛瑜伽母等進行懷柔攝受。

接著，對於我、處、鬼神這三者，都以般若意智慧度的見解，攝於三輪無緣的法界中，三有輪迴、寂滅涅槃的法也就是現有輪涅所包含的法，都不曾超越、沒有超越、不會超越空性離戲的本性，在這種境界中，心悠然放鬆入定，將二取的一切執著鎮服於法界中，就像國王坐在寶座上鎮服一切百姓一樣。其後，對自己的身體毫不吝惜、毫無貪執，隨其所求布施給一切鬼神，徹底拋棄蘊執。接著，心裏想：現在這個身體不單單是我，不僅僅你們所有鬼神不能加害，即便是要加以保護，可誰也保護不了，你們誰想背走，誰需要什麼就快來背去吧，要來的就來吧，如果出現不幸，但願仍舊在這個上面出現所有的不幸吧。否則，憑著勇氣輕淩鬼神，搞世間八法，心想：不要斷我的壽命，不要奪我的靈魂。諸如此類，裝腔作勢布施身體，裝模作樣越過妖地，假裝

大圓滿前行備忘錄

去往百個泉眼（冒犯水神），心裏盤算修行悲心好還是修行空性好呢？之後念誦猛咒，觀修護輪，祈禱上師。這些人，恐怕在沒有斷掉內在的傲慢之前，真正已經被魔挾持了。

內在的這個傲慢魔，不管你是住在城區也好，游歷險處也罷，都必須要斷除它。甚深斷法的最終落腳點就是要以空性大悲藏來斷掉這個「我」。在修施身法的時候，首先必須明顯勾起對這個身體潛伏存在的愛執，今生今世的衣食臥具用品一切的一切就是爲了給這個身體提供才通過作惡、受苦而積累下來的。所有事物當中，我們最珍惜、最愛重的就是這個身體，所以好好勾起愛執。隨之，對鬼神爲主的一切有情觀修知母、念恩，生起想要報恩的念頭，爲了報答恩德，對於四種貴客，以我的身體來上供下施，如果是在曼茶羅積資時，就在黎明時分施素齋，中午施花齋，傍晚施葷齋，或者，每一座都發放這三大布施，尤其是在病魔猖狂之時，對於不喜歡素齋、一味貪婪血肉的所有鬼神，必須布施葷食。黑齋，對那些不能驚動一直無動於衷的鬼神，或者雖然驚動起來，但沒有達到度過量，或者儘管達到了相似的度過量，可是沒有達到度過標準而長期耽擱，需要用黑齋。然而，（有些人由於自己）氣量狹窄，性情急躁，稍有小事心裏就不高興，於是便施黑齋，那就與菩薩道相違背，因此切切不可這樣。雖然上師時而有傳講施黑

齋觀想法的傳統，但這裏并沒有立成文字。

六　上師瑜伽

自相續中生起證悟智慧的所有方便中最究竟甚深的上師瑜伽引導：

解脫道的九乘次第，都需要在自相續中生起證悟智慧方能獲得果位。按照新派的觀點，所有聲聞修行空性的果位即是滅盡定，他們（指新派）認爲各乘見解無有高低。按照舊派的觀點而言，各乘見解有高有低，當然也并不是說聲聞緣覺不具備智慧，但他們只有相似的智慧。菩薩由於證悟般若見解，不是相似的智慧，而是大智慧，或者是高的見解。所以，聲聞、緣覺和菩薩的智慧就有著相當大的差別。聲聞、緣覺，起初尋找具足一切法相的親教師或軌范師，以出離心的意樂驅使受別解脫戒，實修珍貴的勝道三學，從而證得解脫果位。所有道的主體或本體是智慧，戒律和禪定二者作爲從屬，實修道諦及從屬內容，并沒有說僅僅是依靠對上師親教師、軌范師有信心就能得到聲聞、緣覺阿羅漢果位。

如果有人認爲：那麼，經中不是說「舍利子，勝義要依信心而證悟」嗎？可見，單單憑著信心就有證悟無我之義的。

大圓滿前行備忘錄

其實并不是這樣，此教證是說明無有信心無法入道，開啟諸法之門的是信心，爲此首先必須具備虔誠的信心，并不是僅僅憑著信心就可證悟真如的意思。小乘行人，如果對給自己授戒的親教師、軌範師懷恨在心，那就是修道的障礙，所以需要有信心。可是四諦法一點不修，唯獨仰仗信心并不能得到聲聞緣覺阿羅漢果。

諸位菩薩如果沒有依靠外攝持的上師善知識，沒有修行內攝持的慈悲菩提心，就無法現見見道法性真諦，因此（《經莊嚴論》中）說：「親近於善友，調靜除德增，有勇阿含富，覺真善說法，悲深離退減。⑩」對於具備十種功德的上師，或者雖然不具備十種功德，但慈悲菩提心已經純熟的善知識，懷著信心依止，發殊勝菩提心，并沒有提及不修學六度所攝的佛子菩薩如海的圓滿（功德）、成熟（有情）、修行（刹土）之道只是憑著信心就能現見見諦法性真諦。只是說明損害上師，退失信心，會積下彌天大罪。（寂天菩薩在《入行論》中所說：）「博施諸佛子，若人生噁心，佛言彼墮獄，長如心數劫。」就像鐵能斷鐵一樣，對（菩薩上師懷有噁心）能摧毀以往所積累的一切善根，需要重新由小資糧道開始積累。但在菩薩乘中，并沒有提及「如果具備把善知識視爲佛陀的恭敬誠信之心，虔誠祈禱，相續中就

不共內前行

⑩親近於善友，調靜除德增，有勇阿含富，覺真善說法，悲深離退減：選自唐譯《大乘莊嚴經論》，其中是：「善近於善友，應知八亦然⋯⋯」但藏文中并沒有「應知八亦然」這一句。

能生起證悟智慧」。然而，對上師有信心的確能圓滿廣大福德資糧。如《入行論》云：「若人生淨信，得果較前勝。」

　　入了密宗的菩薩持明行者，首先在具備法相的金剛阿闍黎面前，得受密宗外三續部的能成熟灌頂，也就是瓶水、冠冕等賜部與開許共同明覺五灌頂，以清淨誓言守護相續，實地修道，通過修行有相瑜伽與無相瑜伽，結果修行所依（也就是神饈）保持溫度、油燈自燃、彩虹照射等等驗相呈現時，取受悉地，得到與欲界色界天同緣分的共同悉地。其後不捨肉身，以神變前往布達拉等聖境，面見觀音菩薩與文殊菩薩等，即刻獲得殊勝悉地，此後在五世或七世或十六世之末，證得三部、四部、五部金剛持其中任何一種果位。外三續中只是說，如果與上師金剛阿闍黎發生矛盾，那就成了悉地的障礙，而并沒有提到如果不發生矛盾而以把上師視爲佛陀的方式虔誠祈禱就能在相續中生起證悟的智慧。個別的情況并不排除，不曾講過「如果不修行金剛阿闍黎所宣說的有相無相瑜伽，單憑對上師的恭敬誠信就能獲得殊勝悉地」。

　　密宗內三續，第一是瑪哈約嘎，圓滿得受入門的外十利等以及四灌頂後，以清淨誓言守護相續，實地修道，主要修行生起次第和風的圓滿次第，從而在相續中生起由四空引發的喻光明之後，在其後得，依靠三現光

明作爲因，五光風作爲緣，而起現幻身本尊身。接著，在修行義光明時，大衆作會修，初夜於本尊前取悉地，中夜於怨敵前取悉地，黎明於佛母前取悉地，從而在相續中生起義光明，隨後在後得時起現有學雙運身。這一宗派中，如果與上師金剛阿闍黎發生矛盾，那麽就像頭斷了不可救藥一樣成爲一切悉地的障礙，今生今世中屢屢遭受短命多病等不幸，後世轉生到難以解脫的金剛地獄受苦。如果把上師金剛阿闍黎看成佛而虔誠祈禱，能得到證悟的智慧、殊勝的悉地，但是并沒有強調性說明這一點，只是說它的近取因之行爲——大衆會修以後她身手印的主要近取因。

阿努約嘎，首先蒙受具足法相的上師賜予能成熟的內外密所有灌頂，以清淨誓言守護相續，實地修道，主要修行生起次第的少部分和圓滿次第中明點圓滿次第，依靠脉直、風淨、明點堪能，相續中生起四喜引發的喻光明，此後，後得不清淨幻身起現爲本尊身。在修到義光明的近因行爲，依靠無戲手印、她身手印的近取因，而修行義光明，後得起現有學雙運身。阿努約嘎中也主要宣說重點修圓滿次第，憑藉手印的增進而現前義智慧，并沒有說僅僅依靠對上師的恭敬誠信就能達到最高的境界。然而，密宗所有內續中宣說了「悉地隨上師」。悉地跟隨著上師，而不跟隨本尊空行（意爲依靠上師方得悉地），可是由修行人的意樂導致，有些對上

不共內前行

師生信心，有些對本尊和空行起信心，如果具備將上師視爲佛陀的虔誠恭敬信心，他即便沒有修生圓次第，也能在相續中生起證悟智慧。這一點，新派也是承認的。但瑪哈約嘎、阿努約嘎闡明重點修生起圓滿次第，如果對上師和道友心懷憎恨，那麼正如所說的「則成一切脉皆顛倒，觀尊張口瞪眼成鬼神」。如果和上師、金剛道友不發生矛盾，將上師修爲本尊的本體，那麼成就近在咫尺，速得加持。

特別是阿底約嘎的宗派，首先得受具足法相的上師賜予的大圓滿有戲、無戲、極無戲、最無戲四灌頂，以有守護的次第誓言即上師身語意分出的二十七種根本誓言、二十五支分誓言以及無守護頓悟誓言即無有、唯一、平等、任運，清淨誓言守護相續，實地修道修行本來清淨直斷和任運自成頓超二道，也包括有緣對境根基和覺性自現根基者的修道，一開始沒有生起證悟令生起，已經生起不退失、不退而增上的近因行爲，并沒有著重宣說像下乘以聖聚會修、她身手印的近取因，那主要闡述的是什麼呢？就是說，如果懷著將上師看成佛陀的恭敬信心虔誠祈禱，相續中就能生起證悟智慧。如云：「無動敬信修六月，獲得金剛持果位。」又云：「五地十道之境界，於師敬信歲月成。」所以我們一定要把上師看成佛陀。

那到底該怎樣視師爲佛呢？在別解脫宗派中，把上

師看成是聲聞緣覺聖者，或者即便不看作聖者，但視爲是有功德的凡夫倒也可以。菩薩乘中，把上師視爲住地大聖者，或者是佛陀化身，或者看成是大資糧道以上有功德的菩薩，也可以。在大圓滿宗派裏，將上師看成凡夫班智達或者聖者阿羅漢或者聖者菩薩，或者佛陀化身或者佛陀報身，都是不行的，那要看成是什麼呢？要將上師看作是佛陀法身，如果能够做到滿懷始終不渝的恭敬信心，虔誠祈禱，那麼不需要依靠他道之緣，而足能在自相續中生起證悟智慧。相續中生起如此證悟的實例：有印度聖地的那諾巴、龍菩提、金剛鈴阿闍黎。在此藏地，也有索布拉花、全知無垢光尊者、持明無畏洲等等。要做到將上師視爲佛陀，必須知道五點，第一、了知上師是佛；第二、了知上師的一切所作所爲都是佛陀的事業；第三、了知對自身而言，上師比佛陀恩德更大；第四、了知大恩大德的上師是總集一切皈依處的總體；第五、了知認識到這些道理以後如果能虔誠祈禱，無需依賴他道之緣便可在自相續中生起證悟智慧。

　　第一、了知上師是佛：了義不了義當中，按照不了義的觀點來說，上師是真正的佛化身，他相續（指相對自相續的他相續）所攝的一切佛陀爲了利益所化衆生，隨機調化，身色所包括的化身有爲法，依靠一切佛陀的大悲、願力和所化衆生的福德力，如水月般以緣起而顯現，如果認識到這一點而滿懷恭敬信心虔誠祈禱，就會

得到佛陀的加持，這是自然規律。然而，由於自己的智慧薄弱，而仍舊把上師執爲實有相狀的色身，那麼以不清淨的耽著導致就會將上師當成平凡者，由此不能成爲自相續生起智慧的清淨近取因，正如（《金剛經》中所說：）「若以色見我，以音聲求我，是人行邪道，不能見如來。」但是，世尊也說過上師是佛陀的幻現。如云：「阿難莫憂傷，阿難莫哭泣，末法五百世，我現善知識，饒益汝等衆。」上師成立爲佛是顯宗密宗共同的觀點。

按照不共了義的講法，上師是真正的佛陀法身，這一點以教證、理證來說明。首先以理證明：上師的意——深明無二的基住智慧，不管我們證悟還是沒有證悟，就是本體本來清淨的佛陀、永恒穩固無遷無變的無爲法佛陀法身。如云：「諸佛法性尊，引導皆法身。」基果無二無別的佛陀法身的妙力或者游舞顯現出空性影像的上師身語意無盡莊嚴輪，是真正色身，色身的本體是法身，法身的現象是色身，實際上這兩者不可分割大平等性或者雙運金剛持、普賢如來、金剛薩埵一切部和壇城的遍主周遍有寂的大智慧就是佛陀法身，所以說「器世具德上師尊衆前皈依，有情本尊尊母聖衆前皈依，現有具德上師聖衆前皈依」。內在所表義智慧是上師意法身，能表示法身的能表相的上師顯現身語意相。可見，通過法爾理足可證明上師是佛。

大圓滿前行備忘錄

有關的教證，有「此即自然佛……」不可勝數。

第二、了知上師的一切所作所爲均是佛陀的事業，包括共同事業和殊勝事業。共同事業有息、增、懷、誅四種事業，它也分爲世間與出世間的事業兩種。世間的事業：如果沒有明確上師世間的一切事業都是佛陀的事業，認爲我的上師是佛，但事業并不是佛陀的事業，那顯然是矛盾的。如果上師用世間法來解決糾紛、調解不和等等做世間的法官，就要想到那是息業。如果上師積累財物、收割莊稼、建造房屋、經商謀利等等，要想到這一切都是增業。當上師勾招男女等，哪怕是每一天都帶著一百個女人，也要看成是懷業。即使上師挑起爭端、發起爭鬥、興起動亂，每一天宰殺一百隻牲口，也要把這看作是誅業。出世間的事業：觀想上師放射白光，是能消除疾疫、刀兵、饑饉等八大災難或十六大難的息業；再有，放射黃光，是增上福壽榮華財産受用等六種圓滿的增業；再放射紅光，是通過懷柔三界等的四種信解進行的懷業；又放射出墨綠色光，殺傷、驅逐、毀滅一切怨敵魔障，諸如此類的一切都要看待成是誅業。

殊勝事業，就是爲一切所化衆生指示三菩提解脫之道，把他們安置在解脫與遍知果位。

第三、了知對自身而言上師比佛陀恩德更大：我們這些身處五濁橫流惡世的衆生，沒有能够被過去的諸佛

不共內前行

所調化。以大悲關照，爲了攝受剛強難化的我們，金剛持佛特意披上人皮，顯現人相降臨於世，儘管上師的斷證功德與諸佛平等，可是對於我自身來說，上師恩德遠遠超過佛陀。像上師給我的利益，父母不曾給過，親朋好友沒有做過，共稱利濟世人的大尊主誰也沒有辦到，那麼上師究竟是怎樣饒益我的呢？他教我棄捨不善的道理，而封閉了惡趣的門閂；他教我奉行善業的方法，而樹立起善趣與解脫的梯子；上師讓我發殊勝菩提心，從而播下了遍知佛性的種子；上師爲我直指覺性法身，實是賜予了究竟法身的傳家寶。所以，一定要清楚地認識到對我們來說，上師的深恩厚德勝過佛陀。

第四、了知大恩大德的上師是總集一切皈依處的總體：外三寶也完全歸集在上師中，上師的身體是僧寶，語言是妙法，意是佛陀，如云：「清淨離得心是佛，不變無垢爲正法，功德任運圓滿僧，是故自之心性勝。」內三根本的本體是上師：加持的根本也就是上師，所表義上師是大智慧，能表相的上師身體無論是密咒師還是出家相就是他；悉地根本的本尊，其中法性義的本尊是上師的意——大智慧，有法相的浩瀚寂猛本尊也是上師大智慧的游舞；事業根本的空行也是上師大智慧法性虛空中不滅呈現出的大悲妙力現解脫。布繞瓦尊者曾經說：「空悲唯一身，三有大樂體，遠離戲論垢，禮師金剛足。」上師的意是法身，語是報身，身是化身，功德是財神，事業是護法神。

大圓滿前行備忘錄

浩如烟海的皈依境散攝的作者就是上師，比如，陽光的根源是太陽，一切光綫都集於太陽的本體中，同樣，如海的皈依境，向外也是由上師的大智慧中散射的，向內也回歸到上師的大智慧中。因此，我們務必知道上師是一切皈依境散攝的總體。

　　第五、了知認識到這些道理以後如果能虔誠祈禱，無需依賴他道之緣便可在自相續中生起證悟智慧：如海的皈依境猶如日輪，能呈現出大悲智慧的光輝。所有皈依境集於上師一身，如果沒有瞭解斷定一切都是上師的本體，那麼就像瑪爾巴上師，在那諾巴上師和本尊勝樂壇城二者中，將本尊視爲殊勝，結果法脉傳承的源流倒是比江河還長，而他的傳宗接代比花雕謝還容易消逝。再例如，覺母嘉在上師蓮花生與本尊金剛橛二者之中，將本尊視爲殊勝，結果沒有被蓮師攝受，而把她交付給益西措嘉空行母（，讓她攝受）。可見，如海皈依境的大悲好似太陽的熱度，自相續猶如火絨，在這兩者之間起到連接紐帶作用的火鏡，就是上師。因此，我們一定要清楚地認識到，如果把上師視爲真佛，滿懷恭敬信心，如同拉弓一般不松不緊虔誠祈禱，就像上文中所說的那樣，無需依靠生起次第、圓滿次第等其他道的外緣，就能在相續中生起證悟的智慧。此處所講的意義就是「不管修什麼壇城，上師都在黑日嘎本體中圓滿灌頂」。

　　憑藉以上這五種了知，修行上師法，外修上師瑜

不共內前行

伽，內修持明總集，密修大悲，極密修明點印。依照全知無垢光尊者的觀點，外化身修，內報身修，密空行修，極密以入定而修智慧上師。但在這裏是按照外修上師瑜伽來修行。華智仁波切親口說過：「依師法即恭敬信心非尊重，修師法即恭敬信心非祈禱。」怙主格芒仁波切也曾親言：「大圓滿之道近因行爲就是滿懷感恩戴德的恭敬信心修上師瑜伽。」因此，我們一定要生起感恩戴德的敬信心。鄔金蓮花生大師如此說道：「具有堅信得加持，若離疑心成所願。」又云：「具有信心善男女，蓮生不去何處住，吾壽無有歿盡時，信士前我各現一。」帶著感恩戴德的敬信心修上師相應法觀修中包括上師形象改變與形象不變兩種。依全知上師（無垢光尊者）的觀點而言，上師的形象不改變，其他前代的諸位上師說：根據修行人或者根基的差別，所有殊勝的修行人在修上師法時，上師的形象無需改變，而除此之外的其余行者，如果一開始沒有轉變上師的形象就不會將上師視爲佛陀，爲此需要轉變上師的形象。

觀修法包括三種，如果需要迅速得到加持，那麼就以總集寶珠式來觀修；皈依和祈禱時要觀修重樓式㊿；在積累資糧時觀想疊環式㊼。關於自己的身體，在皈依和淨障的時候，觀想成平庸之身；上師瑜伽時，將上師觀想

㊿重樓式：觀想主尊頂上虛空之中傳承上師頂踵相互重疊而坐。
㊼疊環式：主尊高居中央，諸佛菩薩環坐圍繞，座次環環相套，中高外低，疊成半球體狀。

在自己所觀成的本尊的頭頂，或者觀在無執的虛空中。雖有諸如此類的講法，但這裏要把自己的身體觀修成金剛瑜伽母，如果觀成平常的形象，那麼依靠行者的邪分別會障礙獲得加持。修法時也分爲入座和座間，有關入座的前行法都已經宣說完畢。

入座的正行：

一、明觀福田：

所謂的「誒瑪火」是感嘆詞。對什麼感到稀有呢？對現有清淨浩瀚的顯現感到稀有。關於顯現，華智仁波切說：邪分別迷亂的顯現是指在六道有情顛倒的迷亂識前浮現的外內器情不清淨的虛幻相。緣起虛幻的顯現是指在十地菩薩們後得位世俗幻術水月等的所有景象。世俗也有真世俗和相似世俗兩種，這裏是指其中的相似世俗，對其無有執著就像幻化八喻的顯現一樣。真實智慧的顯現，是指成爲現前諸法的實相真如真實智慧的行境——現有呈現身智游舞。邪分別迷亂顯現和緣起虛幻的顯現屬現相，真實智慧的顯現是實相，真正實相、現相一致的境界，作爲凡夫不能直接呈現，諸位聖者稍稍能够一致而呈現，真正實相、現相一致的境界除了佛地以外都不能如實達到。遍知的所見作爲正量，現有浩瀚清淨——現有基住壇城在此道位時這樣明觀，依靠生起次第明觀這些現相清淨，是以心改造的清淨，明觀實相身智萬法的實相是無偽的清淨，在這裏是明觀無邊安住

的實相清淨。

隨之，從顯現分的角度完整明觀：中央的主尊是上師蓮花生，包括尸林醜惡鬼女在內，互不混雜顯現爲主尊和眷屬的行相，但實際上本體也是上師的唯一大智慧的自性，他們身體具足相好功德，語言具足梵音功德，意具足智悲力功德，與中央上師無二無別，是唯一大智慧本體。

接著，爲了遣除平庸的二取分別念，念誦迎請福田的文句，即刻，銅色吉祥山所依及能依如空中濃雲滾滾一般降臨，此外凡是與自己有法緣的所有上師如同鷲鷹飛落到尸陀林一般紛紛降臨，所依的無量殿等以及能依的尊衆融入。

二、七支供：

在顯宗道需要積累數多大阿僧祇劫的資糧，由經密宗道，每一刹那都能得以圓滿，歸根到底的要點就是福田和意樂清淨。密宗積累資糧的對境主要不是本尊、空行等，上師是積累資糧最殊勝、最超絕、最極頂的福田，所以說福田清淨。意樂清淨，就是爲了利他，而渴求在一生一世中修成雙運金剛持果位，這種意樂也并不是大的自私心。在密宗瑜伽行者看來，一切有情都是佛的自性，對於沒有證悟到這一點的所有衆生，生起難以堪忍的大慈大悲心，誠如夏瓦熱尊者所說：「證悟自行無執中，愚痴衆生誠可憐，悲憫難忍自流淚，推己及他

大圓滿前行備忘錄

行利益。」供品清淨，依靠本尊、咒語、等持，用幻化的供品作供養。因此，積累資糧的一切途徑歸納起來，就攝集在七支供當中。如果再進一步概括，那就包含在積資、淨障、增善三者中，其中頂禮、懺罪是淨障支；隨喜、迴向是增善支；其餘三種是積資支。

第一支：我慢的對治法就是頂禮，我慢是觀待他者而認爲我好的心念。聲稱：「從世間法種姓血統等各方面來說，我都與眾不同，我的種姓是如何如何」藏族的人們在種姓上沒有高低之別，血統無有好壞之分，體質沒有強弱之異，一概是猴子的子孫，通通是猴崽。從佛法的角度來講，如果稍微有一點點教法、證法的功德，便驕傲自滿，那就是所說的「彼起功德魔」。假設懷著這樣的慢心做布施，那就是魔施，「布施起現魔」。以此爲例，戒律等六度都起現爲魔。所以說「我慢鐵球上，不存功德水」，由我慢導致看不到自相續的過失，見不到他相續的功德，它的對治法就是頂禮。所以，我們要做到不爭高位，甚至把破誓言和破戒者都恭敬在前，作爲頂禮敬重的對境。

頂禮分類，有上、中、下三種。上等者見解之頂禮是了達對境、頂禮者及頂禮之所爲三者無緣，因此上等者以見解頂禮。中等者修行之頂禮，無量身體化現出無量頭，無量頭幻現出無量舌，無量舌幻化出無量讚頌的妙音而頂禮。如果有人認爲：這不是生起次第嗎？并不

是，這是幻化不清淨的平常身體，所以并不屬於生起次第。下等者三門恭敬之頂禮，包括身之頂禮、語之讚揚、意之敬信，其中意敬信最爲主要。通過隨念如海皈依境的功德來頂禮膜拜。尤其是在僧衆當中，對所有破誓言和破戒者不輕淩、不藐視，對好壞中等所有人都要恭敬有加。如《地藏十輪經》中說：「無論持戒抑或沒有持戒……我之隨行者如何低下，百數俗人無可比擬。」沒有受戒的所有男男女女，還將不斷流轉輪迴，可是受戒者縱然破了戒，但在勝解佛降臨於世間之際，也會證得聲聞緣覺等各自果位，這就好比水裏的魚嘴已被鐵鈎鈎住，遲早都將被帶到陸地，同樣的道理，已經播下了好似鐵鈎般的解脫良種，遲早都必定引領到解脫的陸地。爲此，我們務必要生起信心和清淨觀。

第二、供養支：供養是貪心和吝嗇的對治法。上供、下施都包括在供養的範疇內。供養，總結起來就是福田清淨、意樂清淨、供品清淨。供品清淨：包括有主物和無主物兩種，供養無主物這一點是在《大密善巧方便經》中宣說的。我們在沒有證得菩提之前，一定要供養所執有的三種事物（身體、受用、善根）。對於這些，具足密咒、手印和等持，就如同金剛持佛加持一樣，因此以密咒、手印和等持攝持，以一切有主物、無主物、真實擁有的財物爲例，加之觀想意幻供品——普賢菩薩傳記中記載的等同虛空般廣大供品，在相續長久乃至輪迴未空之間，以一切如

大圓滿前行備忘錄

來六根行境的內外密供品——能生起無漏勝樂的供雲來作供養。尤其是意幻供養，是心性如意寶的現相，因此更爲超勝。如果懷著慷慨博施的心腸，不會出現受用貧乏的窘境。金厄瓦格西曾經說：「我最初供養的是廉價的、熏人、刺鼻的香，到最後我每一次供養的都是價值五百兩黃金的香。」

如云：「捨棄諸餘供，真實供上師。」供養一切壇城的遍主——上師，是所有供養中最爲殊勝的。

第三、嗔恨的對治法——懺罪，懺悔罪業必須具足（所依、厭患、返回、現行）四種對治力，外所依對治力，是指明觀福田，內所依對治力是指皈依、發心，實際上也就是意樂，而不需要念誦皈依、發心偈。厭患對治力，對於所淨罪業六門生起後悔之心。返回對治力，是指發誓以後永不再犯。現行對治力，是這裏講的罪業的所有對治法。

第四、嫉妒心的對治法——隨喜：凡是耳聞目睹或者心裏回憶起他人奉行的善法，沒有心情不悅、與之競爭的嫉妒，而對如來佛子、弟子聲聞緣覺持明衆，以及其他凡夫的一切善根都要欣然隨喜。如果能够做到真正隨喜，那麽自相續會不折不扣地獲得他者的所有善根。如（《般若攝頌》中）云：「三千須彌可稱量，隨喜善根非如是。」那麽，對什麽善根隨喜呢？要隨喜的是有漏和無漏的一切善根。

不共內前行

關於有漏與無漏的善根，從本體角度而言，勝義所攝的一切善根，是無漏善根；世俗所包含的一切善根是有漏善根。從道的角度來說，加行道和資糧道的一切善根是有漏善根；見道修道的所有善根是無漏善根。就善根本身來說，一切福德資糧是有漏善根；所有智慧資糧是無漏善根。從入定後得的側面而言，聖者入定是無漏善根；後得的所有善根是有漏善根。從助伴的角度來講，相似、真實智慧所攝持的一切善根是無漏善根；沒有被相似和真實智慧所攝持的所有善根是有漏善根。入定後得無二無別、有寂無二無別的大手印、大圓滿、大中觀的一切見修行本體是無漏善根；現相是有漏善根。

總而言之，我們要對二諦所涵蓋的三世諸佛菩薩從最初發心、中間積累福慧資糧、最終現前佛果或者各得其果以後利益眾生的全部善根都欣樂隨喜。接著對弟子聲聞緣覺三世中所積累一切善根欣然隨喜。隨後對於三世的持明眾最初發心、中間修行二次第瑜伽、最終現前自果之間的一切善根欣然隨喜。之後，對三世的一切眾生的所有善根欣然隨喜。所謂的「隨喜」，就是對於他者的善根，無有嫉妒而看成是值得歡喜、大有必要、必不可少的一種喜悅之情。七支供其中的部分內容，也可以單獨修行。所以，我們隨時隨地都要這樣來實修。

第五、愚痴的對治法──請轉法輪：諸如，遍及虛空際的如海剎土中，圓滿佛陀出有壞現前成佛以後沒有

轉法輪，聲聞緣覺、佛子菩薩及持明眾因為所化眾生的倒行逆施過患而心生厭煩，不講經說法，這時要觀想：在他們面前，自己的身體化現出梵天、帝釋等不可思議的行相，供養千輻金輪、右旋白色海螺，祈求道：「祈請擊搥妙法鼓，祈請吹起妙法螺，祈請燃亮正法燈，祈請高擎正法幡，祈請樹立正法幢。」那麼需要轉什麼法輪呢？格芒旺波尊者說：「根據所化眾生的界性、根基、意樂應機施教。」觀待一切所化眾生的界性、根基和意樂的差別，祈請轉外集引導三乘、內苦行明覺三乘、密轉變方便三乘，也就是祈請轉三乘或者內部分出九乘的法輪。

第六、邪見的對治法——請不涅槃：安住在虛空遍及的浩瀚世界中的如來圓滿佛陀出有壞，十一相得以究竟，準備趣入第十二相——涅槃，佛子菩薩、弟子聲聞、緣覺及持明眾，準備前往其他剎土，這時要觀想：將天界、人間的一切圓滿供品聚集一處獻上，祈請他們在輪迴沒有空無之前長久住世不入涅槃，他們親口應允住世如海劫。同樣，如果在自己的上師和金剛道友面前祈求長久住世，那麼對遣除自身的壽障來說是很深的要訣。

第七、懷疑的對治法——迴向：迴向的見證者是佛菩薩，所迴向的事物是自己三時所積累的一切善根，在此基礎上還把佛菩薩的無漏善根、所有眾生的一切有漏善根，心裏觀想合而為一。迴向給誰呢？迴向給一切眾

不共內前行

生，尤其是爲病人及病魔、死者及致死者作迴向。爲什麼目的作迴向呢？迴向要具備兩個條件或兩種含義，特別是後一種條件主要緣遍知佛果（即願一切衆生證得佛果）。怎樣迴向呢？迴向的方式有以三輪無緣的真實迴向和相似迴向兩種。所有初學者，做不到三輪清淨的真實迴向，但可以做到與之相類似的迴向。一切聖者，無有執著三輪的分別念和耽著的牽涉，以境空無別的境界而迴向并發願，是真正的迴向。所有凡夫引生出與之相似的三輪現而無自性的定解，或者效仿如來佛子而念誦「文殊師利勇猛智，普賢慧行亦復然，我今迴向諸善根，隨彼一切常修學」也可以代替。所以，依靠迴向和發願來轉變欲樂，相當關鍵。否則善根的果報就是無記法，爲了使果報不會走偏，我們就要爲了獲得增上生等直至佛陀之間根據自己所求的果報而迴向。如果有要迴向的善根，那就是迴向，假設沒有可迴向的善根，那就是嚮往果而發願。自己迴向、發願，觀想佛菩薩予以協助這一點至關重要。

三、專心祈禱：

所謂的「專心」就是發自內心、從心坎深處的意思。修成悉地，包括修行基、所修、修行方便、修行方式、成就之果五個方面。修行基是指如來藏，勝義俱生本來三門，也就是以灌頂成熟、以見解證悟、以道獲得，所修與成就之果是一個意思。粗大三門及法性——

粗大的四金剛，細微的四金剛——能依的風脈明點及法性，極細微的金剛——具三智慧的自性，就是修行基。

所修是四金剛果位。具體而言，脉清淨爲身金剛或化身，風清淨爲語金剛或受用圓滿身，心清淨爲意金剛或法身，法性清淨爲無別金剛或本性身。

修行方便，包括上師的修行、本尊的修行和空行的修行等，其中這裏是指上師的修行。

修行方法，依靠心裏滿懷虔誠敬信、口裏祈禱來修行。依止上師的方便法就是感恩戴德的恭敬信心。要產生感恩戴德的恭敬信心的方便法，上師的身爲色身，意是法身，這二者雙運就是黑日嘎。「黑」是法界，「嘎」是智慧，「日」是雙運。上師在任何壇城「黑日嘎」的本體中圓滿灌頂等。依靠了知上師是佛等五種了知而生起敬信心。上師的每一分功德也不可思議，是指什麽呢？就是身語意之密不可思議的智慧，虛空遍及之處法身周遍，法身遍及之處報身周遍，報身遍及之處化身周遍。身語意一切種相，身體具足相好莊嚴的一切功德，語言具足梵音的一切功德，意呈現智悲的一切功德。身體，在諸十地菩薩前顯示報身，於除此之外的眾生前顯示化身和種種幻化。比如，如來的無見頂相，持力菩薩顯示神變力，到上方不可思議的世界去觀看，結果也沒有見到它的邊際；有時俗人也可以接觸到，能呈現出所有所知相。語一切種相，能顯現出天語、龍語等應有盡有的所有音聲。意一切種相，在

不共內前行

322

智悲力的境界中如如不動，在我面前表現出貪嗔等相。修行悉地的時候，虔誠祈禱至尊革日仁波切（蓮花生大士）等，在念誦七品祈禱文時，必須要結合每一品念誦要求的時間來讀誦。

修行之果，雖然暫時是四持明果位、究竟現前四金剛的果位，但這裏通過如此修行和祈禱的加持，意傳境界融入於心，得以見到實相的本來面目，生起證悟的驗相，就是生起慈悲菩提心、信心、出離心、辨法智慧，然而也有先出現功德後生起證悟和先生起證悟後獲得功德兩種情況。所以，將覺受和證悟區別開來，生起法性證悟，才是修行之果。全知無垢光尊者說：「若未了知覺受證悟別，修行覺受執爲證悟謬，開悟恒無賢劣及遷變，修行彼性功德覺受現。」

接受四灌頂屬道灌頂。一般來說，灌頂包括基灌頂、道灌頂和果灌頂，其中基灌頂：如果證悟了心的法性如來藏，就擁有涅槃的自在，倘若沒有證悟，就歸屬到三界輪迴中，從這個角度稱爲基灌頂。道灌頂的基灌頂是真實灌頂所成熟的法。道灌頂有三種，道灌頂的基灌頂，當具足法相的上師在續部寂猛或者修部八大法行任一壇城中授予灌頂的時候，上根者證悟義見解，中根者生起明樂無分別的覺受，下根者也產生三門是三金剛不被他奪的定解。如果得受了這樣的四灌頂，那麼就代表金剛乘道之所依的灌頂。否則，請求、得受的灌頂倒

大圓滿前行備忘錄

是很多，而心相續中一絲一毫也沒有長進，在頭頂沒有壓偏之前天天求灌頂也并不代表灌頂。道灌頂的道灌頂，自從得受了這樣的灌頂以後，既可以在他人面前求灌頂，也可以自己通過觀想等來受灌頂。所有這些都屬密宗的長淨或道灌頂。道灌頂的果灌頂，是指大光明灌頂或者密宗的深明無二的三灌頂，依靠灌頂的義智慧，能摧毀所有習氣障或者三現遷移習氣。

基道果中的果灌頂，在道灌頂之果灌頂的後一剎那獲得遍知智慧，自在駕馭所知輪涅所攝的一切法。

這裏是指道灌頂的道灌頂。觀想：從蓮花生大士白毫間猶如水晶般晶瑩剔透的「嗡」字放射出如月光一樣的光芒入於自己頭頂，從而淨化殺生等三種身業及能產生身的脉障，獲得了上師身金剛之加持，得受寶瓶灌頂，相續中生起灌頂義智慧——現空智慧，識聚清淨爲幻化網，顯現相、傳出的聲音、心識分別解脫爲本尊、咒語和智慧，有資格修行生起次第的道，相續中具有暫時異熟持明果位、究竟化身果位的緣分。接著觀想上師喉間（宛如紅蓮花般的絢爛璀璨的）「阿」字放射出猶如紅閃電般的光入於自己的喉間，從而淨除了妄語等四種語業，清淨能產生語的風障，獲得語金剛之加持，相續中生起灌頂義智慧——明空智慧，風的生、入、住解脫爲咒語。再觀想：上師心間如蔚藍天空般的「吽」字放射出如長香之烟般的光芒，入於自己的心間，從而淨

不共內前行

除貪心等三種意業，清淨了能產生意的明點障，獲得上師意金剛之加持，相續中生起灌頂義智慧——空樂智慧，識聚解脫於空樂境界中。又觀想：從「吽」字中出現第二個「吽」字，與自心融爲一體，從而淨除三門所依阿賴耶、阿賴耶識的障礙以及執著三輪的所知障，獲得上師智慧金剛之加持，相續中生起灌頂義智慧——自然本智。月稱菩薩說：「不生是實慧離生。」相續中生起華智仁波切親口所說「若謂蘊相離法界，此外蘊空有何益？觀察空非究竟義」的智慧，三門執爲異體的分別念解脫於法性中……

收攝次第，與觀想的往生法是一個要訣，「一旦……」偈頌，收攝次第中出現明相，是共同圓滿次第的細微瑜伽。

在後得吃飯、睡覺、行走、安坐等一切時分，必須轉爲道用。總之，要具足清淨觀，轉爲道用。懷著對上師的恭敬誠信而將樂因樂果和苦因苦果轉爲道用。如果出現樂因及樂果，感念上師的恩德而虔誠祈禱。不管吃什麼喝什麼，供養獻新而把這一切都看成是上師的大恩大德所致。當遭受苦因和苦果時，要懷著對上師的恭敬誠信而轉爲道用。如果自己不具備信心、恭敬心等，要祈禱上師，祈求擁有信心和恭敬心等。如果昏昏沉沉，要祈禱上師，倘若掉舉，也要祈禱上師，身體的要點、看式也要對治昏沉、掉舉相應來調整。如果見解上出現

325

好壞懷疑，要虔誠祈禱上師；修行上出現賢劣境界，要虔誠祈禱上師；行爲上出現取捨問題，要虔誠祈禱上師；見修行上出現二取障礙，要虔誠祈禱上師；遭遇病痛、魔障等所有不幸，都要想到這是上師智慧的幻變游舞，進而帶著清淨觀，將妖魔鬼怪等通通觀爲上師，虔誠祈禱，正如古德所說「身憑信心得恢復，惡緣悉皆轉道用」。

　　歸根到底一句話，把一切快樂痛苦，都看成是上師的自性，而滿懷感恩戴德的恭敬信心虔誠祈禱。

不共內前行

往生法

正行的支分——往生法：心識還隨外緣轉的時候，就要運用往生法，如果不再隨他所轉已得穩固（即有了證悟境界）之時，不需要往生法。所以說「修道低劣者用往生法來迎接」。往生法是圓滿次第那諾六法中的遷識法。比如，一個母親有七個兒子，但她會特別慈愛有病的一個兒子，同樣，諸佛對業和煩惱深重的一切有情往尤爲憐憫，所謂「罪大惡極的人，用强制性的生往生教授不修而成佛」，但那只是說不需要觀修法其餘的生起次第和圓滿次第，而往生法本身的觀想還是需要修的。

一、利根者見解印持法身之往生：是現見見道法性真諦的諸位聖者的往生方法，即生中，相續中生起了無僞的實相見解，日日夜夜處於境界中的修行人，依靠本來清淨直斷的遷識奪舍的往生竅訣來往生，或者憑藉任運自成趣入光明藏的竅訣而往生。心識沒有得以自在、只是白天顯現光明境界而還沒有達到夜晚光明、誓言清淨的行者，在命終之際，外內隱沒次第和明增得相結束後，顯現死有法身光明——如離三垢的秋季天空般的基位母光明時，今生的子光明，作爲護送者，母子光明相遇，解脫於本來清淨本基中。已經達到頓超覺受增上相的行者，當死亡時，死有法身光明顯現之際，由於現今

大圓滿前行備忘錄

沒有證悟導致，首先沒有認識死有光明而不能得以解脫，當顯現法性清淨中陰時，認識本面并入定，從而在任運自成顯現中得解脫。所以，利根者即生解脫，中根者中陰解脫，這兩種都歸屬在上根者法身見解印持往生之列。

二、中根者生圓雙運報身之往生：已經獲得圓滿次第的智慧、達到加行道四種順抉擇分任何一種，相續中生起加行道智慧，出入幻身運用自如，或者雖然沒有這種境界，但經過直指本面以後修行妙力顯現清淨本尊的生圓雙運，這樣的人在臨死時，按照生起次第收攝次第，幻身收於光明中，如果今生相續中已經生起喻光明，那麼在中陰界相續中生起喻光明之後，他的後得能起現本尊身有學雙運大手印，從而得以解脫。

三、下根者無量大悲化身之往生：得受灌頂并具誓言、對見解有所認識的資糧道初學者，對生起次第也僅僅是依靠勝解心轉爲道用，不具備死有光明和法性中陰解脫的把握。然而，在中陰通過皈依和虔誠祈禱上師而阻塞惡劣胎門，選擇善妙胎門，依靠慈悲菩提心牽引而往生淨土。或者，即便沒有往生淨土，也是投生在父母信仰佛法的家中，受生化身而於後世解脫。

四、平凡者具三想之往生：是只信受正法不具備生死中陰後世解脫之道相的初學者的往生方法。所謂的三想，將中脉作爲道想，把極往樂世界作爲處所想，把心

識作爲旅客想，是通過這三想而往生。這樣的往生法，在出現死相時，作三次贖死看看能否避免，如果實在無法避免，那麼有機會處理一切資產，就予以處理，倘若來不及，就要做到完全放下，無牽無挂。

五、以大悲鐵鈎超度亡靈之往生：具有殊勝證悟境界的行者，作超度的時間也是在亡者外氣已斷內氣未斷之間。作爲超度者，雖然不是開悟者，但有一定觀想能力，對亡者也有利。儘管不具有勝義菩提心，但具備世俗菩提心對亡者也有利益，即便沒有利益，以一顆善良的心超度就沒有過失。

所以，死有法身的道用是直斷，法性清淨中陰的道用是頓超，化身道用是往生法和清淨觀。這樣的往生法包括修煉和運用兩個階段。修煉時，在沒有出現驗相之前一直修煉。從此之後也不能擱置下來，每天在黃昏座的結尾，念誦往生頌，即使沒有念誦，也要不間斷觀修一遍。

運用，當患上了絕症，臨命終時，自己要往生到清淨剎土。隱沒次第階段，顯現光明之時，五根識融入意識；增相時，意識融入染污意；得相之時，染污意融入阿賴耶；近得相時，阿賴耶融入光明。人在彌留之際，務必放棄資具，懺悔從無始以來所積累下的罪業，做到清淨，對罪業生起輕微想，對善法生起廣大想，尤其是與上師金剛道友發生矛盾，一定要懺悔，善根迴向大菩

大圓滿前行備忘錄

提，發願生生世世遇到大乘佛法和善知識。人在臨終時，對痛苦的中陰要無所畏懼，要勇敢面對，心想：我在這以前曾無數次歷經生死，這一回完全不同，我如今得到了暇滿人身，幸遇具相上師，得受了甚深教授，擁有往生的竅訣，所以具備前往清淨刹土的教言，現在該值得高興，鼓足勇氣。

在修煉時分爲入座和座間，在傍晚和下午時修。從前行法完畢到「生生世世不離師，唯願享受正法樂，圓滿地道功德已，唯願速得金剛持」之後修煉往生法。入座三分之二的時間只是觀想，後三分之一的時間邊念邊修。

「喝嘎」是短命的咒語，在念誦時要引臍下的風，延伸上風，眼睛凝然上觀。所謂的風心，動搖的部分稱爲風，明知的部分命名爲心識，實際上這兩者是一個本體。所以，觀想秘密心的空性或者風心攝收時，把心觀成紅色往「啥」字，不可以想成是另有所觀的形象。再明觀無量光佛的法座由八大孔雀擎起，這中間是五部佛的寶輪、金剛等標幟。龍欽寧提派認爲主尊只有一個無量光佛，而天法派的修法中，還要明觀二大菩薩。嘉則瑪派，連同所有傳承上師都要明觀。

觀想的往生法，在吃飯、睡覺、行走、安坐等隨時隨地要以具足三想來「祈禱佛陀無量光，加持往生極樂刹」恆常心識專注頭頂，這般修煉以後，當出現往生的

往生法

障礙時，壓上風，放下風，伸展臍部風，念三字金剛誦，心專注腳掌，看式也是向下垂視，由此能遣除障礙。

　　我本人（指堪布阿瓊仁波切）18歲時，曾在無等上師龍多丹畢尼瑪嘉燦吉祥賢前得受了《大圓滿前行》菩提心品以下的詳細傳承，而這以上的內容沒有得受。第二年在兩個月期間，上師作了廣講，由此得到金剛薩埵品以上的傳承，當時上師法體欠佳，沒有圓滿結束。但實際上，我先後兩次已得到此法的完整傳承，當時保存了一個無頭無尾的記錄，對此堪仁波切班瑪嘉燦、班諾活佛二人十分重視，勸請說「需要立成文字」。加之，具三恩德的上師仁波切多丹吩咐，師命難却，於是作成此備忘錄。

　　　　願一切善妙！

　　　　　　　　　　　　　　2008年7月15日
　　　　　　　　　　　　　譯畢於色達喇榮聖地

往生法

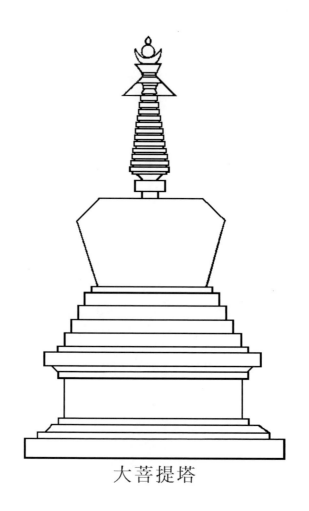

大菩提塔